Freya Hoffmeister

KAP HOORN WIRD DIR NICHT GESCHENKT!

Allein im Kajak um die Welt

Mitarbeit: Klaus Vogt

LÜBBE

Dieser Titel ist auch als E-Book erschienen

Originalausgabe

Copyright © 2016 by Bastei Lübbe AG, Köln
Textmitarbeit: Klaus Vogt
Textredaktion: Stefan Lutterbüse
Umschlaggestaltung: www.buerosued.de
Einband-/Umschlagmotiv: © Terry Bolland;
© plainpicture/nature/Onne van der Wal;
© Michael Neumann, Augsburg
Satz: hanseatenSatz-bremen, Bremen
Gesetzt aus der DTL Documenta TOT
Druck und Einband: CPI books GmbH – Leck, Germany

Printed in Germany
ISBN 978-3-431-03960-3

5 4 3 2 1

Sie finden uns im Internet unter: www.luebbe.de
Bitte beachten Sie auch: www.lesejury.de

Ein verlagsneues Buch kostet in Deutschland und Österreich jeweils überall dasselbe.
Damit die kulturelle Vielfalt erhalten und für die Leser bezahlbar bleibt, gibt es die gesetzliche Buchpreisbindung. Ob im Internet, in der Großbuchhandlung, beim lokalen Buchhändler, im Dorf oder in der Großstadt – überall bekommen Sie Ihre verlagsneuen Bücher zum selben Preis.

INHALT

Vorwort
MAN MUSS JA WAS ZU ERZÄHLEN HABEN 7

Kapitel 1
AUFBRUCH 11

Kapitel 2
NATURSCHÖNHEITEN 36

Kapitel 3
AUF ZUM KAP! 51

Kapitel 4
DIE KAP-HOORN-WETTERFALLE 65

Kapitel 5
AB JETZT GEHT'S AUFWÄRTS 82

Kapitel 6
JENSEITS VON EDEN 94

Kapitel 7
ENDSPURT NACH VALPARAISO 106

Kapitel 8
PARTNERPADDELN MIT PETER 115

Kapitel 9
PRIMA KLIMA RICHTUNG LIMA 132

Kapitel 10
ALLEIN DURCH ECUADOR 151

Kapitel 11
KOLUMBIENS GEFÄHRLICHE KÜSTEN 165

Kapitel 12
HEIMLICH DURCH DEN KANAL IN DIE KARIBIK 185

Kapitel 13
ABSTECHER NACH TRINIDAD 218

Kapitel 14
MANGROVEN, MATSCH UND MONSTERWELLEN 247

Kapitel 15
VON RECIFE NACH NORDEN – UND SÜDEN 275

Kapitel 16
ENDSPURT! 299

Epilog 313

Fotonachweise 314

Vorwort
MAN MUSS JA WAS ZU ERZÄHLEN HABEN

»Warum willst du eigentlich unbedingt um Südamerika paddeln?«, wurde ich vor meiner Reise oft gefragt. Ja, warum eigentlich? Man hätte auch fragen können: Weshalb steigen Menschen auf Berge? Weil die Berge da sind, und Bergsteiger es können. Statt »Mount Everest« oder »K2« heißen die großen Herausforderungen für uns Seekajaker »Rund um Island« oder »Rund um Neuseeland«. Für mich ist das vergleichbar. Ich liebe sportliche Herausforderungen. Je größer, desto besser. Und daher waren mir nach der Umrundung Islands, Neuseelands und Australiens die größten Inseln dieser Welt nicht mehr groß genug.

Abgesehen von Australien ist noch kein Kontinent im Seekajak umrundet worden. Und »Down Under« war ich zwar »nur« der zweite Mensch, aber die erste Frau und auch viel schneller als Paul Caffyn 27 Jahre zuvor. Nach Paul und vor mir sind viele Versuche gescheitert.

Australien war abgehakt, was nun?

Bereits in den letzten Wochen des Australien-Abenteuers waren meine Gedanken schon bei der nächsten möglichen Reise. Ich überlegte, was mich reizen würde: eine Umrundung Afrikas? Unmöglich, zu gefährlich. Asien? Nein, zu exotisch. Europa? Auch nicht, zu nah. Nordamerika? Noch nicht. Südamerika? Das schien mir machbar!

Am Neujahrstag 2011 war ich dann bereit, meine Pläne öffentlich zu machen: »THINK BIGGER – South America!« hieß es auf meiner Internetseite. Selbstbewusst bekannte ich mich dazu, Südamerika als erste Person im Seekajak umrunden zu wollen. Die Presse sprang sofort darauf an: Auf den Titelblättern von dreizehn verschiedenen Tageszeitungen wurde meine bevorstehende Expedition groß angekündigt. Nun konnte ich nicht mehr zurück – wollte ich auch gar nicht.

Ich bin der erste Mensch, der die komplette Umrundung Südamerikas mit dem Kajak jemals in Angriff genommen hat. Einzelne Teilstücke sind vorher schon gepaddelt worden. Im Vergleich zu Australien ist Südamerika mein erster »echter« Kontinent, Australien könnte noch als eine große Insel durchgehen, da es nur aus einem einzigen Staat besteht. Südamerika dagegen ist riesig und hat viele Gesichter: Es erstreckt sich in südlicher Richtung bis zum 56. und in nördlicher bis zum 15. Breitengrad, sodass ich den Äquator zweimal überqueren musste. Auf meiner Umrundung reise ich in dreizehn verschiedene Staaten ein, und mit Portugiesisch in Brasilien und Spanisch in acht anderen Ländern gab es immerhin zwei Sprachen, die ich kaum verstehe. Sprechen konnte ich sie anfangs so gut wie gar nicht, aber ich habe gelernt, mich mit Händen und Füßen sowie etwas »Spanglisch« zu verständigen.

Meine historische Erstumrundung von mehr als 26.000 Kilometern habe ich ursprünglich mit zwei dreimonatigen Pausen geplant. Da ich der erste Mensch auf dieser Umrundung sein würde, setzte ich den Maßstab selbst und brauchte niemandem zu beweisen, dass es ohne diese Pausen noch schneller hätte gehen können. Mein dänischer Partner Peter war von meinem neuen Vorhaben nicht sonderlich entzückt. »Kannst du deine neuen Abenteuer denn nicht in einem kleineren Maßstab planen?«, fragte er mich entsetzt, als ich ihn kurz vor Silvester quasi vor vollendete Tatsachen stelle. Daraufhin ist mir eigentlich nur das Motto »THINK BIGGER!« eingefallen ...

Peter und ich haben erst nach meiner Australien-Umrundung im Sommer 2010 zusammengefunden, nachdem wir uns bereits 2002 bei einer Seekajak-Tour um die dänische

Insel Samsö begegnet sind. Peter war damals der Tourleiter, und ich war blutige Anfängerin. In den folgenden Jahren haben wir uns immer wieder auf Seekajakveranstaltungen gesehen, aber erst ein von ihm organisierter Australien-Vortrag in Kopenhagen hat den Funken überspringen lassen. Auf unserer ersten gemeinsam-zweisamen Kajaktour über das Kattegat nach Schweden konnte mein damaliger Lehrer seine ehemalige Schülerin auf ihre Fortschritte hin überprüfen. Leider war es der »Lehrer«, der auf der Tour sein Paddel im hohen Seegang verlor, weil er es nicht angebunden hatte ...

Nach einigen Wochen hatte Peter jedenfalls mein neues Vorhaben Südamerika »verdaut« und akzeptiert. Seitdem stand er voll hinter mir und unterstützte mich während der Fahrt mit seinen IT-Kenntnissen, eine unglaublich wichtige Hilfe.

Mit Werner, dem liebevollen Vater meines inzwischen 20-jährigen Sohnes Helge, habe ich vorher geklärt, ob beide mein neues Vorhaben wieder unterstützen würden. Beide lebten zu dieser Zeit nur wenige Blocks von meinem Haus entfernt. Viele Menschen fragen mich, wie ich denn meinen geliebten Sohn so lange alleine lassen konnte. Vor der Trennung von seinem Vater war Helge mir als Sohn extrem nahe. Nach der einvernehmlichen Scheidung hatten wir beschlossen, dass Helge überwiegend bei seinem Vater wohnen wird. Es war sehr hart für mich, in seiner Nähe zu wohnen und meinen Sohn dennoch nicht immer zu sehen. Ich bin dann lieber ganz weg, unterwegs in ein eigenes, neues Leben. Das »Liebesband« zwischen Helge und mir bleibt trotzdem unzerreißbar.

Viele potentielle Abenteurer scheitern an der verfügbaren Auszeit. Die Schere »Viel Zeit – aber kein Geld« oder »Viel Geld – aber keine Zeit« schnappt immer wieder zu und hindert viele abenteuerhungrige Zeitgenossen an einer erfolgreichen Ausführung ihrer Pläne. Durch die Trennung von meinem Sohn und der alten Familie habe ich teuer bezahlt für meine freie Zeit und habe in den langen ersten Jahren meiner Geschäftstätigkeit mit harter Arbeit den Grundstein für meine heutige Freiheit gelegt. Nun kann ich mich fast ausschließlich meinem »Spiel-Beruf« widmen. Die notwendigen Einnahmen aus vielen Vorträgen und die Unterstützung von Sponsoren helfen zwar, meine höheren Kosten im Geschäft durch mehr und bessere Mitarbeiter zu decken, ich möchte aber nicht von meiner Abenteuertätigkeit leben müssen. Dass ich überhaupt fortgehen kann, liegt auch an meinen großartigen Mitarbeitern, allen voran meinen beiden Managern Ilona Sierks und Andrea Höhn, die sich fantastisch um meine beiden Eiscafés und um meinen Weihnachtsladen in Husum kümmern.

Meine inzwischen hochbetagte Mutter legte für diese neue, lange Reise schon mal einen ganzen Felsbrocken bereit, der ihr wieder vom Herzen fallen würde, wenn ich die Tour erfolgreich hinter mir hätte. Zum Glück hat sie nicht täglich meine Tagebucheinträge im Internet in englischer Sprache verfolgen können, die eine oder andere gefährliche Situation hätte sie zu sehr aufgeregt. Mein verstorbener Vater, promovierter Meeresbiologe und alter »Kap Hoorner«, wäre allerdings stolz auf mich!

Nach 850 Reisetagen, von denen ich 606 Tage gepaddelt bin, nach 26.000 Kilometern und dreizehn Ländern habe ich nun tatsächlich etwas zu erzählen ...

Kapitel 1
AUFBRUCH

Argentinien, Teil 1: Von Buenos Aires bis zur Peninsula Valdez
30.08.–07.10.2011

Endlich kann es losgehen: Meine zwei Kajaks sind heute per Luftfracht in Buenos Aires angekommen! Seit zwei Wochen bin ich nun schon hier, es ist Ende August, und ich kümmere mich um die Vorbereitung meiner Tour, die mich einmal um den gesamten südamerikanischen Kontinent führen wird: dreizehn Länder, mehr als 26.000 km, von Buenos Aires im Uhrzeigersinn rund um Kap Hoorn, durch den Panama-Kanal und wieder zurück.

Erst vor wenigen Stunden kam die Genehmigung der Behörden für meine Solopaddeltour entlang der argentinischen Küste Richtung Feuerland und Kap Hoorn, gerade einmal einen Tag vor dem eigentlichen Start. Alejandro, mein argentinischer Gastgeber und Helfer, selbst Seekajaker und von Beruf Tierarzt, hatte mir per E-Mail seine umfassende Hilfe für Argentinien versprochen und sich auch um die Genehmigungen gekümmert.

Südamerika ist auch in dieser Hinsicht ein außergewöhnliches Kajak-Revier. Soweit ich weiß, setzt man überall auf der Welt einfach sein Kajak ins Wasser und paddelt los. Hier in Argentinien muss ich die Küstenwache um eine offizielle schriftliche Genehmigung ersuchen, mit einem mehrseitigen Antrag in mehrfacher Ausfertigung und genauer Beschreibung der geplanten Reiseroute mit den jeweiligen Übernachtungsplätzen. Ein Seekajak mit Muskelantrieb ist äußerst wetter-, wind- und wellenabhängig, sodass der genaue Landeplatz noch nicht einmal am Morgen des jeweiligen Tages hundertprozentig vorhersehbar ist. Wie soll ich einen Plan für die gesamte Küste erstellen? Also denke ich mir irgendetwas aus, bereite es schön auf und schicke es mit ein paar attraktiven Fotos und netten Worten ab, in der Hoffnung, dass die Küstenwache auf dieser Grundlage die formelle Erlaubnis erteilt.

Nun sind Alejandro und ich auf dem Weg zum Flughafen, um meine Kajaks abzuholen. Mit gemischten Gefühlen suchen wir das Zollbüro auf. Argentinien ist bekannt für seine extrem hohen Importzölle, die fast noch einmal so hoch sind wie der Kaufpreis der Luftfrachtware. Meine Kajaks sollen als Übergepäck und nicht als Import durchgehen, wie kann ein Sportler sonst seine für das Fluggepäck zu großen Geräte mitbringen?

Der Beamte zeigt sich zum Glück einsichtig und berechnet keinerlei Zoll. Auf der Heimfahrt durch den chaotischen Verkehr denke ich: Auf dem Autodach sind meine Kajaks mehr gefährdet, beschädigt zu werden, als auf dem Luftweg, denn Alejandros Fahrweise – und auch die der restlichen einheimischen Verkehrsteilnehmer – ist haarsträubend. Sicher ist mein Kajak nur auf dem Wasser, auch wenn es dort manche Schläge bei den Landungen wird einstecken müssen.

Heute, am 30. August, geht es endlich los! Nach einigen Recherchen bezüglich der generellen Windrichtungen rund um den Kontinent erscheint es mir sinnvoll, im Uhrzeigersinn zu paddeln statt entgegen, wie ursprünglich vorgesehen. Auf jeden Fall will ich das technisch schwierigere südliche Gebiet zuerst angehen.

Im noblen »Puerto Madero«-Jachtclub wird für mich ein Presseempfang mit Abschiedsparty organisiert, zu dem Vertreter der deutschen Botschaft, der Stadt Buenos Aires, der argentinischen Küstenwache und einheimische Paddler eingeladen sind. Ich halte einen kurzen Diavortrag über meine anstehende Reise. Auf mein Kajak klebe ich beidseitig das Banner des ersten Gastlandes Argentinien und stehe den neugierigen Fragen der vielen Pressevertreter, Offiziellen und Paddelfreunde Rede und Antwort.

Doch dann wird es Zeit, mich aus dem eleganten, schwarzen Vortragskostüm zu schälen und Paddelhose und Jacke anzuziehen. Ich tausche die High Heels gegen Sandalen, binde mein Haar zu einem Dutt und ziehe den Sonnenschutz auf meinen Kopf. Auf der ersten Etappe bis nach Valparaiso paddele ich in einem »Epic 18x Sport«-Kajak, das 5,49 Meter lang und gut 56 Zentimeter breit ist. Allein das Kajak wiegt schon 21 Kilogramm, dazu kommt noch mein Gepäck: Lebensmittel, Wasservorräte, Campingausrüstung, Bekleidung und die zahlreichen technischen Geräte wie Telefone, Kameras, Laptop und GPS.

Zum Abschied winke ich fröhlich lächelnd in die vielen Kameras, bin aber eigentlich nur froh, endlich unterwegs zu sein und dem Rummel zu entkommen. Gegen halb zwei paddle ich langsam und stolz aus dem Hafen hinaus, mit einer leichten Brise im Rücken, in Begleitung von mehreren Booten der »Prefectura Naval Argentina«, als Eskorte rechts und links Alejandro und sein Freund Juan Pablo. Auf Wiedersehen, Buenos Aires! Wir sehen uns wieder, in zweieinhalb Jahren, am 10. Mai 2014, meinem 50. Geburtstag. So weit zumindest der große Plan. Was bis dahin an wunderbaren und schrecklichen Ereignissen auf meiner Tour passieren und wie sich der Ablauf meiner Umrundung ändern sollte, das kann ich mir zu diesem Zeitpunkt noch nicht vorstellen.

Schon die Verabschiedung hat für eine deutliche Verspätung in meinem Zeitplan gesorgt, daher ist mein Ziel heute nicht weit entfernt. Ich will nur überschaubare 30 Kilometer entlang der breiten Mündung des Rio de la Plata zum nächsten Jachtclub paddeln. Mein Tagesdurchschnitt liegt normalerweise bei 50 Kilometern in rund zehn Stunden Paddelzeit. Das Wasser ist braun und trübe wie ein See aus Schokolade, aber meine Gedanken sind klar und fröhlich. Die Sonne scheint! Endlich wieder unterwegs!

Die erste Nacht in meinem Zelt kränkele ich noch etwas. Husten und Kopfschmerzen plagen mich, wohl durch zu wenig Schlaf, zu viel Party und den Smog über Buenos Aires, den ich heute Morgen bei Sonnenschein noch einmal bedrohlich über der Stadt hängen sah. Das war alles nicht gut für die Lungen. Guter Schlaf und viel frische Seeluft müssen mich erst wiederherstellen. Mein Körper erinnert sich an die vergangenen Strapazen und passt sich schnell an die gleichmäßige Belastung beim Paddeln an. An den beiden folgenden Tagen lege ich schon jeweils über 50 Kilometer zurück.

Die Tide ist mit zwei Metern Hub deutlich spürbar. Kommt sie mir entgegen, fahre ich nah am Ufer und kann so den kurzen, steilen Wellen ausweichen, mögliche Zeltplätze für die Nacht begutachten und die zahlreichen Tiere am Ufer erspähen. Gelegentlich ist das Wasser so flach, dass ich stecken bleibe und kurz aussteigen muss, um mein schweres Kajak wieder in tiefere Abschnitte zu ziehen. Eine Herde Wildpferde grast friedlich am Ufer. Sie fühlen sich aufgescheucht durch mich und laufen direkt vor meinem Bug in den Fluss hinein. Das Wasser ist so flach, dass die verstörten Kreaturen nach einem weiten Bogen um mein Boot schnaubend hinter mir zum Halten kommen.

Die schneeweißen Reiher und vielen storchartigen Stelzvögel im niedrigen Buschland des Ufers scheinen sich dagegen sicher vor mir zu fühlen. Mehrmals sehe ich Fische aus dem Wasser springen. Wollen sie damit zeigen, dass sie sich in dieser braunen Flussbrühe wohlfühlen, oder möchten sie der Suppe lieber für kurze Zeit entkommen? Einige Fischerboote und die vielen Netze im flachen Wasser deuten darauf hin, dass die Fische aus dem Schlammwasser hier durchaus essbar sind – oder die Mägen der Menschen hier besonders abgehärtet.

Hoch oben am trockenen Ufer liegen einige große gestrandete Seetonnen. Offensichtlich kann dieser riesige Fluss viel mehr Wasser führen als in dieser trockenen Jahreszeit am Anfang des südlichen Sommers. Aus dem Augenwinkel sehe ich am Ufer ein Auto mit ein paar Männern in den mir wohlbekannten sandfarbenen Uniformen der Küstenwache. Beobachten sie mich?

Erst drei Tage bin ich unterwegs, und schon scheint alles schiefzulaufen. Dabei ist mein Plan relativ bescheiden: Ich will nur 30 Kilometer bis zum Anfang der 100 Kilometer weiten Bahia Somborombon paddeln. Soll ich bei dem starken Wind überhaupt starten? Das Wasser sieht ruhig aus, und der Wind treibt ein bisschen. Doch ich bin zu spät gestartet, um mein schweres Kajak von meinem grasigen hohen Zeltplatz noch leicht ins Wasser schieben zu können. Die Tide läuft schon seit ein paar Stunden hinaus. Ich muss das leere Kajak 300 Meter über eine bereits exponierte Sandbank hinausziehen, dann die drei schweren Ausrüstungstaschen nachholen. Das Wasser läuft während dieser Aktion weiter ab, sodass alles zusammen noch etwa 20 Meter weiter hinausgezogen werden muss, um schließlich aufzuschwimmen. Es ist eine harte Arbeit, das fast 100 Kilogramm schwere, voll beladene Boot über nassen Sand zu bewegen.

Es funktioniert nur, wenn ich rückwärts mit gespreizten Beinen über dem Bug stehe und ruckartig das Kajak am vorderen Cockpitrand vorwärts ziehe. Manchmal ist der Sand so klebrig, dass auch diese Methode nicht mehr funktioniert. Da hilft nur, das Gepäck wieder auszuladen. Nach zehn Kilometern habe ich bereits genug: Das flache Wasser saugt mein Boot quasi an und lässt es nicht leicht gleiten, weiter draußen erwarten mich konstant rollende, seitliche Surfwellen. Ich ziehe es vor, nach einer Landemöglichkeit Ausschau zu halten. Punta Indio sieht aus wie ein alter Hafen, und ich denke, dort muss genug tiefes Wasser zu finden sein, um trotz niedriger Tide nicht im Matsch stecken zu bleiben. Falsch gedacht! 300 Meter vor meiner anvisierten Hafenlandestelle wird das Wasser zu flach zum Paddeln.

Ich kann mein beladenes Boot noch etwa 30 Meter weiter durch das seichte Wasser zum Land ziehen und dabei gut auf festem, sandigem Untergrund gehen. Mit zwei schweren

Taschen auf den Schultern mache ich mich auf den relativ kurzen Weg zum Ufer. Besorgt merke ich, wie sich der feste Sand mit Matsch überzieht – erst knöchel-, dann knietief. Ich schaffe es mit schlammbedeckten Taschen und Körper gerade so zum festen Ufer und mache mich auf den Rückweg, um meine dritte Tasche zu holen.

Als ich ankomme, entdecke ich die erste Katastrophe: Der hintere Lukendeckel hat sich gelöst und ist weggeflogen! Nirgendwo ist er auf der flachen Sandbank zu sehen. Ohne Deckel kann ich nicht weiterpaddeln. In meinen Gedanken spiele ich schon die Möglichkeiten durch, wo ich Ersatz besorgen kann. Einen jungen Mann, der im Watt nach Würmern sucht, bitte ich mit Händen und Füßen gestikulierend um Hilfe. Während er mein leeres Boot zum Ufer zieht und ich schon wieder auf dem Rückweg der zweiten Gepäcktour bin, hält er triumphierend den vermissten Deckel hoch. Er hat ihn gefunden! Gott sei Dank!

Der Rio de La Plata, auf dem ich seit Buenos Aires paddle, mündet nach rund 150 Kilometern in den Atlantik. Die Strömung lagert alle mitgeführten Sedimente südlich in der Bahia de Somborombon ab. Sie ist sehr flach, das Wasser ist dunkelbraun und wirkt fast wie dickflüssige Schokolade. Meine durch das Flusswasser und die ersten Strapazen der Reise blasigen Hände werden durch die konzentrierten Sedimente im Wasser weiter malträtiert. Hinter der Einmündung zur Bucht halte ich Abstand zu einigen kaum sichtbaren Unterwasserfelsen, nur gelegentlich aufspritzendes Wasser zeigt mir ihre Position. An der Küste sehe ich niedriges Grasland. Hier und da sieht es sogar so aus, als ob ich landen könnte ...

Ich will es aber heute unbedingt zum Rio Salado schaffen und lege die letzten Kilometer bis eine Stunde vor Sonnenuntergang zurück. Anscheinend habe ich mich in der Tidenberechnung verkalkuliert, denn als ich die Flussmündung erreiche, ist das Wasser dort schon wieder am Auslaufen! Zwischen meinem gerade noch schwimmenden Kajak und dem Ufer befindet sich mindestens 20 Meter breit nur dicker, zäher und tiefer Schlamm. Wie ein geölter Blitz drehe ich um, um zu der Stelle zu paddeln, von der ich meine, dass ich dort vorher festes Grasland zum Landen gesehen habe. Die Sonne steht immer niedriger. Im letzten Licht merke ich, dass mein GPS keinen Fortschritt mehr anzeigt, obwohl ich hart paddle. Der geölte Blitz steckt im Matsch fest! Zum Schlammschaufeln sind mir meine Kräfte zu schade. Irgendwo rund einen Kilometer von der grasigen Küste muss ich mich auf eine kalte, feuchte Nacht im Kajak einrichten.

Wichtig ist, jetzt warm zu bleiben. Ich bin nur mit Gore-Tex-Paddeljacke, einem Fleece-Pullover und einer feuchten Neoprenhose bekleidet. Meinen Trockenanzug habe ich bereits bei den vorhergehenden nassen Starts und Landungen sehnsüchtig vermisst. Die warme Camp-Bekleidung ist unerreichbar in der vorderen Packluke verstaut, die ich – ohne tief im Matsch zu versinken – nicht öffnen kann. In Reichweite meiner Cockpittasche befindet sich nur eine dünne silberne Folien-Rettungsdecke, die ich mir wie bei einem Blumenstrauß locker um den Körper wickele. Das muss so gehen, ich nicke gelegentlich ein, trotz heftigen Fröstelns.

Gegen ein Uhr nachts höre ich glucksende Wassergeräusche. Läuft die Tide schon wieder auf? Ich rechne damit, dass mein Boot so tief im Schlamm steckt, dass ich nicht vom steigenden Wasser hochgehoben werde. Es ist ein unheimlicher Gedanke, in tiefdunkler Nacht wie eine Moorleiche im Schlamm zu versinken, aber mit Ächzen und Knarren macht das steigende Wasser auch mein Wrack wieder flott. Ich paddle die fünf Kilometer zurück zum Rio Salado und hoffe, nun landen zu können. Um drei Uhr nachts sehe ich im Mondlicht außer einer nassen, mit Kuhfladen und Vogeldreck bedeckten Wiese nichts wirklich Einladendes. Dann paddle ich lieber weiter durch die Nacht.

Die ersten Sonnenstrahlen am Sonntagmorgen sind vielversprechend, doch schon kurz darauf pfeift mir ein heftiges Gewitter mit Blitz, Donner und heftigem Gegenwind um die

Ohren. Ich bin über vier Kilometer von der Küste entfernt, berühre noch immer mit dem Paddel den Grund und hätte auch an Land keine Chance, den Blitzen zu entkommen. Scheißsituation! Gegen zwei Uhr nachmittags kann ich mich wieder der Küste nähern, sehe ein schönes Stückchen Grasland und finde eine höhere Kante mit etwas tieferem Wasser, wo ich gut landen kann. Das Gras ist überall nass, nur auf einem breiten Haufen losem Schilf kann ich mein Zelt einigermaßen trocken aufstellen. Es ist höchste Zeit zum Ausruhen.

Gegen vier Uhr glaube ich, eine Erscheinung zu haben: Ich sehe den Kopf eines anderen Paddlers! Tatsächlich: Es ist Alejandro, der bei Hochwasser mit seinem Kajak weiter südlich gestartet ist. Er hat mich dank meiner gestern auf meinem Internettagebuch veröffentlichten GPS-Position finden können und bringt mir den sehnsüchtig erwarteten Trockenanzug. Vielen Dank!

Ich spüre meinen malträtierten, übernächtigten Körper noch am nächsten Morgen und beschließe, einen kompletten Erholungstag einzulegen. Ich sehe sowieso kein Wasser, und wann es bei diesen komplizierten »diurnalen« Tidenverhältnissen wiederkommt, das weiß nur der Geier. Gegen vier Uhr nachmittags erwache ich aus meinen Tagträumen im warmen Schlafsack und sehe die braune Suppe fast vor meinem Zelt stehen. Spontan beschließe ich: »Jetzt oder nie!«

Mein Boot ist in 40 Minuten startklar, ich schlüpfe in meinen Trockenanzug. Die Wettervorhersage verspricht eine ruhige Nacht. Trotzdem habe ich ein schlechtes Gewissen, da meine Paddelgenehmigung mir ausdrücklich untersagt, nach Einbruch der Dunkelheit zu paddeln.

Schon funkeln tausend Sterne am klaren Nachthimmel, die helle Mondsichel scheint auf die ruhige See. Die ablaufende Tide schiebt mich in meinen Pausen zusammen mit einer leichten Brise immer noch mit zwei bis drei Kilometern pro Stunde voran. Die ganze Nacht lasse ich es locker angehen, ich habe keine Eile und möchte hinter dem Kap lieber bei Tageslicht auf einem sandigen Strand landen. Ich singe, um mich wach zu halten, einfache Volkslieder mit albernen, erfundenen Texten. Ein großer Fisch hüpft plötzlich aus dem Wasser und macht es sich auf meiner Spritzdecke bequem.

In der zweiten Nachthälfte kommt Meeresleuchten auf, es ist einfach nur idyllisch, und ich bin glücklich, der Schlammhölle entkommen zu sein. Bei Tagesanbruch hinter der weiten Bucht werde ich nach all dem trüben, muffigen Schokoladenschlammwasser endlich das kristallklare Meer sehen!

Am Morgen des achten Tages sehe ich einen herrlichen gelben Sandstrand in der Sonne leuchten. Ich fühle mich wie in einer anderen Welt. Endlich keine braunen Küsten mehr, aber auch noch nicht ganz die Freiheit und Einsamkeit in unberührter, wilder Natur, wie ich sie ersehnt hatte. Über Kilometer paddle ich an mehr oder weniger geschmackvollen Seebädern mit hässlichen Hochhäusern, kleinen netten Ferienhäuschen und endlosen Docks entlang. Es ist keine Feriensaison mehr, entsprechend sind die meisten Fenster geschlossen, ein Hauch von Geisterstadt liegt über den Siedlungen. Nur ein paar junge Leute auf Quad Bikes liefern sich ein Rennen in den Dünen.

Anscheinend stehe ich unter intensiver Beobachtung: Ein großes Schiff der Küstenwache wählt mich auf der Höhe von Punta Médar zum Ziel ihrer Übungsfahrt. Sechs Männer können die Augen einen Tag lang nicht von meinem Kajak und meinem Zelt lassen. Ich fühle mich fast geschmeichelt angesichts solch einer VIP-Behandlung, muss mich zum Umkleiden und Duschen aber hinter einem Busch verstecken.

Meine Blasen an den Händen sind dank der letzten langen Tage im braunen süßen Schlammwasser noch nicht verheilt und schmerzen höllisch. Die ersten Etappen auf einer längeren Kajaktour sind für den Körper immer eine besondere Belastung – egal, wie gut man sich vorbereitet hat. Ich brauche dringend ein paar Tage paddelfrei. Ich plane, meine erste hochverdiente Stadtpause nach zwölf Tagen in Mar del Plata einzulegen.

Doch davor darf ich mich noch durch die Abwässer des Klärwerkes vor Mar del Plata kämpfen, eine weitere unangenehme Begegnung mit der Zivilisation, der ich doch eigentlich entfliehen wollte. Über eine Stunde lang schwimme ich in einer dicken Suppe aus menschlichem Abfall, garniert mit all dem, was so die Toilette hinuntergespült wird. Ich ziehe meinen Schal über die Nase, versuche flach zu atmen und keine Spritzer auf die Hände und aufs Deck zu bekommen. Als das Wasser wieder einigermaßen klar wird, wasche ich erst einmal mein Boot und mein Paddel. Eine Dusche wäre jetzt herrlich! Doch darauf muss ich noch ein paar Stunden warten.

Apropos Toilette: Natürlich habe auch ich regelmäßig menschliche Bedürfnisse, die ich nicht immer an Land erledigen kann. Die kleinere Version kann ich im Kajak problemlos auch mit Trockenanzug bekleidet erledigen: Sitzend lege ich meine trichterartige Pinkelhilfe an und uriniere durch den eigentlich für Männer konzipierten, horizontalen Pinkelschlitz in einen Beutel. Das ist prinzipiell recht einfach und fast trocken, nur manchmal schwappt eine kleine freche Meereswelle bei der Aktion direkt durch den Pinkelschlitz. Oder man vergisst, den Reißverschluss zu schließen, und freut sich beim Aussteigen in hüfttiefem Wasser über eine kühle Dusche der unteren Körperregionen. Übrigens verwenden Männer für diese hygienische Maßnahme ebenfalls einen Beutel oder eine Flasche, entgegen ihrer landläufigen Aussage, sie ließen es einfach direkt über Bord laufen ...

Der erste paddelfreie Tag meiner Reise in Mar del Plata ist Stress pur. Essen einkaufen und verstauen, Reinigung, Überholung und Reparatur der Ausrüstung und meines Körpers, Online-Tagebuch schreiben, die nächste Strecke recherchieren, E-Mails schreiben und beantworten, einen Besuch bei der Küstenwache, die mich schon erwartet hatte, dazu noch nette Mahlzeiten und Gespräche mit meinen Gastgebern. Sie führen mich sogar zu einer Eisdiele, und ich fühle mich fast wie zu Hause.

Weit nach Mitternacht komme ich endlich halbwegs zur Ruhe. Ein paddelfreier Tag in der Stadt mag physisch erholsam sein, aber richtig abschalten kann ich nicht. Auf dem Wasser ist es andersherum. Nur wetterbedingt freie Tage am Strand verlaufen erholsam für Körper und Seele. Ich könnte länger pausieren, aber wenn das gute Wetter ruft, muss ich weiter. Es ist Teil meiner Abenteurernatur, diesem inneren Drang zu folgen und mir somit auch eine gewisse Reisegeschwindigkeit zu erhalten. Maximal drei Tage verbleibe ich in den großen Städten, sonst verliere ich den Elan und werde träge.

Am nächsten Morgen breche ich wieder auf und genieße einen perfekten Tag auf dem Wasser. So schmutzig wie das Wasser nördlich von Mar del Plata gewesen ist, so sauber und kristallklar präsentiert es sich nun südlich der Stadt. Vierzehn Tage bin ich nun schon unterwegs. Kleine Pinguine und fette Seehunde schwimmen um mich herum, viele Seevögel und die ersten Wale zeigen sich. Ich liebe Wale! Groß und majestätisch erheben sie sich immer dann aus dem Wasser, wenn man es am wenigsten erwartet, manchmal direkt neben dem Kajak, manchmal auch quer davor. Einen Paddelschlag mehr, und ich könnte dem Wal mitsamt dem Kajak den Buckel herunterrutschen.

Ein heftiges Gewitter treibt mich vorwärts. Es schüttet wie aus Eimern. Trotz des Regens fühle ich mich wohl in meinem Trockenanzug mit einer Lage wärmender Fleece-Wäsche. Nur an Händen und Füßen ist mir ständig kalt. Bei kühlem Wetter stecken meine Hände in an den Handflächen offenen, dünnen Neoprenhandschuhen, die den ärgsten Wind abhalten. Trotz einer zweiten Handschuhlage schützen sie nur begrenzt, und ich stecke den einen oder anderen Finger in meine warme Mundhöhle, um ihn wieder aufzutauen. Mit dickeren oder geschlossenen Handschuhen kann ich nicht paddeln, und die sogenannten Paddelpfötchen, am Paddel befestigte voluminöse Handschuhe, sind zwar warm, aber mir zu unhandlich. Die Füße stecken in dicken, kuscheligen Wollsocken, die wiederum in den Gore-Tex-Füßlingen des Trockenanzugs. Darüber kommen dünne Neoprensocken zum Schutz der Füßlinge und hohe, dünne, faltbare Stiefelsocken in Sandalen, die den Sand weitgehend davon abhalten sollen, an die Gore-Tex-Füßlinge zu kriechen und dort die Membran aufzuscheuern. Wegen der bewegungsarmen Sitzposition beim Paddeln haben es meine Füße trotzdem schwer, warm zu bleiben oder zu werden. Am besten hilft, den Kreislauf morgens lange genug anzukurbeln, bevor ich ins Boot steige. Leider nehme ich mir dafür zu selten Zeit. Wenn ich genug Gas zum Kochen habe, kann ich Seewasser erhitzen und in meine hohen Stiefelsocken kippen. Das gibt wohlig warme, aber immer noch trockene Füße.

Mein Freund Alejandro aus Buenos Aires hat geplant, vorbeizuschauen und vielleicht morgen einen Tag mit mir zu paddeln. Er schafft es nicht, eine SMS informiert mich, dass ihn eine Autoreparatur länger in Buenos Aires festhält. Er will die 680 Kilometer von dort bis zu mir nun nachts fahren.

Nachts um halb drei Uhr kommt Alejandro schließlich an. Er lässt mich schlafen, schreibt nur eine Botschaft in den nassen Sand: »Ale was here!«, die ich aber morgens um sechs Uhr beim Aufstehen im dichten Nebel übersehe. Sonst habe ich keine Nachricht von ihm bekommen, kein Auto ist zu sehen. Ich gehe davon aus, dass er es nicht geschafft hat. Ich klettere auf meinen »Büro-Hügel« und versuche, Handy-Empfang zu bekommen und SMS-Nachrichten zu beantworten, als er plötzlich wie aus dem Nichts auftaucht und hinter mir steht. Ich bin zu Tode erschrocken, aber trotzdem froh, dass er doch die weite Fahrt noch auf sich genommen hat. Gemeinsam checken wir, ob seine GPS-Karte funktioniert, da ich meine leider verloren habe. Ich habe zwar ein Ersatz-GPS, aber dummerweise nur diesen einen Kartenchip, der mir beim Batteriewechsel auf hoher See ins Wasser gefallen ist, da die Befestigung des Chips in diesem Gerät völlig unzureichend ist. Ein Stückchen Klebefilm schafft in Zukunft einfache Abhilfe. Für meine weitere Reise überlässt Alejandro mir schließlich sein eigenes GPS mit funktionierender Karte. Er ist wirklich ein Engel, ich bin ihm unglaublich dankbar. Denn ohne GPS fühle ich mich nackt! Ich bin es gewohnt, elektronisch zu navigieren. Nur einen Kompass oder sogar einen Sextanten zu benutzen, ist mir fremd. Ich kann auf meinem GPS nicht nur meine Geschwindigkeit kontrollieren und rechtzeitig erkennen, wenn mich Strömungen oder Wind zu sehr ausbremsen und die erwartete Ankunftszeit vielleicht nicht mehr vor Sonnenuntergang einzuhalten ist. Außerdem kann ich meine genaue Kartenposition erkennen und einen eventuell notwendigen neuen Landeplatz schnell ausmachen und die verbleibende Distanz und Paddelzeit ablesen. Auch die regulären Gezeiten sind dadurch bestimmbar sowie Sonnen- und Mondauf- und untergang.

    Leider kann Alejandro aus zeitlichen Gründen nicht wie geplant mit mir paddeln. Vielleicht gut, dass er nicht weiß, was er verpassen wird. Gegen Viertel vor neun am Morgen schiebt er mich samt Kajak ins Wasser. Der dichte Küstennebel hält sich hartnäckig, es ist ein bisschen unheimlich, ohne Küstensicht in dieser Suppe zu schwimmen. Ich bin dankbar für das funktionierende GPS.

    In einiger Entfernung sehe ich die ersten Wale. Meist zeigen sie sich paarweise und man kann sie bei ihren Flirts beobachten. Ein Wal hebt sich dicht neben mir aus dem Wasser und bläst geräuschvoll einen hohen Strahl aus seinem Atemloch. Plötzlich regnet es trotz Sonne von oben auf mich herab. Als ich dieses Spektakel zum ersten Mal vor Neufundland erlebte, empfand ich es noch als sehr unheimlich. Noch bevor ich die Wale sichten kann, ist der Springbrunnen ihres Atemstrahls weithin hör- und dann sichtbar. Ein zweiter Wal, wahrscheinlich das kleinere Weibchen, gesellt zu sich meinem mächtigen Nachbarn. Beide beginnen, sich um- und übereinander zu rollen wie ein liebestolles Pärchen auf einem gigantischen Wasserbett. Mein Kajak wird dabei zum Zentrum ihrer Aktivitäten. Ist das eine Show nur für mich? Ich kann mehrfach mit wenigen Metern Abstand direkt in die Augen des kleineren Walweibchens blicken und erkenne unter ihren langen, dichten Wimpern einen treuherzigen, arglosen Blick. Ich bin überzeugt, dass beide genau wissen, wo ich bin, und wir wissen beide, dass wir uns gegenseitig nichts tun werden. Ich bin in diesem Moment ihr Spielkamerad, zuversichtlich, dass kein unbeabsichtigter Flossenschlag mich von meinem Zuschauerplatz fegen wird. Trotzdem klemme ich meine Beine unter den Cockpitrand, jederzeit rollbereit.

Das romantische Naturschauspiel scheint auch die Zuschauer am entfernten Ufer zu faszinieren. Warten sie auf eine neue Moby-Dick-Show oder die Schlagzeile: »Kajakfahrerin von Wal verschluckt«? Diese beiden Wale sollen ganz allein mir gehören, ich fühle mich gestört von den Zuschauern, die als Zaungäste mit Ferngläsern auf ihren Fahrzeugdächern stehen und uns bei unserem gemeinsamen Liebesspiel beobachten. Über eine Stunde erfreue ich mich an unserem »flotten Dreier« ...

Kurz vor meiner Landung am Abend erspähe ich zwei weitere der gewaltigen Meeressäuger umeinander schwimmend, doch diesmal sieht es mehr nach rauem Imponiergehabe als nach Liebeswerben aus. Beide springen mit ihren rund zwölf Meter langen und tonnenschweren Körpern abwechselnd hoch, die Flossen klatschen so hart wie Kanonenschläge auf die Wasseroberfläche. Diesmal bleibe ich lieber in einiger Entfernung. Im Gegensatz zum Liebespaar wissen diese jungen Burschen vielleicht nicht, was sie tun.

Nach diesem aufwühlenden Wal-Schau-Tag bin ich es selbst, die einige der Strandbesucher mit einer Stunt-Vorführung beglückt: Eine unerwartet hohe, brechende Brandungswelle schmeißt mich bei der Landung um, und ich tauche mit meiner ersten Eskimorolle dieser Reise unter. Ich weiß, dass noch viele weitere folgen werden. Einige werden missglücken und mich zum Schwimmen bringen. Die Brandung sieht immer niedriger aus, als sie wirklich ist! Auch mit der besten Einschätzung und ausgefeilten Rollkünsten scheitert ein ambitionierter Paddelprofi gelegentlich, und man wird mehr oder weniger nass. Der Trockenanzug ist hilfreich, umschließt aber nicht meinen Kopf. Nasse, kalte und salzige lange Haare sind weder zum Feierabend noch zum Tagesstart angenehm. Wohl dem, der eine Glatze spazieren fährt. Fast verliere ich noch meinen Helm, der im Netz hinter mir verstaut ist. Ich schwöre mir, ihn von nun an regelmäßig bei jeder möglichen Brandungslandung aufzusetzen und mir meine Feststoffschwimmweste bei Start und Landung überzustreifen, die einige Stöße vom Körper abhält, sollte ich aus dem Boot gerissen werden. Denn sie würde bei einer Kenterung unangenehm vom Hinterdeck herunter zur Seite hängen und mich bei einer notwendigen Rolle behindern. Dort ist sie mit einem Gummistraps befestigt, den ich mit einem Griff lösen kann, ohne mich umzudrehen. An einem normalen, relativ ruhigen Langstrecken-Paddeltag trage ich sie nicht, schon gar nicht über dem schwimmfähigen Trockenanzug. Das wäre mir viel zu warm und scheuert nur den Gore-Tex-Anzug auf oder meine Haut darunter.

Achtundvierzig Stunden später – es ist der 22. Tag meiner Tour – versuche ich abends in einer Flussmündung zu landen, um mir bei Niedrigwasser den 500 Meter langen Weg zum trockenen Campen jenseits der Hochwasserlinie zu ersparen, und scheitere kläglich. Ich kann zwar erfolgreich über die kleineren Kreuzwellen in die Mündung hineinsurfen, als ich aber flussaufwärts paddeln möchte, bleibe ich überwiegend im flachen Wasser stecken oder kämpfe gegen die starke Strömung in den knietiefen Stellen. Kein trockenes, höheres Flussufer ist in Sicht, um angenehm aussteigen zu können. Ich arbeite mich etwas weiter hinauf, stets beobachtet von einigen Anglern in der Nähe, die sich wundern, was diese komische Figur dort erreichen möchte. Schließlich wird es mir zu bunt, ich drehe um, muss mich aber in derselben Start- und Stopptechnik wieder flussabwärts quälen. Das wäre bei Hochwasser viel einfacher gewesen! Ich lande schließlich einen Kilometer weiter südlich hinter dem kleinen Ferienort Balneario Oriente an der offenen Küste.

Ein Strandfahrzeug kommt vorbei, ich reagiere schnell und spiele die geschwächte Frau, die kaum das schwere Boot allein den Strand hinaufziehen kann. Ich kann das Herz des Fahrers erweichen, befestige meine Bugleine an der Anhängerkupplung, schaffe noch die schwersten Gepäckstücke und mich selbst auf die Ladefläche des Autos, und ab geht die Reise, 500 Meter den Strand hinauf bis zu einem großen Busch, der Windschutz zum Campen bietet. Das ist genau das, was ich nach der überflüssigen, anstrengenden Odyssee in der Flussmündung heute Abend brauche! Mein Zelt, das ich heute Morgen nur tropfnass vom nächtlichen Regen mitsamt einer Ladung Sand einpacken konnte, stelle ich zuerst auf, damit es im Wind trocknen kann. Der Boden ist innen nass, ich knie nieder und wische mit einem trockenen Handtuch herum. Als ich fertig bin, entlädt sich beim Aufstehen der nasse Inhalt meiner Rollstiefel auf meinen gerade getrockneten Behausungsboden. Ich fluche und wische noch einmal.

Leider gibt es noch mehr Grund zum Fluchen: Meine normalerweise knochentrockene Bugpackluke hat Wasser gefasst! Es muss durch eine undichte Schottwand vom Cockpit hineingelaufen sein. Wie kann eine Naht aufplatzen, die rund um Australien in einem vergleichbaren Boot Tausende von Kilometern gehalten hat? Nach dem rauen Lufttransport nach Buenos Aires habe ich allerdings schon eine Stelle an einer Seite der Schottwand reparieren müssen, nun scheint sich die andere Seite gelöst zu haben. Der Schaden muss bei meinem Start vor zwei Tagen entstanden sein, als ich zweimal über eine steile Welle etwa zwei Meter tief mit dem schwer beladenen Boot zurück aufs Wasser krachte. Das ist an sich nichts Ungewöhnliches, aber mit dieser Vorschädigung scheint die Naht die Schläge nicht ausgehalten zu haben. Also morgen kein Paddeln, Bootreparatur ist angesagt – eine spannende Aufgabe auf diesem flachen, windigen und sandgepeitschten Strand. Ich bin noch 65 Kilometer von meinem nächsten geplanten Ruhetag in Monte Hermoso entfernt. Zum zweiten Mal versetze ich mein Zelt wegen des besseren Windschutzes ins Lee des großen Busches und beginne mit der Reparatur der Schottwand. Nach ausgiebiger Reinigung und Anschleifen der Reparaturstellen tränke ich schmale Streifen Fiberglasmatte mit einer Mischung aus Epoxid-Harz und -Härter. Mit Einweghandschuhen streiche ich sie sorgfältig auf die Lücken. Ich hoffe, dass ich das Mischungsverhältnis richtig abschätzen kann, denn nehme ich zu wenig Härter, bleibt die Masse klebrig, nehme ich zu viel, bröckelt sie schon bei der geringsten Belastung wie Glas. Nun bleibt nur noch abzuwarten und zu testen, ob meine Reparatur auch erfolgreich war. Meine gesamte Ausrüstung ist in einzelnen, wasserdichten Packsäcken im Boot verstaut. Trotzdem soll kein Wasser in die Luken eindringen, denn man weiß ja nie, ob sich nicht doch noch irgendwo ein Löchlein in den Säcken aufgetan hat.

Am Abend eine weitere Hiobsbotschaft: Mein Laptop will nicht mehr starten! Ich habe sieben Batterien, keine kann die Zauberkiste zum Laufen bringen. Von einem Einheimischen lasse ich mich in das nächste Dorf fahren und hoffe, mit einem 220-V-Anschluss meinen Computer wiederzubeleben. Leider tut er mir den Gefallen nicht. Ich schreibe täglich einen Eintrag in mein Internet-Tagebuch, mit meiner Position und den Ereignissen des Tages. So können nicht nur meine Familie und die Behörden abends sehen, dass ich wohlauf bin, sondern auch meine treuen Fans können an meiner Reise fast in Echtzeit teilhaben. Gleichzeitig wird meine Position in die Reisekarte eingetragen und alle relevanten Daten in eine übersichtliche Tabelle. Gesendet wird der Eintrag via Satellitentelefon direkt auf meine Internetseite. Mein IT-bewanderter dänischer Partner Peter, Softwaredesigner von Beruf, hat alles so eingerichtet, dass ich in einer Stadt mit guter Wi-Fi-Verbindung nur noch die Fotos und mein GPS-Track hochladen muss, um meine Reise best- und schnellstmöglich zu dokumentieren. Ohne den Laptop könnte ich keinen langen Text, sondern nur eine kurze Mail auf meinem Smartphone tippen oder außerhalb des Empfangsbereichs eine kurze Satellitentelefon-SMS schicken. Zum Glück kann Peter mir von Dänemark aus helfen, und meine Maschine startet nach einer schrecklich langen Zeit wieder.

Um das Maß an Technikstress vollzumachen, entdecke ich, dass der Bildschirm meines E-Readers einen Sprung hat. Dieses moderne Spielzeug ersetzt mit seinem geringen Gewicht und Umfang eine ganze Bücherei und bietet mir unersetzlichen Zeitvertreib bei schlechtem Wetter. Elektronische Geräte sind nun einmal mit Vorsicht zu behandeln, sie mögen weder Wasser noch Hitze noch Sand noch eine raue Behandlung. Trotzdem ist mein Boot neben dem Laptop und dem elektronischen Buch mit drei GPS, zwei kleinen Kameras, zwei Mobiltelefonen, Satellitentelefon, Handfunkgerät und einem EPIRB, einer Notfunkbake, ausgerüstet, die alle sorgfältig mitsamt ihren wasserdichten Taschen, Ersatzbatterien und Ladekabel gepflegt, gewartet und transportiert werden wollen. Trotz aller Umsicht geben sie alle nacheinander irgendwann irgendwie den Geist auf und müssen mit großen Problemen unterwegs ersetzt werden. Vorerst muss ich auf meine Lektüre verzichten. Meine kleine Bug-Videokamera und ein kleines Diktiergerät habe ich schon nach den ersten Tagen zurückgeschickt, das war ein Zuviel an Technik für eine allein reisende Dame, die sich nicht als reisende Abenteuer-Fotografin, sondern als Sportlerin sieht. Das Verwalten, Editieren und Hochladen von regulären Bildern ist mir schon genug Dokumentationsarbeit, da mag ich mich nicht noch um Videos oder Stimmaufnahmen kümmern.

Die Einheimischen sorgen sich um mich. Mit großem Unbehagen beobachten sie, dass die verrückte Gringa wegen der schlechten Wettervorhersage noch einen weiteren Tag am Busch zelten möchte. Denn die Tide soll heute

Abend 500 Meter höher den flachen Strand hinaufsteigen als am Tag zuvor. Dankbar nehme ich das Angebot an, mich mitsamt meinem Boot per Schaufelbagger ins Dorf transportieren zu lassen und dort in einem sicheren Haus zu übernachten. Schnell werden meine Gepäcktaschen in die breite Frontschaufel gepackt, das Boot liegt quer auf dem Trailer, und los geht die holperige Fahrt durch die Dünen.

Am nächsten Morgen, es ist der 23. September, Tag 25 meiner Tour, kommt der Bürgermeister des kleinen Ferienortes selbst vorbei, um mich an den Strand zu bringen und gemeinsam die Wellensituation zu begutachten. Die See ist von der letzten Nacht noch hoch, doch der Start sieht mir heikel, aber machbar aus. Der Wind kommt von Nordosten, das muss ich ausnutzen. Ich hebe den Daumen für die Vorbereitungen. Von mir aus kann es losgehen! Ein Traktor bringt mich und meine Ausrüstung hinunter zum Strand. Viele Dorfbewohner haben sich ebenfalls dort versammelt, bei dieser Menge an Zuschauern werde ich richtig nervös. Ich setze meinen Helm auf und lege die Schwimmweste an, und mit der Hilfe eines jungen Mannes, der sich blitzschnell bis auf die Unterhose auszieht, kann ich mein Kajak senkrecht auf Kurs über die erste brechende Welle bringen. Mein Timing für die nächste Brandungsreihe ist schlecht, die Warteposition ungünstig, und ich kriege die volle Wasserladung des Brechers ab, der mich kentert. Ich rolle wieder hoch, bringe das Boot nochmals senkrecht zu den Wellen und warte auf die nächste Ausbruchschance. Klatsch! Erneut der falsche Zeitpunkt, wieder wirft es mich um, und ich grüße noch einmal die Fische von unten. Nach der zweiten Rolle stehe ich quer, und der nächste Brecher schwemmt mich seitwärts zurück an den Strand, direkt vor die Füße der zuschauenden Menge. Peinlich, peinlich ... Ich höre schließlich auf den Rat der Fischer, es später noch einmal zu probieren. In zwei Stunden ist die Tide günstiger, die Brandung niedriger und nicht so breit. Ich lasse mein gepacktes Kajak am Strand und ziehe mich besiegt ins Dorf zurück.

Beim zweiten Angang gegen elf Uhr ist die Wartezone vor den Wellen dank des niedrigeren Wasserstandes tatsächlich breiter und ruhiger, und ich kann rund zehn bis fünfzehn große Brecher senkrecht zur Brandung stehend abwarten, bevor sich eine Lücke auftut und ich mit aller Kraft hinaussprinten kann. »Jetzt ... jetzt ... jetzt!«, sporne ich mich selbst an, Adrenalin pumpt durch meine Adern, und ich springe über eine niedrigere Welle gerade so eben glücklich hinaus. Auf eine weitere Eskimorolle müssen die Zuschauer heute »leider« verzichten.

Endlich auf offenem Wasser! Ich atme tief durch, lege Helm und Schwimmweste ab und prüfe, ob mein integriertes Steuerblatt aus dem beweglichen Heckteil voll herausgezogen ist. Dazu habe ich bereits am Strand eine feste Schnur durch eine kleine Schlaufe am Steuerblatt geführt, vom Cockpit und wieder zurückgehend, an der ich das meist durch Sand und Kieselsteine festgeklemmte Skeg, die Ruderleitflosse, herausziehen kann. Für sieben Stunden kann ich nun ordentlich Strecke machen und bereue es dennoch, dass ich nicht noch in dieser Nacht weitergepaddelt bin. Dann hätte mich der starke Nordwind noch in der Nacht über die Bahia Blanca getrieben. Nun sind es bis zur Querung dieser Bucht in südlicher Richtung noch drei Tage. Um zu vermeiden, bei 20 Knoten auf die offene See geblasen zu werden, zeigt mein Bug konstant in den Wind Richtung Küste, doch nach fünf Kilometern werde ich schon ausgebremst. Ich muss wieder an Land. Das Be- und Entladen des Kajaks, während der Flugsand in alle Ritzen kriecht, ist eine Qual. Die Dichtung des Lukendeckels muss ich erst freikratzen, bis ich ihn aufsetzen kann. Ein Sandsturm begräbt fast mein Zelt und kriecht durch jede Ventilationsöffnung ins Innere. Alle Sachen sehen aus wie mit Zuckerguss überzogen, selbst zwischen meinen Zähnen knirschen die Sandkörner. Ausgerechnet in dieser Situation bekomme ich heute meinen reparierten Laptop wieder, per Lieferservice eines freundlichen Einheimischen direkt an den Strand! Ich hoffe, dass der Rechner den Sand vertragen kann, so frisch operiert. Eine meiner Kameras ist auch schon überholungsbedürftig und geht zusammen mit dem angeknacksten E-Reader auf gleichem Weg auf die Reise zu Alejandro nach Buenos Aires.

Der Tidenhub wird mich in den nächsten Tagen und Wochen noch beschäftigen. Bei Niedrigwasser kann sich das Ganze zu einer echten Schlepperei entwickeln! Der nächste Tag ist solch ein unangenehmer Tidentag. Angesichts der immer höher und höher werdenden Wellen wird es höchste Zeit, an Land zu surfen! Es ist zu früh zum Zelten, der Wind schiebt stark, ich paddle in der zweiten Tageshälfte fast ausschließlich innerhalb des Brandungsgürtels in mehr oder weniger flachem Wasser seitlich zu relativ niedrigen Brechern, die ich ausstützen kann. Die Starts und Stopps sind sehr anstrengend und fühlen sich irgendwie irreal an. Zu meiner Linken tost die offene Brandung, zu meiner rechten ist nichts als Sand. Seitlich werde ich auf den Strand gespült, und manchmal ziehe ich mein Kajak durch sehr flache Stellen. Beim niedrigsten Tidenstand geht nichts mehr, auch das Ziehen des Kajaks ist sinnlos. Sechs Kilometer vor einer rettenden Flussmündung befindet sich neben mir in rund 800 Metern Entfernung vor dem Dünengürtel nur eine breite Fläche mit weichem, nassem Sand. Zweimal muss ich mit meinem Gepäck schwer beladen durch knöchel- bis wadentiefen Matsch stapfen. Bei Hochwasser ist diese Fläche gerade so eben überspült, und ich überlege, mein Kajak an einem festen, angeschwemmten Baumstumpf anzubinden. Aber was ist schon »fest« im Meer, ich könnte nicht ruhig schlafen. Also ein drittes Mal Stapfen, das leere, leichte Kajak saugt sich immer noch am nassen Sand fest, und die Bugleine reißt mir neue Blasen in die Handflächen. Ich brauche definitiv einen Ruhetag. Beim frühmorgendlichen Hochwasser, das die weite Sandebene flutet, fühle ich mich schuldig, keinen Ausbruchsversuch zu wagen. Vielleicht kann ich mein beladenes Kajak über die jetzt überschwemmte Sandebene treideln oder sogar paddeln? Ich kann mich dazu nicht motivieren. Morgen ist auch noch ein Tag, denke ich. Ich vertiefe mich lieber ins Lackieren meiner Fußnägel, widme mich einer ausgiebigen Rasur hier und da und sonstigen Körperpflegeeinheiten. Den ungepflegten »Expeditionszombie« werde ich nie geben wollen, egal, in welcher Wildnis und Abgeschiedenheit ich mich befinde und welchen Strapazen und Gefahren ich ausgesetzt bin. Wer weiß, wem man in dieser Einöde begegnet. Schon leuchtet nachts jemand mit einem starken Licht in mein Zelt. Und noch mal. Und wieder. Zum Glück ist es nur ein grelles Wetterleuchten, bald begleitet von schwerem Donner. Das Unwetter dauert bis eine Stunde nach Sonnenaufgang und raubt mir den Schönheitsschlaf.

Zwei Stunden dauert das Wassern am nächsten Morgen. Weiß der Himmel, warum die Sandebene heute am Morgen nicht überflutet ist. Wahrscheinlich waren es gestern nur wenige Zentimeter Tidenunterschied. Ich stelle fest, dass ein schmaler Streifen am Sandgürtel direkt an der Wasserlinie trocken geblieben ist. Hätte ich eventuell auch da zelten und mir die Matschwanderung sparen können? Meine GPS-Seekarte ist nicht präzise genug, um sicher durch das Gewirr von Inseln und trockenen Wattrücken bei Niedrigwasser in der Bahia Union zu finden. Ich stelle mich schon auf eine Nacht im Kajak ein, irgendwo trockengelaufen aufsitzend. Ich paddle dort, wo noch Wasser ist, und kann abends auf der höheren Westseite der Isla Culebra an dem einzigen Busch weit und breit landen und mein Zelt ohne langes Schleppen aufstellen. Wie erholsam! Ich entledige mich aller überflüssiger Kleidung, spiele Robinson und tauche meinen Alabasterkörper tapfer in die etwa 16 Grad kalte See.

Am nächsten Morgen sehe ich ein Boot der Küstenwache weit draußen auf den weißen gegeneinander brechenden Wellen munter auf und ab tanzen. Ich selbst paddle ganz entspannt und flott nur zwei Meter von der steilen Kieselküste entfernt, mit strömungsstarkem, aber komplett ruhigem Wasser und feixe. Doch das Lachen vergeht mir schnell bei meiner Landung am Abend. Mein Heck wird von der Welle hoch angehoben, ich lege mich weit nach hinten aufs Deck, um zu vermeiden, dass sich mein Bug womöglich senkrecht vor mir in den Grund rammt und ich mich vertikal überschlage. Die Dusche, die nun auf meinem exponierten Körper niedergeht, besteht bestimmt aus einer Tonne Wasser und schlägt luftigen Schaum, der mich mit meiner auftriebsstarken Oberbekleidung weder richtig untertauchen lässt noch meinem Paddel genug Halt zum Rollen gibt. Was soll der Stress, ich bin sehr nahe am sandigen flachen Strand, ich steige einfach aus …, denke ich trotzig und wate in starker Seitenströmung atemlos zum Ufer. Mein armes, verlassenes Kajak wird hundert Meter weiter angespült, mit einem Cockpit voller Sandwasser, aber scheinbar heil. Ich wälze das tonnenschwer geflutete Boot auf die Seite, um die Sitzluke zu leeren, und registriere zutiefst erschrocken, dass das integrierte Karbon-Steuerblatt schlichtweg abgebrochen ist. Es ist nur noch ein trauriger Stummel zu sehen, mit dem ich mein Kajak bei Seitenwind kaum auf Kurs halten kann. Ich habe nur ein einziges Reserve-Steuerblatt, und das befindet sich in Buenos Aires. Alejandro kann es mir zum Glück schon morgen per Busexpress zum Balneario EL Condor zu meinem dortigen Gastgeber schicken.

Mein Zelt versehe ich heute Nacht mit zusätzlichen Abspannleinen und dünnen kurzen Heringen in dicken Steinhaufen. Meine breiten langen Sandheringe habe ich nicht in den harten Boden treiben können. Das weiße Kajak sieht am nächsten Morgen aus wie eine Leiche, komplett begraben unter schwarzem Sand. Mein rotes Zelt hüllt sich ebenfalls in einen schwarzen Mantel, die abweisend glatte und schützende Silikonschicht ist schon längst dank der mit Regen vermischten kontinuierlichen Sandstrahlung verschwunden. Mein Handfeger tut gute Dienste, die Originalfarben wiederherzustellen.

Ich verbringe einen stürmischen Tag an diesem einsamen Strand, das nahe Farmhaus ist verlassen, nur ein rostiges

Windrad quietscht herzzerreißend bei dem Versuch, dem Brunnen pumpend brackiges Wasser zu entlocken. Nur im Notfall würde ich dieses Wasser trinken. Streunende Hunde jaulen im Duett mit dem Wind, mir ist ein bisschen unheimlich.

Die Strecke zum Balneario El Condor beträgt 60 Kilometer, mit Rückenwind und guter Strömung fliege ich mit neun bis zehn Kilometern pro Stunde dahin, normal sind fünf. Das fehlende Steuerblatt merke ich erst auf den letzten acht Kilometern, als ich eindrehe und den starken Wind von der Seite bekomme. Zwei lange Stunden paddele ich nur mit rechtem Bogenschlag, um das Boot auf Kurs zu halten. Ich versuche angestrengt, den Brechern in der Flussmündung vor dem Feriendorf zu entkommen, und werde erschöpft knapp einen Kilometer weiter weg von meiner angepeilten Landungsstelle mit einer eleganten Rolle durch moderate Brecher angeschwemmt. Als Lohn für des Tages Mühe werde ich direkt am Strand mit einem Pick-up-Wagen von meinem Gastgeber abgeholt. Er überlässt mir nicht nur ein komplettes, gut ausgestattetes Ferienhaus mit heißer Dusche, sondern ist auch beim Wechseln des Steuerblattes am nächsten Tag behilflich. Die Gastfreundschaft der Einheimischen weiß ich wirklich sehr zu schätzen! Ich integriere meine Gastgeber in meine Reise mit gemeinsamen Fotos in meinem Internet-Tagebuch und bedanke mich mit Geschichten aus erster Hand und einer signierten Autogrammkarte, an einer Flasche Wein oder Ähnlichem befestigt, die ich bei meinen meist von meinen Gastgebern begleiteten Lebensmitteleinkäufen manchmal von ihnen unbeachtet erstehen kann.

Apropos Einkaufen: Das Angebot in den winzigen Läden in den kleinen argentinischen Fischerdörfern oder Badeorten kann man nicht mit europäischem Überfluss vergleichen, aber es nährt einen. Der Versuch, teure Sportlernahrung in der richtigen Menge zum richtigen Zeitpunkt an den richtigen Ort vorauszuschicken, ist besonders in Südamerika praktisch aussichtslos. Stattdessen Haferflocken mit Milchpulver zum Frühstück, Nudeln oder Reis mit Thunfisch oder Salami garniert und mit verschiedenen Soßen abgeschmeckt zum Abendbrot und als Tagessnacks alles, was die Temperaturen aushält. Noch sind Schokolade, Käse und Butter dabei, später in Äquatornähe schmelzen sie mir weg. Ich kaufe Cracker, süße und salzige Nüsse, Riegel aller gesunden und ungesunden Art sowie frisches Obst und Gemüse, je nach dem meist recht begrenzten Angebot. Äpfel und Karotten halten sich besonders lange, alles andere ist Luxus. Zum Fischen nehme ich mir weder Zeit noch habe ich die Fähigkeiten dazu. Eine Schleppleine würde zudem die Haie anziehen. Ich kaufe jeweils für zwei bis drei Wochen Lebensmittel ein und verpacke alles in handliche Portionen in wiederverschließbaren Plastiktüten. Meine Wassersäcke fülle ich bis zum Anschlag, sechs Säcke mit jeweils vier Litern finden im bepackten Kajak jetzt gerade noch so Platz und reichen mir für eine Woche, die minimale Frischwasserdusche am Abend inklusive. Zusammen wiegt mein schwimmender Untersatz vollbeladen über 100 Kilogramm, grob geschätzt zu je einem Viertel verteilt auf Boot, Trinkwasser, Essen und Ausrüstung. Mit meinem Eigengewicht von 75 Kilogramm ist es ein regelrechtes Schlachtschiff, das nur durch meine Muskelkraft fortbewegt wird!

Kapitel 2
NATURSCHÖNHEITEN

Argentinien, Teil 2: Peninsula Valdés bis Puerto San Julian
08.10.–15.11.2011

Ich bin kein Freund von Umwegen auf einer Umrundung wie dieser. Kommt eine Bucht, überlege ich, ob ich sie queren kann. Es ist zwar unterhaltsamer, wenn man Land sehen kann, aber die Nähe zur Küste verspricht keinesfalls mehr Sicherheit. Durch das Paddeln in jede einzelne Bucht hinein würde ich einige Hundert Kilometer mehr zu bewältigen haben. Rund um Australien habe ich den fast 600 Kilometer breiten Golf von Carpentaria im Norden Australiens gequert und sieben Nächte in meinem kleinen Kajak geschlafen. Weit und breit war kein anderes Schiff in Sicht, nur Wasser, Wasser, Wasser überall ...

Südamerika hat nur wenige solch großer Buchten zu bieten, doch um die markante Peninsula Valdés zu erreichen, könnte ich doch auch hier einfach quer über den Golfo San Matías fahren?

Gedacht, getan: Nach nur einem Erholungstag sitze ich wieder im Boot, gebe den nun 140 Kilometer entfernten Zielpunkt an der nördlichen Spitze der Peninsula Valdés in mein GPS ein und folge dem kleinen Pfeil auf dem Display. Wind, Tide und Seegang sind freundlich, gut gelaunt »unterhalte« ich mich mit den riesigen braunen Albatrossen, die mit ihren fast zwei Metern Spannweite majestätisch über mich hinwegsegeln oder im Sturzflug knapp an mir vorbeisausen. Gerne hätten sie wohl auch das unbekannte Objekt unter ihnen auf dem Wasser angepickt, würde es sich nicht mehr bewegen. »Haut ab, ihr Geier, ihr bekommt mich nicht!«, schimpfe ich scherzhaft und drohe mit meinem Paddel.

Beim Anbruch der Nacht habe ich bereits 65 Kilometer geschafft, ein guter Fortschritt. Ich denke, bis zum Monduntergang gegen drei Uhr morgens habe ich genug Licht, um trotz Müdigkeit, die ich mit »kreativem« Gesang bekämpfe, vernünftig paddeln zu können. Leider verschwindet das Mondlicht schon zwei Stunden früher hinter dicken Wolken, es hängt Nebel über dem Wasser. Der Wind frischt auf und die See wird wellig. Fast habe ich vergessen, was nun unweigerlich passieren wird: Ich werde seekrank! Der unsichtbare Horizont gibt meinem Gleichgewichtssinn keinen visuellen Halt mehr, und mein Kajak tanzt auf den Wellen. Seekrankheit ist nichts Neues für mich, sich einmal kräftig übergeben, und es wird besser. Mir wird weder schwindelig noch fühle ich mich deutlich schwächer. Heute aber will mein Abendessen auch mit einem Finger im Hals nicht herauskommen, und ich leide vor mich hin. Die Sicht verbessert sich zeitweilig, mit ihr auch das Gefühl der Seekrankheit. Gegen vier Uhr morgens ist mir wieder übel, leider kommt immer noch nichts heraus. Ich zähle die Minuten bis zum Tagesanbruch um Viertel vor sechs.

Gegen neun Uhr morgens dreht die Tide, nun wird es richtig lustig! Vorhergesagt war ein Seegang von höchstens einem Meter, hier aber bläst ein 20 Knoten starker Rückenwind gegen eine starke Gezeitenströmung und entwickelt damit drei bis vier Meter hohe, stehende Wellen. Das bedeutet, dass ich zwar mit 15 oder mehr Stundenkilometern einen Wellenkamm hinabreiten kann, meine Durchschnittsgeschwindigkeit beträgt aber über Grund trotzdem kaum fünf Kilometer pro Stunde. Die Wetterlage lädt eigentlich zum Spielen in den Wellen ein, in diesem endlosen, superbreiten »Tidal Race«, nur bin ich dazu zu müde, seekrank und steuere ein voll beladenes Kajak. Irgendwann muss ich doch Land sehen können? Meine Nerven sind bis zum Äußersten gespannt. Viele Beobachter unterstellen mir zwar eine übertriebene Risikobereitschaft, aber lebensmüde bin ich nicht. Im Rahmen meiner Vorbereitung tue ich alles, um mein Risiko zu minimieren.

An meinen Proviant komme ich bei diesem Seegang nicht heran, meine Trinkflasche kann ich gerade noch so ansetzen. Ein Nachfüllen aus dem Wassersack gelingt nur, wenn ich die Balance halte. Ich versuche noch wie üblich mit meinem Pinkeltrichter zu urinieren, nachdem aber bereits zweimal ein großer Schwall Wasser in den offenen Schlitz geschwappt ist, ist mir alles egal: Zum ersten Mal lasse ich es innerhalb des Trockenanzuges laufen. Leider fließt die frische, warme Körperflüssigkeit nicht bis an meine eiskalten Füße. Die Verdauung meldet sich zum Glück nicht, aber auch das wäre mir jetzt sprichwörtlich ... scheißegal. Längst bin ich an meinem Kajak angeleint, weil ich meine Konzentrationsfähigkeit schwinden fühle.

Wer bei solchen Bedingungen nicht übermenschliche Kräfte entwickeln kann, sollte solche Abenteuer besser nicht angehen. Ich bin froh, nur für mich selbst verantwortlich zu sein und mich nicht auch noch um einen eventuell schwächeren Partner kümmern zu müssen. Kein Rettungsboot wäre in der Lage, diese Wellen auszureiten und mich auch noch dabei herauszufischen!

Irgendwann komme ich wieder in ruhigeres Küstengewässer. Viel Zeit zum Durchatmen besteht nicht, denn ich muss nochmals zehn Kilometer dranhängen. Alejandro hat mir per SMS einen Landepunkt viel weiter westlich ans Herz gelegt, da am angepeilten Leuchtturm häufig die Ranger der Insel patrouillieren und meine spezielle Genehmigung zum Paddeln entlang der unter Naturschutz stehenden Insel wegen meiner Abkürzung über die Bucht noch nicht vorliegt. Ich habe keine Idee, wie die Küste aussehen mag, und bereite mich auf eine unangenehme Landung vor. Doch das Wasser am Ufer ist glücklicherweise ruhig, und ich kann an einem steilen Kieselstrand hinter einem kleinen Riff sicher aussteigen – nach 160 Kilometern und 32 Stunden ununterbrochenen Paddelns. Meine Beine zittern, ich bin übermüdet, leicht schwindlig und fühle mich ziemlich am Ende meiner Kräfte.

Peninsula Valdés ist weltberühmt für seine mannigfaltige Tierwelt, fast jeder Meter Küstenstreifen ist entweder mit Tausenden der kleinen Magellan-Pinguinen, Seelöwen oder See-Elefanten-Kolonien besetzt. Auch die Südkaper, eine Bartenwal-Art, kommen jedes Jahr zum Kalben in die beiden geschützten großen Buchten. Der Zugang für Touristen ist in diesem Naturreservat überall streng reguliert. Nur wenige Meter von meinem geheimen Zeltplatz kann ich die ersten See-Elefanten studieren, massige, fettleibige Riesen, die sich in den wenigen Sonnenstrahlen aalen. Die Bullen werden bis zu sechseinhalb Meter lang und dreieinhalb Tonnen schwer und entwickeln mit den Jahren eine ausgeprägte lange Nase, die wie ein Rüssel bis über das Maul hängt. Die Kühe werden nur bis dreieinhalb Meter lang und wiegen maximal 900 Kilogramm, der charakteristische Rüssel fehlt ihnen ganz. Starke Bullen sammeln zur Paarungszeit bis zu 20 Kühe um sich, die heftig gegen die rivalisierenden Männchen verteidigt werden. Mein Kajak habe ich bereits weit aus der Gefahrenzone eines in Paarungsstimmung befindlichen Bullen gezogen. Komme ich aus Versehen zu nahe, wird mir durch lautes Grunzen »mitgeteilt«, dass sie meine Anwesenheit missbilligen.

Ich akzeptiere die Vorherrschaft der Natur und möchte dieses an sich wundervolle Gebiet schnell und unbemerkt wieder verlassen, bevor meine unangemeldete Anwesenheit zum Problem wird. Nachts kommt mir die Idee, ich könnte – anstatt außen um die Insel zu paddeln – die beiden Buchten queren und eine sieben Kilometer lange Portage versuchen, sprich, mein Kajak über Land transportieren. Die mannigfaltige Tierwelt findet sich überwiegend an der äußeren Küste der Insel, in den Buchten dürfte ich beim Campen kaum eine Kreatur stören. Die Windrichtung bleibt morgen Nordost, und mein erzwungener westlicher Landeplatz verkürzt den

Weg durch die Buchten. Ich beschließe, gleich morgen weiterzufahren, da der übernächste Tag wettermäßig eher nach einem Ruhetag aussieht, auch wenn mein Körper jetzt nach Erholung schreit.

Der Trip in Richtung Golfo San José, der nördlichen Bucht der Peninsula Valdés, entpuppt sich als pure Erholung vom Stress der Querung. Der Wind und die Tide schieben mich lässig längs der Küste. Ich paddle kaum, mein schmerzender Körper entspannt sich. Ich genieße den Anblick Tausender kleiner Pinguine und Seehunde aller Art und Größe. Deren Köpfe poppen überall für Sekunden aus dem Wasser wie Schießbudenfiguren. Am Strand kann ich die verschiedenen Harems gut ausmachen, mit etwa 20 Metern Abstand höre ich die Kühe mit ihren Jungen grunzen, heulen und jammern, unterbrochen vom herrischen Bellen und Schnauben des leicht zu bestimmenden, überproportional großen Patriarchen. Ein 20 Kilometer langer zerklüfteter Kliffstreifen lässt mein Seekajakerherz höherschlagen, ich steuere dicht um jede sich bietende Ecke, genieße die Nähe der Felsen und sauge den charakteristischen Duft der mit Seetang und Muscheln bedeckten steilen Küste tief ein. Mit allen Sinnen fühle ich mich intensiv mit dem Meer verbunden. Solche Momente sind meine Belohnung für all die Strapazen, die ich in Kauf nehmen muss!

Es ist Oktober, Hochsaison für Whale-Watching-Expeditionen. Gleich fünf größere Schiffe befinden sich in der südlichen Bucht, voll bepackt mit jeweils rund fünfzig mit Kameras bewaffneten Touristen. Ich will schnell an ihnen vorüberpaddeln. Wer weiß, ob ein überaktiver Naturparkwächter mich nicht doch noch stoppen möchte? Von einem der Boote höre ich tatsächlich mehrfach meinen Namen rufen. Vielleicht sollte ich ihnen auch »den Wal machen«, denke ich lachend. Aus meiner elektrischen Bilgepumpe spritzt ein mindestens genauso schöner hoher Strahl wie aus den Atemlöchern der Wale beim Ausatmen, vorausgesetzt, meine Sitzluke ist geflutet. Aber lieber paddle ich zügig davon, beachte die Schiffe nicht mehr und freue mich auf meine »eigenen« Wale, die weiter draußen so oft um mich herumspringen, dass ich fast schon an deren Auftauchen gewöhnt bin. Ich zähle fünfzig Tiere oder mehr. Leider kann ich den Anblick der gewaltigen Meeressäuger nur im Vorbeiziehen genießen. Ich muss auf mein GPS schauen, da ich in gerader Linie aus der südlichen Bucht hinauspaddeln und am weiten Strand des nördlichsten Punktes des Festlandes campen möchte, den ich auf dem Satellitenbild vorher ausgemacht habe. Die GPS-Karte zeigt »Dünen« an. Meine Ankunftszeit wäre aber eine Stunde nach Sonnenuntergang. Die Alternative ist ein Umweg, um noch auf der Halbinsel zu zelten. Wind und Tide sind günstig, mein Fortschritt ist gut, und der Mond soll hell scheinen in den ersten Stunden der Nacht. Ich entscheide mich für die Nachtlandung. Das dürfte eigentlich nicht so problematisch sein bei diesem ruhigen Wasser und den guten Sichtverhältnissen.

Doch der breite Strand, an dem ich landen möchte, entpuppt sich als einer dieser unangenehmen, 45 Grad steilen Kieselwälle. Der inzwischen stärker gewordene Wind schlägt einen unangenehmen einzelnen Brecher hoch auf die steile Wand. Ich hoffe, dass diese einzige fette Brandungswelle weiter entfernt von der Landspitze im Inneren der Bucht schwächer ist und paddle ungeduldig dreieinhalb Kilometer nach Westen. Nirgendwo entlang dieses steinigen Walls wage ich zu landen, trotz mondheller Nacht. Ich bin warm und sicher in meinem Kajak und entscheide, besser wieder zur Landspitze zurückzupaddeln. Irgendwo müssen doch die angezeigten »Dünen« sein? Dass sich diese hoch hinter dem Kieselwall befinden, bemerke ich irgendwann im Strahl meiner starken Taschenlampe. Davor befindet sich die für mich unüberwindliche Barriere dieses einzelnen hohen Brechers. Es ist inzwischen elf Uhr nachts, ich arbeite mich noch immer erfolglos Richtung Landspitze. Dort herum, paddel ich einfach weiter gen Süden, in die richtige Richtung, bis sich eine gute Landemöglichkeit auftut. Ansonsten mache ich eben durch, wie schon mehrfach zuvor. Wo ist das Problem?

Die Landspitze offenbart im Mondlicht einige Linien weißer Brecher, die ich in weitem Bogen umfahre. Der Wind frischt deutlich auf, Gott sei Dank kommt er von hinten. Ich fühle mich nicht mehr recht wohl hier draußen mit über 20 Knoten Wind, friere und erblicke auf der GPS-Karte eine kleine weite Bucht, die Schutz beim Landen bieten könnte – endlich! Ein erneuter weiter Bogen um diverse, im blassen Mondlicht weiß schäumende Brecher lässt mich dann zwei Kilometer rückwärts gegen den starken Wind ankämpfen, um in die Bucht einfahren zu können. Aber lieber den »Feind« frontal angehen, als ihn im Dunkeln von hinten auflaufen zu lassen!

Ein unerwarteter Brecher an der Buchteinfahrt wischt mich fast von der Bildfläche. Ich kann gerade noch seitlich oben auf dem Kamm mit spritzender Gischt auf der Rückseite herunterrutschen. Das war knapp! Die Bucht bietet zum Glück etwas Schutz vor Wind und Wellen, trotz einer hohen, dunkel drohenden Felswand und dem gleichen steilen Kieselstrand. Meine zunehmende Erschöpfung sagt mir, dass ich jetzt alles auf eine Karte setzen sollte. Der Brecher ist moderat, ich hole tief Luft und lasse mich den in Wirklichkeit nicht allzu steilen Strand hinaufwaschen. Gott sei Dank, ich bin o. k.! 82 Kilometer reichen für heute, es ist schon ein Uhr nachts.

Im starken Schein meiner Taschenlampe finde ich mich als Mitglied einer großen See-Elefanten-Kolonie wieder. »Jungs, macht Platz!«, rufe ich. »Hier kommen zwei neue Haremsdamen, mein Kajak und ich!« Lasse ich genug Abstand, sind die Tiere nicht angriffslustig. Meine heldenhafteste Tat vor der dunklen, drohenden Felswand ist eine eiskalte Dusche nackt im Dunkeln zwischen den See-Elefanten. Diese riechen streng genug mit ihrem ständigen Rülpsen und Furzen, ein bisschen frischer Duft kann hier nicht schaden. Ich klettere drei hohe Stufen des Kieselstrandes hinauf und entdecke ganz oben zwischen zwei Gruppen See-Elefanten einen freien Platz für mein Zelt.

Morgens eine schöne Überraschung: Eines der See-Elefanten-Babys hat sich eng an mein Kajak gekuschelt, anscheinend eine Waise auf der Suche nach einer neuen Mama. Es ist herzerwärmend und herzzerreißend zugleich. Sieht mein Boot einer See-Elefanten-Mami wirklich zum Verwechseln ähnlich? Oder ist das Baby nur vom Geruch des Thunfischöls angezogen worden, das ich während meines Abendessens aus dem Zelt gegossen habe?

Den Tag verbringe ich entspannt bei starkem Südwind zwischen »meinen« See-Elefanten, die mich an ihrem nicht ganz jugendfreien Familienprogramm teilhaben lassen. Säugende Babys sind überall, neue werden geräuschvoll produziert. Zur Kopulation umfasst der riesige Bulle die kleine Kuh von hinten mit den Vorderflossen, weigert sie sich, wird sie von seinem Gewicht bewegungsunfähig gemacht. Wegen den brachialen Paarungsgewohnheiten und vielen Kämpfe der Bullen kommt es häufig vor, dass Weibchen und Jungtiere erdrückt werden. Richtet sich einer der Bullen drohend zu seiner beeindruckenden vollen Größe auf, huschen die Frauen und Kinder eifrig zurück zu seiner Gruppe. Nur nicht zu weit entfernen lassen, denn der Nachbar nähme sie dankend auf!

Der Tidenhub wird Tag für Tag stärker, um die Landspitzen herum entwickeln sich Gezeitenströme mit stehenden Wellen. Noch ist es nicht schlimm, doch weiter südlich werden diese speziellen Strömungsverhältnisse stärker fühlbar sein. Ich werde genau darauf zu achten haben, zu welcher Zeit ich um diese exponierten gefährlichen Stellen herumfahre. Einige Wracks, die aus dem Wasser ragen, zeigen versteckte Riffe an dieser Küstenlinie an.

Eines Abends lande ich in Cabo Raso unbeabsichtigt mitten in einer großen Magellan-Pinguin-Kolonie. Die kleinen schwarzbefrackten, etwa 70 Zentimeter hohen »putzigen Gesellen« sind enorm scheu. Bewegungslos sitze ich mitten unter ihnen und beobachte, wie sie vom Fischzug des Tages heimkommen und bei ihrem abendlichen Landgang im Gänsemarsch den Kieselstrand heraufwatscheln. Ihre Nester befinden sich in sandigen Vertiefungen weit oben im Buschland, jeweils gut versteckt unter weit hinabreichenden Zweigen eines Strauches. Schaue ich vorsichtig hinein, duckt sich das scheue Tier und scheint zu hoffen, unsichtbar zu sein. Ich begrenze meine Neugier auf wenige Fotos und lasse die niedlichen Tierchen in Frieden ihren abendlichen Aktivitäten nachgehen, auch wenn sie mich mit ihrem Geschnatter und Gepiepe nicht in Ruhe schlafen lassen.

Am nächsten Morgen stehen einige der befrackten Kavaliere hinter meinem Schlafplatz, aufgereiht wie ein paar englische Hotelgäste vor dem Frühstücksbüffet, das noch geschlossen ist. Die Pinguine warten geduldig, dass ich endlich den Strand freimache für ihren morgendlichen Marsch zum Wasser. An mir vorbeizuziehen, trauen sie sich anscheinend nicht, oder sie sind solche Gewohnheitstiere, dass sie unter keinen Umständen einen anderen Weg zum Wasser nehmen wollen. Also beeile ich mich mit dem Packen und leere schnellstens den Strand. Im Wasser beobachte ich sie beim Fischen, meist allein oder in Gruppen von bis zu zwanzig Tieren springen sie wie Delfine im hohen Bogen immer wieder elegant aus dem Wasser. Ein wunderschöner Anblick!

Punta Tombo offenbart mir einen kräftigen Gegen-Gezeitenstrom, den ich trotz kräftigen Paddelns nur mit zwei bis drei Kilometern pro Stunde hinter mich bringen kann. Die stehenden Wellen sind zum Glück auch in der Mitte der Gezeiten noch moderat. Eine riesige Kolonie von Seemöwen mit Tausenden von Vögeln bevölkert das Kap, ich steige an der südlichen geschützten Seite in einem kleinen natürlichen Hafen an einem niedrigen Stein aus und lasse mir die riesigen Wolken von Möwen buchstäblich um die Ohren flattern. Sie verteilen sich mehrere Hundert Meter weit in alle Richtungen, im Wasser, in der Luft, auf den Steinen. Die Felsen sind weiß von ihren stechend riechenden Hinterlassenschaften, die Nester sind karg und mit wenigen Grashalmen in jede erdenkliche Felsennische gebaut. Was für ein Leben! Bei steigender Tide schwimmt mein Kajak in dem kleinen Hafen von alleine auf. Ich bin so abgelenkt von dieser wilden Natur, dass ich es fast vergesse, es im Blick zu behalten. Ich kann gerade noch so hinterherwaten und es einfangen, bevor es sich auf und davon macht.

Noch um 1800 war Cabo Raso ein bescheidenes Dorf mit 100 Einwohnern. Heute saniert Eduardo, ein origineller junger Mann, der eine kleine Feriensiedlung daraus machen will, nach und nach die Ruinen der alten Häuser – völlig auf sich selbst gestellt. Ich treffe ihn bei der Arbeit an den Gebäuden, nachdem er mich am Abend zuvor in der äußersten Ecke seines Reviers begrüßt hat. Leider kann ich ihm in seinem kleinen Laden nicht zu Umsatz verhelfen, bewundere aber sein außergewöhnliches Geschick und die Sorgfalt, mit der er die Restauration angeht. Im Sommer betreut er bereits als Hotelier, Barkeeper, Koch, Handwerker, Ladeninhaber, Polizist und Bürgermeister in einer Person einige Gäste in seinem kleinen Reich, die genau hier eine Attraktion erleben wollen, die auch mich schwer beeindruckt hat: Hinter dem Kap, teilweise auf dem Festland, teilweise auf einer vorgelagerten Insel versteckt, liegt eine Seelöwen-Kolonie, die mit ihrer Größe alles toppt, was ich bisher erlebt habe. Tausende und Abertausende von Tieren aalen sich grunzend und schnaubend auf den Felsen, schwimmen planschend im Wasser und verfolgen mein Kajak, mit dem ich durch den schmalen Kanal der Insel hindurchfahre. Es ist unglaublich, fast unwirklich, Teil dieses Naturschauspiels zu sein.

Die Küste selbst wird nun zum Highlight, ich genieße meine Fahrt entlang der Felsen und stecke meine Nase in jede klitzekleine Bucht. Ich lande an handtuchbreiten Sandstränden, erklimme die Felsen und genieße die Aussicht über die wunderschöne Küstenlandschaft. Das liebe ich am Seekajakfahren: Man weiß nie, was einen hinter der nächsten Ecke erwartet. Es kann eine todlangweilige Küste sein, schnurgerade mit nichts als Sand oder Kiesel, oder sie ist zerklüftet und lädt zum Erforschen jeder Ecke ein wie hier. Plötzlich ändert sich die Landschaft hinter einer Landspitze, oder das Wetter oder die Tide schlägt um. Man muss mit allem paddeltechnisch und mental zurechtkommen und gut vorbereitet nicht nur in den jeweiligen Tag starten, sondern viel weiter vorausplanen, sonst sitzt man plötzlich ohne Wasser, Essen oder einem vergessenen oder kaputten essenziellen Ausrüstungsgegenstand irgendwo fest.

Mein Zeltplatz heute Abend bietet jede Menge angeschwemmte Plastikfischboxen, ansonsten ist er relativ frei von Müll. Hat ein größeres Fischerboot vor der Küste im Sturm hier seine Ladung verloren? Diverse Wracks sprechen ihre eigene verräterische Sprache. Eine Herde halbwilder, zotteliger, fast zugewachsener Schafe schreit fast nach einer Schur. Niemand scheint sie hier von ihrem wolligen Kleid zu befreien. Abenteuerlustig erkunde ich am nächsten Ruhetag die Küste zu Fuß. Ich finde mehrere wunderschöne grüne Felsenpools, entdecke die Riffs bei Niedrigwasser und genieße die Abgeschiedenheit. Ich entzünde mit einigem Aufwand mein erstes Lagerfeuer der Reise, am Ende ist es der Löffel Waschbenzin, der das Treibholz zum Brennen bringt: Nun fehlt mir noch an diesem romantischen Abend eine starke Schulter zum Ankuscheln. Das Satellitentelefon mit meiner Familie am anderen Ende muss reichen. Auch ein Stück frisches Fleisch zum Grillen wäre nicht schlecht, meine karge Nudelmahlzeit schmeckt aber trotzdem in der frischen Seeluft. Meist koche ich im Zelt, schon im Schlafsack sitzend.

Südlich von Camarones präsentiert sich die Küste wieder von ihrer interessantesten Seite: wunderschön gelegene Farmhäuser wechseln sich ab mit einsamen Buchten mit Fischernetzen und verlassenen Segelbooten. Die Unterwasserwelt besticht hier mit palmengroßen Kelppflanzen, die ihre riesigen Blätter im kristallklaren Wasser wie Arme nach den Wasserfahrzeugen ausstrecken. Mein Kajak gleitet problemlos darüber, ein Motorboot würde wohl Probleme mit seinem Propeller haben. Ein Delfin erscheint mir als gutes Omen für einen ruhigen Tag.

Während ich wie gewohnt nahe an einer Riffkante paddle, fühle ich mich sicher und entspannt. Trotzdem weiß ich eigentlich, dass meine Augen sich nie komplett von der offenen See abwenden sollten, auch wenn ich denke, dass mir hier garantiert nichts passieren kann.

Plötzlich werde ich abrupt aus meinen Träumen gerissen. Irgendwie schafft es die niedrige Dünung, mir heimlich über einem offenbar versteckten Unterwasserfelsen einen unerwarteten Brecher vom offenen Meer hinüberzuschicken, der mich völlig unvorbereitet kentert. Weder Helm noch Kapuze schützen meinen Kopf, noch die Schwimmweste meinen Körper. Ich weiß, ich habe nur eine Chance, schnellstens wieder hochzurollen und dem Riff zu entkommen, auf das ich so unerwartet gewaschen wurde. Die Rolle gelingt, doch nun erfasst mich die reguläre Riffbrandung, wirft mich nochmals um und lässt mich gerade so eben wieder hochkommen. Ich richte mein Boot wieder aus und merke, dass sich auch noch mein Kopftuch und Haarband gelöst haben. Ich denke nur: Schnell weg hier! Ich möchte weder mit Boot, Kopf oder Körper Kontakt mit den scharfen Kanten des Riffes bekommen, angele während des Sprints auf die offene See erfolgreich nach meinem verloren gegangenen Helm und meinem Sonnenkopfschutz. Zwei der Tücher versinken irgendwo im Meer. Es dauert eine ganze Weile, bis sich meine Nerven beruhigt haben und ich mich wieder sicher fühle. Das hätte auch ganz anders ausgehen können!

Riffe können äußerst unfreundlich zu einem kleinen Wasserfahrzeug mit einem ungeschützten Insassen sein. Ich wundere mich, dass ich trotz des Ballasts einer seitlich im Wasser hängenden Schwimmweste und eines daneben hängenden Wassersackes, den ich heute Morgen in Erwartung eines ruhigen Tages einfach schnell auf dem Hinterdeck festgeklippt habe, noch hochrollen konnte. Ich habe mich auf meiner Linie keineswegs gefährdet gefühlt, trotzdem hat es mich erwischt. In Australien nannte man diese unerwarteten Brecher auf hoher See »Bombies«, und die südliche See dort war gespickt mit ihnen. Der Delfin von heute Morgen muss mein Schutzengel gewesen sein. Mit dem griffbereiten Wassersack gönne ich mir eine Dusche für meine nun salzigen, aber eigentlich frisch gewaschenen Haare, schüttle mich wie ein Hund und fahre fort mit den weiteren Vergnügungen des Tages. Das war knapp!

Die starke Gezeitenströmung um das nächste Kap trickse ich aus, indem ich äußerst nah mit wenigen Metern im Kehrwasser an den Felsen entlangschramme. Gut, dass ich zur richtigen Zeit meine Höchstgeschwindigkeit aktivieren und das Kajak auf Kurs halten kann, sonst würde ich in den Haupt-Gegenstrom geschwemmt werden und wahrscheinlich nicht mehr vorankommen. Ich bedaure nur, dass ich nicht in jeder der wunderschönen Buchten, an denen ich vorbeikomme, campen kann. Mein Ziel ist es immer noch, ganz Südamerika paddelnd zu umrunden, und ich nehme mir für dieses Herzstück der argentinischen Küste schon mehr als reichlich Zeit. Eine der Traumbuchten wird mein Zeltplatz für die Nacht. Ein Delfin grüßt mich, und ich frage mich, ob es derselbe ist, der heute Morgen seine schützende Flosse über mich gehalten hat.

Heftiger Gegenwind auf dem offenen Meer schenkt mir einen unerwarteten Tag an Land. Ich genieße die Pause zwischen vielen klaren Felsentümpeln, erforsche Höhlen und tiefe Felseinschnitte. Oben am Berg folge ich in einer tiefen Schlucht einem trockenen Flussbett und finde viele Skelette, Kakteen und große Haufen von Guanako-Perlen. Pflegen diese reinlichen Tiere sich immer an derselben Stelle zu erleichtern?

Tag 57 heute ist perfekt! Zuerst werde ich mit fast zwölf Kilometern pro Stunde, ohne nur einen Schlag zu tun, buchstäblich durch die Verengung zwischen der Isla Leones und der Küste gespült. So schnell wollte ich da gar nicht durch, denn es gibt viel zu viel Interessantes zu beobachten. Anhalten und genießen geht jedoch nicht, die Tide wird bald wieder kippen. Bahia Gil ist der nächste Höhepunkt. Meine Karte zeigt am Ende eine lange, schmale Schlucht, passend Caleta Hornos genannt. Einen Kilometer kann ich mit auflaufendem Wasser in den engen Schlund hineinpaddeln, ich bin ganz alleine hier. Es ist magisch.

Nur die vielen Wand-Graffitis an den steilen Felsen zeugen von regem Bootsverkehr. Irgendwie hat sich hier jeder Seemann verewigt, der sich hierhinein gewagt hat. Ich frage mich, ob das wirklich sein muss? Am Ende der Schlucht befindet sich noch kein Wasser, der Matsch ist kaum begehbar. Er zeigt mir ein Phänomen, das ich nicht einordnen kann: Im Abstand von 20 bis 30 Zentimetern spritzt es aus dem Schlamm alle zwei bis drei Sekunden eine rund 20 Zentimeter hohe Wasserfontäne. Sind dies eingegrabene Muscheln, oder arbeitet das Watt mit der auflaufenden Tide? Ein Rätsel.

Landen kann ich in einer flachen Bucht der Schlucht, anscheinend der einzige Landepunkt der Beiboote der ankernden Jachten. Hier hat ein Vorgänger gut aufgeräumt, eine Kiste mit allem möglichen Strandgut steht versteckt hinter einem Felsen. Ich erklettere die Schluchtkante und genieße den herrlichen Ausblick. Auf der anderen Seite steht ein Guanako und ruft mich die ganze Zeit mit einem merkwürdig meckernden Geräusch. Guanakos lieben es, auf hohen Felsen zu stehen und wie ein Indianer alles auszuspähen. Kondore, die südamerikanischen Geier, schweben über der Schlucht auf der Suche nach Kadavern. Meinen werden sie nicht bekommen!

Mit ablaufender Tide fahre ich wieder hinaus aus der Bucht, kann mich noch in einige weitere, sehr enge kleine Schluchten praktisch mit den Händen hineintasten, nur um mich rückwärts wieder hinauszuleiten. Das ist fast wie Höhlenpaddeln, nur braucht man sich hier keine Sorgen zu machen, dass die Dünung einen unerwartet an die Decke quetscht. Diese Gegend ist wirklich eines der feinsten Seekajakziele überhaupt: Man kann Wochen hier verbringen, jede kleinste Bucht erforschen und sein Zelt an den wunderschönsten Plätzen aufschlagen. Ich lege heute trotzdem noch weitere 40 Kilometer zurück, fühle mich erschöpft von dieser hohen Dosis an Naturschönheiten und kuschele mich abends zufrieden in meinen Schlafsack.

Ab jetzt muss ich meine Landeplätze wegen der fünf Meter hohen Tide noch sorgfältiger auswählen. Wenn die Tide sich über ein Riff zurückzieht, ist der Ausgang am nächsten Morgen vielleicht versperrt. Durch das kristallklare Wasser und die ruhige Oberfläche kann ich den Meeresgrund sehen und fühle mich wie auf einer endlosen Schnorcheltour. Die Landschaft wird sanfter, ist nicht mehr so spektakulär wie die letzten beiden Tage. Immer noch laden die Strände zu einem kurzen Zwischenstopp ein, glücklicherweise ist zurzeit gegen Abend und am Morgen Hochwasser, und ich kann recht einfach starten und landen.

Heute Morgen vergesse ich meinen Pinkelschlitz zu schließen. Als ich nochmals kurz ins Wasser springe, um mein festgeklemmtes Steuerschwert herauszuziehen, wirkt die kalte Dusche von unten wie Feuer unter meinem Hintern. Ich bin noch nie so schnell wieder zurück in mein Boot geklettert! Ich gönne mir nicht den Luxus, wieder anzulanden und meine Wäsche zu wechseln, und paddle trotz der nassen unteren Körperregionen munter in den neuen Tag. Es ist der 60. Tag meiner Tour, ich bin nun also schon zwei Monate unterwegs und habe mehr als 2.000 Kilometer zurückgelegt. Es liegen also nicht einmal mehr 25.000 Kilometer vor mir …

Kapitel 3
AUF ZUM KAP

Argentinien, Teil 3: Puerto San Julian bis Puerto Williams
16.11.–21.12.2011

Ich habe Puerto San Julian erreicht. Die Küstenwache von Puerto San Julian ist so freundlich, mich an der großen Flussmündung, die einen natürlichen Hafen bildet, abzuholen. Mein Kajak wird diagonal auf die Ladefläche des Pick-ups gezogen, ragt vorne einen Meter aus dem Fahrerfenster und hinten zwei Meter über. Die Uniformierten scheinen diese Transportart normal zu finden, ich nicht. Nervös frage ich mich, ob der Fahrer unser überbreites Gefährt sicher um die wenigen Kurven der Kleinstadt zum Büro der Küstenwache bringt. Für die Rückfahrt wird besser ein alter überlanger Trailer reaktiviert. Nach zwei Tagen Pause in Puerto San Julian, die ich wie immer mit Wäschewaschen, Blog-Aktualisierungen und TV-Interviews verbringe, bin ich schon wieder unterwegs. Die verbleibenden Kilometer paddeln sich nicht von allein!

Bei der nächsten Landung an einem steilen Kieselstrand bemerke ich, dass mein Boot so voll beladen ist, dass ich nach der Landung unfähig bin, es hochzuziehen. Immer wieder rutsche ich auf den losen Steinchen zurück, und das Boot droht, mir wieder aus der Hand gerissen zu werden. Als Gegengewicht hänge ich oben am Bug und bin für kurze Zeit rat- und hilflos. Irgendwann schaffe ich es, die vordere Packluke zu erreichen, öffne den Deckel mit einer Hand und fange an, einige Packsäcke herauszuangeln und im hohen Bogen auf den Strand zu werfen. Jederzeit kann eine Welle in meinen Bug schwappen oder mir das Kajak wieder aus der Hand reißen. Ich hangele mich zum Cockpit, fummele die drei schweren Wassersäcke heraus und betätige meine elektrische Lenzpumpe. Schweißgebadet kann ich schließlich das Kajak hochziehen. Meine Ausrüstung ist gerettet! Hoffentlich werden die Strände bald flacher.

Der immer größer werdende Tidenhub beschäftigt mich in den kommenden Tagen und Wochen mehr, als mir lieb ist. Die Natur kümmert sich nicht um ideale Paddel- und Landezeiten, also muss ich mehr als einmal improvisieren. Zudem verwischt starker Regen die ansonsten leicht erkennbare Hochwasserlinie, sodass ich zweimal zugunsten eines höher gelegenen Platzes umziehen muss. In der sprühenden Gischt der Brecher ist das bei Nacht wahrlich keine spaßige Angelegenheit. Mein zuletzt gewählter Platz seitlich eines trockenen Flussbettes ist zwar nicht mehr angenehm horizontal, bleibt aber zumindest beim höchsten Wasserstand von unten trocken. Meine Nacht ist kurz und unruhig. Ich lasse meinen Trockenanzug an und fühle mich wie in der Falle. Kommt noch mehr Regen, wird die instabile Kliffkante über mir möglicherweise auf mein Zelt hinunterbrechen. Vielleicht ergießt sich auch eine unerwartete Flutwelle durch mein breites, noch trockenes Flussbett und reißt alles mit sich fort? Mehrere Male schaue ich nach meinem Kajak, das ich auf einem hoch gelegenen Felsvorsprung vor dem Parkplatz lassen musste. Nach dem Hochwasser um halb zehn ist es der Wind, der es dort wegzublasen droht, ich fülle es zur Sicherheit mit großen Steinen. Zum Glück scheint sich das Wetter nach vier Uhr zu beruhigen, und ich kann mich etwas entspannen. Von sieben Uhr morgens bis halb zehn kümmere ich mich um die Updates meiner Reisenotizen, die Lust auf ein Frühstück ist mir vergangen.

Gegen zehn Uhr scheint der Matsch oben auf der Kliffkante so weit abgetrocknet zu sein, dass zumindest die Schotterpiste begehbar ist. In der Ferne erspähe ich ein Haus und denke, dass die Fahrspur dorthin führen muss. Da für die nächsten zwei Tage schrecklicher Wind vorausgesagt ist, hoffe ich, jemand kann mich von hier abholen, damit ich sicher in der Nähe des Hauses campen kann. Mit Satellitentelefon und GPS bewaffnet, mache ich mich auf die Wanderschaft, mein Zelt und Kajak wohl gesichert gegen Sturm und Wasser.

Zwei Tage muss ich bei 40 bis 50 Knoten Wind abwettern. So habe ich wenigstens Zeit, bei Niedrigwasser die wunderschöne Felsenlandschaft um die Isla Monte Léon herum mit ihren Höhlen und Torbögen wie auf dem Boden eines gigantischen trockenen Pools auf dem zirka 800 Meter breiten Watt des Parks zu erwandern. Der größte der Bögen, etwa 30 Meter hoch und 20 Meter breit, brach dank des instabilen Kalksteins vor zwei Jahren in sich zusammen, aber die ständig erodierende Kraft des gezeitenstarken Wassers lässt bereits neue entstehen. Dieses beeindruckende Naturschauspiel hätte ich nicht erleben können, wäre ich bei Hochwasser einfach vorbeigepaddelt!

Zum Starten am nächsten Morgen warte ich lieber bis neun Uhr, dann ist der Wasserstand höher. Schon bald kommt ein starkes Gewitter mit 30 bis 40 Knoten Wind auf. Ich paddle so hart ich kann dagegen an, treibe aber trotzdem mit zwei bis drei Kilometern pro Stunde zurück. Als ich eine winzige Chance sehe zu landen, lasse ich mich seitlich rückwärts in die Rifflücke hineintreiben. Das Gewitter wütet weiter, doch hier kann ich nicht bleiben. Die Klippen hinter dem steinigen Strand ragen steil auf und bieten keinerlei Zeltmöglichkeit. Ich muss mich schon bald entschließen, wieder zu starten, das Wasser läuft mir sonst weg! Mit höchster Anstrengung und einer Teilentladung zerre ich meinen schwimmenden Untersatz über die schnell sichtbar werdende Sandbank. Das Wetter beruhigt sich zum Glück, aber meine Landezeit heute Nachmittag gegen vier Uhr ist genau eine halbe Stunde vor Niedrigwasser. Ich wähle eine Stelle aus, wo mir der höhere Strand nicht so weit erscheint, doch es sind immer noch 850 Meter Distanz zu überwinden.

Auf dem Rückweg von der ersten Gepäcktour kann ich mein Boot nicht mehr gegen die weißen Brandungswellen ausmachen. Ist es weggeschwommen? Erst auf den letzten Metern sehe ich es. Über das flache, glitschige Riffplateau kann ich das geleerte Kajak relativ einfach ziehen, doch auf den letzten 200 Metern saugt sich der nasse Sand am Kajak fest und macht die Portage enorm anstrengend. Auch mein Zeltplatz in einem noch trockenen, weiten Flussbett ist nicht ideal: Die Gefahr ist groß, dass ich bei stärker aufkommendem Regen von einer überraschenden Flutwelle fortgespült werde. Diese Landungen bei Niedrigwasser können kaum noch anstrengender werden.

Am nächsten Tag das gleiche Bild. Ich beschließe, nur noch sechs Stunden rund um die Hochwasserzeit und von einer Flussmündung zur anderen zu paddeln, um solch lange Portagen zu vermeiden. Ich ziehe mein Boot nur bis zu der flachen Sandbank, setze mich hinein und warte, bis ich aufschwimme. Ich will mein Kajak nicht auch nur einen überflüssigen Meter mehr ziehen. Um die Mittagszeit lege ich eine halbe Stunde Pause in einer wackeligen Blechhütte ein, die dunklen Wolken erscheinen mir zu bedrohlich.

Wieder auf dem Wasser, erkenne ich die angepeilte Flussniederung bereits als Vertiefung in den hohen Klippen am Horizont und hoffe, dass meine Ankunftszeit drei Stunden vor Niedrigwasser mich dort noch relativ komfortabel landen lässt. Das Wetter verschlechtert sich zusehends, der Wind bläst mit 30 Knoten erst aus allen Richtungen, dann endgültig von links vorne. Noch schiebt die Tide. Es ist unglaublich, wie die langen Reihen kleiner Brandungswellen sich in sprühende Gischt verwandeln. Jede einzelne ist wie eine Dusche, ich kann kaum etwas sehen. Vielleicht kann ich mein Kajak die letzten vier Kilometer bis zur Flussmündung einfach im knietiefen Wasser treideln? Zwei Kilometer davon lege ich in dem ständig ablaufenden Wasser zurück, eigentlich eine willkommene Abwechslung vom Paddeln. Leider verändert sich die Küstenlinie: Der steile Part am Ende läuft nun sanft zu einer viel breiteren, bei Niedrigwasser exponierten Fläche aus. Einen weiteren Kilometer paddle ich in starkem Wind mit großer Anstrengung um ein steiniges Riff herum. Wenn ich jetzt stoppe, bin ich immer noch 500 Meter weit draußen! Es ist jedoch keine bessere Stelle in Sicht, das Wasser läuft mir unterm Boot weg. Also wieder meilenweit tragen, zerren und ziehen – warum habe ich keinen Bootswagen mitgenommen? Hier wäre der wirklich angebracht.

Nach der ersten Gepäckladung stelle ich bereits mein Zelt auf und verankere es sturmsicher. Auf dem Rückweg denke ich noch, ich sollte einen der breiten Sandheringe mitnehmen, um mein leeres, verlassenes Kajak vor der zweiten Gepäcktour vor dem Wegfliegen zu sichern. Ich weiß, dass das leichte Boot hier draußen auf der weiten Sandfläche ein willkommener Angriffspunkt für den Sturm ist. Ich habe schon gesehen, wie leere Kajaks vom Wind erfasst werden und über den Strand rollen! Ich bin aber schon halb draußen, könnte doch auch erst das Kajak ziehen und dann das letzte Gepäck holen?

»Der Wind ist doch gar nicht so schlimm ... er wird schon weniger ... und der Sand ist so klebrig ...« Was man eben sich so ausdenkt, um nur nicht zurückgehen zu müssen.

Um das Ziehen noch mehr zu erleichtern, leere ich das Boot komplett. Nur der Teufel weiß, warum ich dann tatsächlich mit den beiden neuen Taschen zuerst losgehe und mein Boot nur mit dem Bug in den Wind gedreht alleine zurücklasse. Mehrmals drehe ich mich um und schaue, ob das Kajak noch an Ort und Stelle ist. Schwer beladen lehne ich mich gegen den Sturm. Nach 200 Metern drehe ich mich erneut um. Verdammt, mein Baby macht sich nun doch tatsächlich selbstständig! Von dem stark böigen, ablandigen Wind erfasst, hoppelt es halb rollend, halb fliegend über den nassen Sand gen offenes Meer. Panisch reiße ich mir die Gepäcktaschen von den Schultern und versuche, den Weltrekord über 200-Meter-Sprint zu brechen. In Gedanken sehe ich mein Kajak schon auf dem offenen Meer. Ich kann schneller laufen als waten oder schwimmen, lege also noch einen Zahn zu, wohl wissend, dass das Boot mit jeder weiteren holperigen Rolle schwere Schäden davontragen kann. Rund 50 Meter vor mir kommt es schließlich kopfüber zum Halten. Bäuchlings hechte ich die letzten Meter auf den Rumpf meines Schiffchens, ich bin so aus der Puste, dass ich erst mal ruhig liegen bleibe und mich kaum traue, das Boot näher zu untersuchen. Der unter dem Decksnetz hinter dem Cockpit festgeklippte Helm hat zumindest das auf dem Deck befestigte Paddel bei den vielen Sprüngen geschützt. Die ursprünglich lose im Cockpit abgelegten und nun weit verstreuten Sachen sammle ich vom nassen Sand auf. Zum Glück sind meine beiden hektisch abgelegten Gepäcktaschen nicht umgekippt! Die einzelnen runden Sackrollen wären weit über die offene Sandfläche geblasen worden. Ich verknote die Gepäckstücke allesamt miteinander und mache mich geschockt daran, mein leeres Kajak Richtung Zelt zu ziehen. Hoffentlich ist das nicht ebenfalls weggeflogen. Glück gehabt, im Schutz der hohen Klippen hält es unverdrossen die Stellung.

Bei der näheren Inspektion meines Kajaks stelle ich eine lange Liste von Schäden fest. Ich bezweifle, dass Reparaturmaterial und -möglichkeiten hier draußen im Flugsand und bei Regen ausreichen, und hoffe auf einen Transport zur nahe gelegenen Stadt Rio Gallegos. Alejandro, mein treuer Freund und Helfer aus Buenos Aires, findet eine Gastfamilie in dieser Region und schickt mir die Küstenwache, die mich mit einem kleinen vierradgetriebenen Lastwagen aus der Wildnis holt.

Tag 95, zwischen Rio Gallegos und Punta Dungeness: So einfach die Landung gestern war, so schwierig gestaltet sich der Start heute Morgen. Woher kommt dieser Unterschied? Vom Hochwasser gegen halb sechs bis zum niedrigeren Wasserstand vier Stunden später probiere ich den ganzen Morgen, hier rauszukommen. Ich muss mich geschlagen geben. Über Nacht haben sich die Frequenz und Höhe der Wellen gravierend verändert. Nun schlagen sie kurz und schnell und mannshoch mit kräftigem Rücksog an den steilen Strand, verbunden mit einer extrem starken Seitenströmung. Die Kieselschicht ist hier nur sehr dünn, darunter ist massiver Sand, und das aufschlagende Wasser kann nicht so schnell versickern. Ich komme einfach nicht nahe genug an die Wasserlinie heran, um mein schwer beladenes Kajak schnell und gerade hineinschieben zu können und aufzuspringen. Mehrfach werde ich wie in einer Waschmaschine herumgeschleudert, einmal über 100 Meter schwimmend an der Küste entlanggetrieben, bevor ich mit meinem Boot an der Hand wieder erfolgreich dem nasskalten Element entsteigen kann. Zum Glück treibe ich in die richtige Richtung! Nur aufrecht und im Kajak sitzend kann ich den Strand nicht verlassen. Meine Kräfte sind nach vierstündigem Kampf am Ende. Später stelle ich noch fest, mein Steuerblatt ist mit kleinen Kieseln so verklemmt, dass ich es nur durch aufwendigen Ausbau wieder freibekomme. Meine große Reparatur ist auch nicht hundertprozentig dicht, ich muss nacharbeiten. Täglich gibt es neue Probleme zu lösen!

Nachdem alle Reparaturarbeiten erledigt sind, lässt mich ein kontinuierlicher Regen einnicken. Doch auch nach dem Nickerchen sieht das Meer nicht einladender aus. Am nächsten Morgen sehe ich es gar nicht mehr. Diesmal ist es dickster Nebel, der mir nicht einmal von meinem Zelt nahe der Wasserlinie aus die Höhe der Brecher verrät. Dem Gehör nach sind sie niedriger, aber in diesem dichten Nebel kann ich nichts erkennen. Zwei Stunden später kommt zumindest die Wasserlinie vom Zelt aus wieder ins Blickfeld. Ich studiere die Brecher und beschließe, es erneut zu versuchen, und sehe mich schon beim ersten Versuch erfolgreich lospaddeln ... kaum bin ich aber nahe der Rücksoglinie, wird mir das Kajak schon wieder aus der Hand gerissen. Ich richte es wieder aus und sehe eine weitere Lücke in den Wellen: »Jetzt oder nie!«

Die Sitzluke füllt sich mit Wasser, und der nächste Brecher dreht das Boot erneut auf den Kopf. Ich komme mir vor wie dieser Grieche aus der Antike, der diesen Stein immer wieder auf den Berg nach oben rollen will ... Ha, da ist sie wieder, die Lücke. Beim nächsten Startversuch gehe ich es anders an. Ich schiebe mein Kajak irgendwie hinein und schwimme um mein Leben, das Paddel in der Hand, das nur mit der Paddelleine mit dem Kajak verbunden ist. Trotz der beiden weiteren Duschen zieht mich der Rückstrom hinaus. Mein Kajak und ich sind frei! Ich klettere hinein, leere die Sitzluke mit meinem Helm und der elektrischen Pumpe, schaufle einige Hände Kieselsteine hinaus und finde mich auf relativ ruhigem Wasser wieder. Inmitten des dicken Nebels kann ich immer noch nicht die Brecherlinie sehen, doch zum Glück befinde ich mich diesmal auf der anderen Seite!

Mein GPS hilft, guten Abstand zur Küste zu halten. Bis zum Cabo Virgeness am Eingang der Magellan-Straße paddle ich im Blindflug durch die Wellen und befürchte, wieder seekrank zu werden. Mir fehlt die Linie des Horizontes als Sichtanker. Wie in einem Theater hebt sich schließlich der Nebelvorhang, und gleichsam als Geisterreiter biege ich aus der trüben Nacht ins helle Sonnenlicht der berühmt-berüchtigten Meerenge zwischen dem südamerikanischen Festland und der großen südlichen Insel Feuerland ein. Ein magischer Augenblick! Zu meiner Rechten erstreckt sich ein langer, freundlich aussehender Sandstrand, die Dünung ist verschwunden. Einige Sonntagsausflügler vergnügen sich beim Angeln, wohl keiner macht sich Gedanken, wo ich denn so plötzlich herkomme. Ich winke fröhlich, singe und fühle mich glücklich von der Last des schweren dicken Nebels befreit. Mein Ziel für heute ist der südlichste Zipfel des Festlandes bei Punta Dungeness nahe der chilenisch-argentinischen Grenze, wo die Distanz für die Querung der Magellan-Straße mit zirka 30 Kilometern am geringsten ist.

Ich bin nun schon fast 100 Tage unterwegs. Zur kompletten Umrundung Südamerikas könnte ich jetzt auch die Abkürzung durch die Magellan-Straße nehmen. Das wäre einfacher, und ich lege ja selbst die Regeln für diese Umrundung fest! Aber ohne das berühmt-berüchtigte Kap Hoorn erreicht zu haben, wäre meine Reise nicht komplett ...

Hinter einer drei Kilometer langen Kolonie von Tausenden von Pinguinen lande ich rund einen Kilometer vor der Grenze in der Nähe eines Hauses mit einem blauen Dach, von dem ich denke, es sei eine Station der Küstenwache. Falsch gedacht: Eine große Ölraffinerie hat sich hier breitgemacht und stört mit lauten Maschinengeräuschen meine wohlverdiente Nachtruhe.

Um ein Uhr nachts erhellt der Schein einer starken Taschenlampe mein Zelt. Schritte knirschen auf dem Kieselstrand, wer kann das sein? Ich bin erleichtert, nur die freundlichen, aber übereifrigen Männer der Küstenwache zu sehen, deren Station in den nicht weit entfernten Klippen liegt. Wie ein Geocache-Schatz haben sie mich anhand meiner wie immer als »Ich bin o. k.« durchgegebenen, genauen Position gefunden, erkundigen sich aber trotzdem nach meinem Wohlbefinden und möchten Autogrammkarten.

Besuche dieser Art nach Sonnenuntergang und besonders nach Mitternacht gehören nicht gerade zu meinen Favoriten, ich bin entsprechend wortkarg. Wäre ich der Landessprache mächtig, hätte ich den Herren recht kräftig die Leviten gelesen! Idioten ... morgens um zehn kommen sie noch einmal vorbei, diesmal bin ich gnädiger gestimmt und sie bekommen ihre Autogrammkarten.

Der starke Wind zwingt mich zu einem weiteren Ruhetag, den ich mir mit einem langen Spaziergang mit Pinguin-Beobachtung und einem Besuch des idyllischen rotweißen chilenischen Leuchtturms an der Grenze vertreibe. Selbst am nächsten Morgen zögere ich noch: Die Wettervorhersage zeigt 15 bis 25 Knoten Wind aus Nord mit einer Wellenhöhe von bis zu drei Metern an. Das wäre ein schöner Rückenwind, doch bei diesem Wellengang sind das Bedingungen für Fortgeschrittene! Ich richte mich auf mindestens zwei weitere Tage neben der Ölraffinerie ein. Als ich die Versorgungs-Hubschrauber zu den vielen Ölplattformen hier draußen fliegen höre, fühle ich mich ermutigt aufzubrechen. So schlimm kann es doch nicht sein mit dem Wind, wenn die dort oben in der Luft sind?

Die Tide läuft den ganzen Morgen in meine Richtung ab, die See zeigt sich an der geschützten Küste ruhig, weiter draußen spielen auf der Dünung weiße Wellenkämme. Ich will es trotzdem angehen! Der nun folgende Ritt auf den relativ hohen Wellen bei Starkwind von hinten ist nichts für Paddler mit schwachen Nerven. Wind und Tide treiben mich flott voran nach Feuerland, aber wo soll ich landen? Auf einem Kliff sehe ich die beiden Häuschen der chilenisch-argentinischen Grenze, rechts davon scheint eine Flussmündung auch bei Niedrigwasser eine einfache Landung zu versprechen. Nur ist dort bereits Chile, und ein breites brechendes Riff versperrt mir den Weg. Trotzdem finde ich eine schmale ungebrochene Lücke. Mit klopfendem Herzen steuere ich in ruhigeres, noch recht flaches Wasser. Jedes Riff hat irgendwo einen mehr oder weniger breiten Durchlass ohne Brecher. Doch wenn man wenige Meter rechts und links von sich das Wasser rauschen hört, kann man eigentlich nur beten: »Bitte lasst mich durch! Bitte lasst mich durch!« Eine Stunde nach Niedrigwasser ist das Riff noch recht flach, und ich entscheide mich relativ entspannt, aber fröstelnd im Boot sitzend zu warten, bis mich das auflaufende Wasser zu meiner nun angepeilten Landestelle links an den argentinischen Teil des Kliffs trägt.

Zwei Paddeltage später treffe ich im Paddel-Club vom Rio Grande wieder auf meinen Freund Alejandro, der dort seine Kajaks zusammen mit seinem Freund Juan Pablo auf eine Umrundung der Isla de los Estados vorbereitet. Wir haben ganz unverbindlich geplant, dort zusammen zu paddeln, aber mein Zeitplan schließt diese Insel nun nicht mehr mit ein. Beide werden mir möglicherweise, von Ushuaia startend, im Beagle-Kanal entgegenkommen. Drei arbeitsame Tage sind bei mir prall gefüllt mit den üblichen Stadtpflichten, unter anderem repariere ich mal wieder meinen lebenswichtigen Trockenanzug. Mit ihm bekleidet steige ich ins Flusswasser und prüfe sorgfältig, wo sich nasse Stellen im Inneren zeigen. Auch der beste Goretex-Anzug hält den ständigen Abrieb eines zehnstündigen Paddeltages auf Dauer nicht aus. Ein neuer Anzug war unterwegs, ist aber ärgerlicherweise nun endgültig vom argentinischen Zollsystem verschluckt worden. Nach diesem letzten größeren Stadtaufenthalt fühle ich mich gut gerüstet, bald Chile zu erreichen und vor allem Kap Hoorn zu umrunden!

Rund eine Woche lang führt mein Weg längs der entlegensten Küste des östlichsten Zipfels Argentiniens. Einige andere Paddler mussten dort ihren Versuch, Feuerland zu umrunden, aufgeben und sogar mit dem Hubschrauber evakuiert werden. Keine Straße führt in diese einsame Ecke. Die Landschaft verändert sich von der endlosen Wüstenküste des Festlandes zu einer von Wasser führenden Flüsschen durchsetzten grünen Landschaft. Ein Augenschmaus nach der langen, staubtrockenen Zeit! Ich kann nahe der Küste paddeln, die in mehreren Buchten durch einige dicke Kelpfelder geschützt ist.

Eines Abends lande ich Slalom durch ein Minenfeld von kleineren Riffbrechern paddelnd an einem wilden Strand, der übersät mit Knochenresten ist. Ich entdecke eine wahrscheinlich von einem Wal stammende, halb überwucherte, sieben Meter lange Rippe. Eine Horde wilder Jungbullen rennt angsteinflößende Scheinattacken in Richtung Zelt, ich erinnere mich, den Wasserbüffeln in Australien meinen brennenden Gaskocher entgegengehalten zu haben. Kein wildes Tier mag Feuer!

Als ich meinen Kopf um vier Uhr am nächsten Morgen aus dem Zelt stecke, kann ich zum zweiten Mal auf dieser Reise nichts sehen, dicker Nebel begrenzt die Sicht. Gegen acht Uhr hebt sich der Schleier ein wenig, und ich fühle mich sicher genug, aus dem Riff hinauszupaddeln und um die felsigen Landspitzen zu navigieren. Gegen Mittag schwimme ich wieder in der dicksten Suppe, umzingelt von Hunderten von Vögeln, die über meinem Kopf kreisen. Zusammen mit den reflektierenden Wellen der steilen Klippen und der hohen Dünung fühle ich mich wie in einem dreidimensionalen Karussell, als ich mich entlang an der Küste vorantaste. Beste Bedingungen für Seekrankheit! Am Eingang der Caleta Falsa wird das wilde Wasser durch Brecher noch wilder. Nur von meinem GPS geleitet, reite ich im Blindflug besser weiter hinaus. Ich fühle mich äußerst unwohl, unter diesen Bedingungen zu paddeln, nur: Es gibt keine Alternative! Zum Glück sind die um meinen Kopf kreisenden Vögel keine Geier, und fünf Kilometer vor dem dominierenden Cabo San Vincente lichtet sich der Nebel. Ich bin in der Tidenmitte, äußerst ungünstig für die in meiner Seekarte angekündigten starken Gezeitenwellen rund um das Kap. Die Strömung fließt zwar in die richtige Richtung, aber was ich an der Landspitze vorfinde, sind die größten Gezeitenwellen meiner Paddelkarriere! Ich bin es gewohnt, in drei bis vier Meter hohen Wellen zu paddeln, aber diese sind mit fünf bis sechs Metern einfach nur massiv und riesig und bringen meine Adrenalinpumpe auf Hochtouren.

Ich konzentriere mich, reite in Höchstgeschwindigkeit Welle für Welle ab und bin einfach nur erleichtert, als ich wieder relativ ruhiges Wasser erreiche. Zum Tidenwechsel wäre das Wasser an dieser exponierten Stelle wahrscheinlich flach wie ein Pfannkuchen, doch aufgrund des Nebels bin ich drei Stunden zu spät angekommen. Zumindest kann ich das rund zehn Kilometer entfernte Cabo San Diego nun bei Tidenwechsel umrunden. Ich richte meinen Bug direkt dorthin aus, um das Kelpfeld in der Bucht zu vermeiden. Nach zwei Kilometern gebe ich mich dem auffrischenden Wind geschlagen, der mir nach Umrundung des zweiten Kaps direkt ins Gesicht wehen würde. Ich fühle mich nicht bereit, heute noch eine weitere Herausforderung unter ungewissen Bedingungen anzugehen, und finde Schutz in der alten Seehundfänger-Bucht Bahia Thetis.

In einem der halb zerfallenen Gebäude entdecke ich einen riesigen Haufen alter Seehundfelle, die wie Teppiche gestapelt halb konserviert, halb verrottet von den üppigen Fängen um 1950 herum zeugen. Heute gibt es in der Bucht neben den wenigen historischen Gebäuden nur eine schlichte Schutzhütte, die von Trekking- oder Reittouristen gelegentlich aufgesucht wird.

Ich ziehe es vor, in der gewohnten Umgebung meines Zeltes zu nächtigen. Ein neugieriger Fuchs nimmt die Gelegenheit wahr und stört mich in der Dunkelheit, als er eine unter dem Decknetz vergessene Dose mit Schmelzkäse ausschleckt. Weder mit Schreien noch mit Licht kann ich ihn verscheuchen, so nehme ich die angeknabberte Dose und werfe sie im hohen Bogen ins Gebüsch, wo schließlich auch der Fuchs verschwindet.

Je näher ich dem großen ersten Etappenziel, dem berühmt-berüchtigten Kap Hoorn, komme, desto größer die Mischung aus Vorfreude und Anspannung. Vorfreude, weil die Umrundung ein Traum eines jeden Seekajakers ist. Kap Hoorn, heißt es, wird dir nicht geschenkt!

Einer der letzten Tage an der argentinischen Küste führt mich an vielen wunderschönen Felsformationen mit vielen Bögen, Türmchen und Höhlen entlang. Ich bummle, immer im Windschatten der Felsen, und kann mich nicht sattsehen an den mannigfaltigen Naturschönheiten. Der erste echte »Gaucho«, ein argentinischer Cowboy, reitet mit seinem Handpferd äußerst malerisch bekleidet an meinem Kajak vorbei. Ich staune ihn wahrscheinlich genauso an wie er mich. Ein Lächeln und Winken überwindet alle kulturellen Barrieren. Ich zelte abends hoch auf einer kleinen Anhöhe über einer steinigen Flussmündung, und zwei weitere Gauchos mit Handpferden ziehen idyllisch hoch über die grünen Hügel und entlang der steinigen Flussmündung ihres Weges. Ich möchte ihnen fast anbieten, für eine kurze Zeit die »Verkehrsmittel« zu tauschen!

Der vorerst letzte Paddeltag in Argentinien liegt vor mir!

Nach einer kurzen Zwischenstation in der Küstenwachestation in Moat werde ich abends in der Station in Almanza, gerade auf der anderen Seite von Puerto Williams in Chile, erwartet. Der Beagle-Kanal, die Meeresenge zwischen Tierra del Fuego und den südlichen kleineren Inseln mit Kap Hoorn, empfängt mich bis mittags mit klarem Wetter und Windstille, die Berge am Horizont erheben sich höher und tragen weiße Schneekappen. Passend dazu werden Luft und Wasser merklich kälter, und am späten Nachmittag versinke ich nach der Durchquerung eines Labyrinths von kleinsten Inseln in einem eiskalten Hagelschauer. Noch am selben Abend fährt mich die Küstenwache von Almanza nach Ushuaia, um meinen Ausreisestempel zu erhalten.

Nach Überquerung des Beagle-Kanals werde ich in Chile von einem kleinen Boot der Marine erwartet. Sie geleiten mich in den Hafen von Puerto Williams, der Ausgangsstation für alle Kap-Hoorn-Umrunder. Ich beziehe ein Zimmer in einer kleinen Pension und freue mich auf einige Tage Ruhe und eine Weihnachtsfeier mit den vielen internationalen Seglern im dortigen »Micalvi«-Jacht Club.

Im Kopf habe ich eigentlich nur eine große Frage: Wann wird sich das Wetterfenster für meine Umrundung von Kap Horn öffnen?

Kapitel 4
DIE KAP-HOORN-WETTER-FALLE

Chile, Teil 1: Von Puerto Williams rund Kap Hoorn und zurück
22.11.–08.01.2012

»Kap Hoorn wird dir nicht – geschenkt – Kap Hoorn wird dir nicht – geschenkt – Kap Hoorn wird dir nicht – geschenkt« ... Rhythmisch begleitet dieses Mantra meine kräftigen Paddelschläge. Mittlerweile liege ich flach auf meinem Vordeck, um gegen den immer stärker werdenden Wind noch eine Chance zu haben. Zum Glück bin ich gelenkig und fest entschlossen, noch vor Sonnenuntergang »da drüben« anzukommen. Aber der Wind ist der Feind eines einsamen Seekajakfahrers. Und am Kap Hoorn gehen starke Winde ...

Ich befinde mich in der Mitte der kurzen Querung zur Isla Hornos, der letzten Insel des Kap-Hoorn-Archipel-Nationalparks an der untersten Spitze Südamerikas. Diese Breitengrade sind berühmt-berüchtigt für ihre unberechenbaren Stürme. Es gibt auf der Nordseite der Isla Hornos nur eine einzige geschützte Landebucht, mit einer langen, schmalen und steilen Treppe, dem einzigen Zugang zum felsigen Plateau der Insel. Diese letzte offene Strecke von nur neun Kilometern muss doch noch in anderthalb Stunden zu schaffen sein? Es ist halb drei am Nachmittag eines fast unheimlich windstillen Tages. Ist das die Ruhe vor dem Sturm?

Seit vier Uhr morgens bin ich auf dem Wasser, um das friedliche Wetter zu nutzen. Der Weg durch die Inselgruppe ist leicht gewesen, fast zu leicht. Eine 30 Kilometer lange offene Querung bei Ententeichbedingungen am frühen Morgen, dann hüpfe ich von Insel zu Insel des Archipels. Ich sehe mich schon am Ende des Tages auch noch die Isla Hornos und somit das wahre Kap Hoorn umrunden. Was sind schon gute 80 Kilometer Paddelstrecke an einem ruhigen Tag für eine erfahrene Seekajakgöttin wie mich? Ich muss nur das richtige Wetterfenster erwischen, und zack, das berühmt-berüchtigte Kap Hoorn wäre abgehakt …

Doch wer sich zu weit aus dem Wetterfenster hinauslehnt, könnte hinausfallen … ich bin gewarnt worden. Kap Hoorn ist die gefürchtetste Ecke der Welt für alle Seefahrer jeglicher Bootsgröße. Unzählige Wracks spicken den Grund, sind hier gekentert, gestrandet oder einfach verschluckt worden von der stürmischen See. Das Wetter kann jederzeit in Minuten umschlagen. Vorhersagen sind schwierig und äußerst unzuverlässig. Und dann wage ich mich in so einer Nussschale hierher? Und auch noch allein?

Die chilenische Marine hat in der aufwendigen schriftlichen »Genehmigung« ein »Begleitboot« gefordert, um in ihren Gewässern um Kap Hoorn überhaupt paddeln zu dürfen – zwei Horrorworte für eine selbstständige, freiheitsliebende Expeditionspaddlerin wie mich. Ich habe zwar ein Segelboot, das mich offiziell auf der Schlaufe von Puerto Williams rund Kap Hoorn begleiten würde: die ›Polarwind‹ meiner Freunde Oswaldo und Jutta, erfahrene Kap-Hoorn-Fahrer. Aber es ist Weihnachten, das vorhergesagte ruhige Wetterfenster ist kurz, und die Segler werden keine drei Tage Vorlauf von Puerto Williams bis hierher zur Isla Hornos brauchen wie ich.

Also plane ich, früh am Morgen des ersten Weihnachtstages allein aufzubrechen, um das vorhergesagte ruhige, relativ lange Wetterfenster auch noch zwei Tage später für die Querungen der Inselgruppe nutzen zu können. Man muss sich formell aus dem Hafen in Puerto Williams abmelden, und ich hoffe, dass der diensthabende Offizier mich heute, am Weihnachtsmorgen, auch alleine lospaddeln lässt. Ich versichere glaubhaft und mit viel weiblichem Charme, die ›Polarwind‹ würde für die »gefährlichen« 30 Kilometer der offenen

Querung zur Inselgruppe sowie für die »noch gefährlichere« Umrundung Kap Hoorns in zwei Tagen nachkommen. Für ein Kajak führt der Weg zwei Tage an einer einfachen, vom gefürchteten starken Südwestwind geschützten Küstenlinie mit vielen Landemöglichkeiten entlang. Dafür brauche ich nun wirklich kein Begleitboot!

Letzteres stimmt. Ersteres interessiert mich herzlich wenig, da weder ich noch die ›Polarwind‹ vorhaben, in trauter Eintracht nebeneinanderher zu schwimmen. Nun, der Papierkram ist erfüllt, die Marine zufrieden, und der noch von den Festtagen gnädig gestimmte Offizier glaubt mir. Weg bin ich! Noch nie bin ich so schnell in mein bereits gepacktes Boot gesprungen ... Kap Hoorn, ich komme! Und zwar ohne das verhasste Begleitboot!

Am Abend des 25. Dezembers lande ich wie geplant im kleinen Hafen von Puerto Toro, nach wunderschönen 45 Kilometern entlang der geschützten Küste. Auch dort hat ein Marineoffizier Dienst. Und auch dieser fragt nach der Genehmigung und wo denn wohl mein Begleitboot sei. Es dauert mir alles viel zu lang! Ungeduldig lausche ich den für mich unverständlichen Telefongesprächen. Nochmals prüfen wir zusammen die gute Wettervorhersage. Ich versprühe wie gewohnt eine gehörige Portion weiblichen Charmes und versichere wiederum, die ›Polarwind‹ würde übermorgen nachkommen, nur um am nächsten Tag die letzten geschützten 35 Kilometer alleine weiterpaddeln zu dürfen. Hätte ich gewusst, wie und wo ich dann am Abend des 27. Dezembers landen würde, wäre ich dem Marineoffizier vielleicht dankbar gewesen, hätte er mich in Puerto Toro zurückgehalten ...

Ich stolpere voll in die Falle. In die berühmt-berüchtigte Kap-Hoorn-Wetter-Falle! Der 27. Dezember ist, wie vorhergesagt, fast windstill. Voller Zuversicht, heute leicht und problemlos die Isla Hornos zu erreichen, paddle ich zügig los und komme flott voran. Ein großes Schiff der chilenischen Marine holt mich während der 30 km langen Querung ein: Irgendwie haben sie wohl erfahren, dass die ›Polarwind‹

heute indisponiert ist. Aber auch sie sehen bald ein, dass bei diesen Ententeichbedingungen ein Begleitboot völlig überflüssig ist. Nach drei Stunden bin ich endlich wieder allein und frei!

Drei verschiedene Wettervorhersagen kündigen für den frühen Abend auffrischenden Wind an. Gegen sechs Uhr soll ein ungemütlicher Südwestwind von über 20 Knoten aufkommen, der dann in der Nacht noch stärker werden könnte. Aber dann bin ich ja längst in Sicherheit auf der Marinestation der Isla Hornos!, denke ich und paddle entspannt weiter. Eine letzte Querung bleibt für heute noch. Was sind schon läppische neun Kilometer zur letzten Insel des südlichen Archipels?

Die ersten fünf Kilometer verlaufen ruhig, ich kann schon jetzt die sichere Landebucht mit der steilen Treppe ausmachen. Noch eine knappe Stunde, und ich habe es geschafft! Gegen halb vier kommt die erste Brise auf, dann der erste Wind, das Meer kabbelt. Der Wind und die Wellen werden stärker und höher, schließlich schlagen mir die Wellen kalt und nass ins Gesicht. Starkwind. Jetzt schon?

Der Wind kommt von Südwest, also bläst er mir nicht nur um die Ohren, sondern drängt mich auch zur Seite, östlich, raus aus der Meeresstraße vor Isla Hornos. Dahinter ist nichts mehr, nur noch Antarktis. Da will ich heute aber nicht hin! »Gib Gas, Mädel! Der Wind wird stärker! Die Wellen werden höher! Aber du wirst auch stärker, kannst hart paddeln, du schaffst das!«, rede ich mir ein und spreche im Rhythmus meiner kräftigen Paddelschläge ein Mantra: »Kap Hoorn wird dir nicht – geschenkt – Kap Hoorn wird dir nicht – geschenkt – Kap Hoorn wird dir nicht – geschenkt« ...

Mein GPS zählt die verbleibende Distanz herunter: Es sind nur noch lächerliche drei Kilometer! Höchste Zeit, die Schwimmweste anzulegen, die inzwischen vom Hinterdeck gerutscht ist und seitlich im Wasser hängt. Der Wind hat sie regelrecht vom Deck geblasen. Bei ruhigem Wetter zurre ich die Weste nur mit einem einzigen einfachen Gummistraps fest, damit ich gezwungen werde, sie bei stärkerem Wind und Seegang anzulegen. Ein Griff nach hinten, ein kurzer Balanceakt, hoffentlich verhakt sich mein Arm nicht beim Anziehen! Das Paddel ist am Boot festgeklippt, und sicherheitshalber befestige ich auch den Karabiner meiner Bugleine an der Schwimmweste.

Für den Fall der Fälle ist mein Kajak selbst noch die beste Schwimmhilfe. Denn wenn es mir nach einer Kenterung mit Ausstieg weggeblasen wird, werde ich unweigerlich hier draußen umkommen, trotz Trockenanzug, Schwimmweste, EPIRB – meiner Notfunkbake, Funkgerät, Notsignalraketen oder sonstigen »Sicherheitsmitteln«. Meine Sicherheit beginnt im Kopf! Mir hilft nur kontinuierliches, kräftiges Paddeln, ohne an ein mögliches Kentern zu denken. Wenn die See so hochgeht, dass ich in ernsthafte Gefahr gerate, ist ein offenes Rettungsboot, von einem großen Schiff geschickt, selbst noch stärker gefährdet und bedeutet keine sichere Hilfe. Ich kann mich mit meinem Kajak viel besser »um die Wellen wickeln« als ein auf und ab springendes, offenes kleines Motorboot. Hier draußen bin ich nur alleine für mich verantwortlich. Hier auszusteigen hieße sicheres Erfrieren, Ertrinken oder beides zusammen!

Ich bin es gewohnt, allein in hohen Wellen und rauer See zu paddeln. Ich liebe es. Ich habe hohen Respekt, aber keine Angst, bin voll konzentriert und bleibe ganz cool. Nur ein einziges Mal bin ich auf offenem Meer, damals vor Australien, umgeworfen worden, aber sicher wieder hochgerollt. »Das hier« kriege ich auch noch hin!

Nun wird es langsam ernst. Der Wind bläst inzwischen mit über 30 Knoten über die aufgepeitschte See. Meine Sicherheitsleine an der Schwimmweste schleift seitlich im Wasser. Trotz Wind und Wellen nehme ich mir immer wieder einen Sekundenbruchteil Zeit, sie zu straffen. »Lass – die Zügel – nicht schlei – fen! – Lass – die Zügel – nicht schlei – fen! – Lass – die Zügel – nicht schlei – fen!« Ich habe ein neues Mantra.

Auf dem GPS sehe ich die Distanz zur Landebucht langsam schwinden, aber eine andere Zahl bewegt sich schneller: Die Richtungsgrade der verbleibenden Strecke nähert sich von ursprünglichen 180 Grad schon fast 245 Grad! Unaufhaltsam werde ich immer weiter aus der Meeresstraße hinausgeblasen. Ein Vorhalten, das absichtliche Paddeln einige Grade in den Wind, um diese Abdrift von vornherein auszugleichen, ist unmöglich.

Irgendwann befinde ich mich zwar schon auf der Höhe der einzigen sicheren Landebucht der Isla Hornos, aber die verbleibenden Meter stagnieren. Wohl aber rasen die Gradzahlen weiter aufwärts! Ich werde schlichtweg vorbeigetrieben und müsste nun schon voll westlich gegen den immer stärker werdenden Wind anpaddeln, um noch in der Landebucht anzukommen. Nur noch ein einziger läppischer Kilometer! Das Lee der Insel muss doch irgendwann bis zu mir reichen! Aber der Wind heult mir nur immer kräftiger um die Ohren, die See ist schon bedenklich ungemütlich, und irgendwann muss ich zum ersten Mal in meiner Paddelkarriere erschreckend erkennen: »Ich schaffe diesen lächerlichen letzten Kilometer tatsächlich nicht mehr! Trotz meiner Mantras, meiner ausgefeilten Technik und meines eisernen Willens! Dreh um, Mädel, bevor es zu spät ist und du nur noch die Pinguine in der Antarktis grüßen kannst!«

Für etwa drei Sekunden bilde ich mir ein, ich könnte nun etwas entspannen, und schüttle meine malträtierten vorderen Extremitäten. Drei Sekunden, in denen ich zwar mit dem Wind paddeln kann, aber leider auch noch weiter aus der Meeresenge hinausgetrieben werde. Ich muss nun noch härter kämpfen und dabei die von hinten über das Boot brechenden Wellen ausbalancieren! Oder ich werde wieder an meinem Ziel vorbeigetrieben, statt den sicheren Rückzug durch den schmalen, geschützten Kanal zwischen Isla Herschel und Isla Deceit antreten zu können – dorthin, wo ich vor mittlerweile drei Stunden hergekommen bin.

Meine Kräfte schwinden und mit ihnen auch meine Konzentrationsfähigkeit. Jetzt bloß keinen Fehler machen! Ich muss unbedingt noch irgendwo vor Einbruch der Dunkelheit Land gewinnen. Es wäre mein sicherer Tod, nachts bei diesen Wind- und Seebedingungen hier draußen zu schwimmen. Zu meinem Entsetzen merke ich, das ich trotz heftigen Paddelns in großer Distanz flott an der rettenden und sicheren Meeresenge vorbeitreibe. Die vorletzte Insel, Isla Deceit, zieht immer schneller nach links. Mein Gott, kann ich denn hier überhaupt noch irgendwo sicher landen?

Die Küste, die meine letzte Rettung bedeuten kann, sieht dunkel, bedrohlich steil und felsig aus. Es gibt kaum flache Stellen und keinen sandigen oder wenigstens kieseligen Strand. Ich versuche, trotz des hohen Seegangs meine GPS-Karte zu lesen, vergrößere sie soweit möglich und hoffe, ich kann etwas entdecken, das vielleicht wie eine geschützte kleine Bucht aussieht.

Plötzlich habe ich eine Idee: Kann ich vielleicht die sichere Ostküste der Isla Deceit erreichen? Ein kurzer Blick auf die See am südöstlichen Zipfel der Insel zeigt nur haushohe Gischt, die sich krachend und schäumend an die weit hinausreichende Spitze der Insel bricht. Wenn ich den ausgefransten felsigen Zipfel weit umfahren würde und Wind und Wellen trotzte, und dann doch vom Wind von der Insel abgetrieben werde, statt ihren Windschutz zu erreichen, habe ich keinerlei Chance mehr, heute Abend noch sicher anzulanden. Dahinter ist auch kein Land mehr, nur noch die Antarktis ...

Ich muss entlang der südwestlichen Inselküste nach einer möglichen Landestelle suchen und diese erreichen, ohne vorher hinauszutreiben. Die Konzentration auf das konkrete Ziel verleiht mir neue Kräfte. Am buchstäblichen letzten Ende der Insel entdecke ich eine zirka 100 Meter weite Bucht, die sogar eine flachere Stelle mit Steinen zu bieten hat, deren Größe zwischen Fußball und Tennisball liegt. Leider brechen die Wellen in dieser Ecke grauenhaft heftig. Eine Landung dort, wenn ich unkontrolliert auf das Ufer geworfen werde, könnte verheerend sein! Ich paddle einige Male zögernd suchend, aber immer noch höchst konzentriert, hin und her, um nicht vom Seegang und dem nun orkanartigen Wind umgeworfen zu werden. Ich MUSS hier irgendwo raus!

Verzweifelt suche ich den Schutz eines zirka zehn Meter hohen Felsens, der ungefähr 30 Meter vor der Küste seitlich links in der Bucht steht – sofern man überhaupt von Schutz reden kann bei dem nun tosenden Orkan und den gigantischen Brechern an dieser ungeschützten Felsenwüste, in dieser dunklen bedrohlichen Bucht. Dahinter sehe ich ein Feld von gewaltigen armdicken Seetang-Strängen auf und ab wogen. Sie reichen teilweise bis auf die Felsen und bieten ein marginales Polster. Soll ich es wagen, hier zu landen? Mir bleibt keine andere Wahl. Die Brecher schlagen auch hier mit heftiger Wucht auf die Felsen, aber gelegentlich kommen sie etwas niedriger angerollt. Das ist meine allerletzte Chance!

Meinen Helm habe ich schon aufgesetzt, bevor ich mich der felsigen Küste nähere. Wie ich ihn vom Netz hinter mir abklippen und aufsetzen konnte, ohne das Paddel aus der Hand legen und die Augen von der Brandung lösen zu dürfen, weiß ich nicht mehr. Der Helm ist lebenswichtig bei solch einer riskanten Notlandung!

So gut es geht, warte ich auf eine niedrigere Welle, hole tief Luft und paddle mit letzter Kraft hinter dem Brecher auf das dicke, glitschige Seetang-Bett auf den Felsen. Ich werfe das Paddel hoch hinauf auf die Küste, reiße die Spritzdecke auf, springe aus meinem Kajak, rutsche aus und gerate irgendwie unter das schwer beladene Boot. Der nächste hohe, eiskalte Brecher trägt uns beide zusammen höher die Felsen hinauf, direkt auf mein geliebtes Paddel. Das Adrenalin sorgt dafür, dass ich weder Schmerzen noch meine unmittelbare Umgebung wahrnehme. Ich registriere nur, dass ich lebe, anscheinend immer noch in einem Stück und nicht in Fetzen. Das Paddel ist gebrochen und das Kajak schwer beschädigt. Aber meine Knochen sind alle heil! Die fetten blauen Flecken lassen sich schon verschmerzen ...

Schnellstens sichere ich das Boot und die traurigen Überreste meines gebrochenen Paddels, da die See und der Wind keinerlei Zeichen zum Nachlassen geben. Ich schicke eine kurze Nachricht via Satellitentelefon für meine engen Kontakte und an meinen Blog, man könnte sich ja bereits um mich sorgen bei diesem unerwarteten Orkan. »Ich bin gelandet«, schreibe ich nur, »Weiteres später.« Mehr kann ich jetzt nicht schreiben, ich bin im Schockzustand nach dieser stressigen Notlandung. Das muss vorerst genug sein, um meine Lieben daheim sowie die Marine zu beruhigen! Ich erfahre später, dass die Offiziersfamilie auf der Isla-Hornos-Station meine Odyssee mit dem Fernglas beobachtet hat und zu Recht schwer beunruhigt war.

Zurzeit meiner Landung um halb neun Uhr werden bereits satte 60 Knoten Wind auf der Marinestation der Isla Hornos gemessen. Um zehn Uhr abends sind es dann schon unglaubliche 106 Knoten, die sich noch auf 120 bis 130 Knoten in dieser Nacht steigern. Das ist Kap Hoorn! Aber ich lebe, bin so gut wie unverletzt und habe noch meine gesamte Ausrüstung, ein wahrscheinlich reparaturfähiges Boot, ein heiles Ersatzpaddel sowie Essen, Trinken und Batterien für einige Tage.

Wo bin ich hier nur gelandet? Dieser felsige, flachere Küstenstreifen in der Bucht auf der letzten Ecke der Isla Deceit ist überwiegend mit groben Felsen übersät und weniger als zehn Meter breit. Die steile Rückwand steht bedrohlich hoch und nah über mir, und ich fürchte jeden Moment Steinschlag auf meinem Kopf, Kajak oder meinem Zelt. Die Brecher schlagen mit lautem Getöse und Urgewalt über die Felsen. Ein Entrinnen zu Fuß ist unmöglich. Trotzdem danke ich Gott, dass er mich hier einigermaßen sicher hat landen lassen!

Kann ich hier überhaupt zelten? Eine einigermaßen ebene Stelle auf dem Geröll neben einem rund zwei Meter hohen Felsblock ist die einzige Möglichkeit. Der bietet sogar etwas Schutz vor dem Wind. Ich muss mich sputen, mein Nachtlager aufzubauen, es ist bereits neun Uhr und bald dunkel. Der Orkan heult mir immer stärker um die Ohren und reißt an meiner fragilen Stoffhütte. An Schlaf ist nicht zu denken. Ich türme große Steine auf die unterste Kante meines gerade einmal drei Tage alten, nagelneuen knallroten Staika-Kuppelzeltes, knote zusätzliche Kevlar-Leinen an jede der sechs Ecken des Außenzeltes und fixiere sie mit riesigen Steinen am Boden. Zumindest daran gibt es hier keinen Mangel!

Die meiste Zeit in dieser extrem stürmischen Nacht liege ich wie ein Käfer auf dem Rücken, um mit allen vier weit gespreizten Extremitäten die vier Hauptecken meines Innenzeltes zu verstärken. Das geteilte Reservepaddel stützt zusätzlich Ecke Nummer fünf und sechs. So bleibt meine kostbare Unterkunft hoffentlich von Stangenbruch oder größeren Rissen verschont! Ein typischer Kap-Hoorn-Orkan heult mir jetzt mit mittlerweile 120 Knoten um die Ohren. Die untere Stoffbahn meines Zeltes sieht von der Reibung der großen Steine ziemlich zerlöchert aus, reißt aber dank des guten Ripstop-Gewebes nicht weiter ein. Nur eine Leine ist durchgescheuert, die ich wieder verknoten kann. Ich habe einen halbwegs stabilen Wind- und Wetterschutz, ohne den es in meinem unfreiwilligen steinigen Strandasyl äußerst ungemütlich sein würde. Wer weiß, wie lange ich hier noch ausharren muss?

Am nächsten Tag sondiere ich die Lage. Der starke Regen der Nacht lässt langsam nach, der Wind bläst noch mit ungefähr 20 Knoten. Die aufgepeitschte See sprüht salziges Wasser über meinen Lagerplatz. Zum Glück muss ich nicht fürchten, dass dieser überspült werden könnte! Aber an eine Reparatur des Kajaks zum Entrinnen von dieser Felsenhölle ist noch nicht zu denken, das Wetter muss sich mehr beruhigen.

Der Donnerstag zeigt sich trocken und weniger windig. Ich fange an, mich um mein Kajak zu kümmern. Die Seitennaht ist auf einigen Metern aufgeplatzt, weitere Löcher sind zu kleben sowie das gebrochene Steuerblatt zu ersetzen.

Mit meinen bescheidenen Reparaturmitteln und -fähigkeiten kann ich meinen schwimmenden Untersatz zwar wieder seetüchtig machen, das gebrochene Paddel aber nur notdürftig mit einem inneren Schienenstück flicken. Ich werde das Reservepaddel nutzen. Ich hoffe, dass das Harz der Reparatur in dieser feuchten, salzigen Luft trocknen kann und sich mein Schiff nicht irgendwann in seine Einzelteile auflösen wird!

Über Peter und das Satellitentelefon erreicht mich eine schockierende Nachricht: Alejandro ist ertrunken! Mein Freund und zuverlässiger Helfer aus Buenos Aires ist am gleichen Tag entlang der Isla de los Estados gepaddelt und in den gleichen stürmischen Wind geraten, im fast selben Breitengrad am südlichen Ostzipfel von Argentinien. Während sein Freund Juan Pablo mitsamt Kajak in eine hohe Felsenhöhle geschwemmt und zwei Tage später von der Marine gerettet werden konnte, kam für Alejandro jede Hilfe zu spät. Seine Leiche wurde erst zwei Tage später von der Küstenwache geborgen.

Es war angedacht, vielleicht mit den beiden zusammen zu paddeln, hier rund um Kap Hoorn, oder vielleicht zusätzlich die Isla de los Estados zu umrunden. Was wäre gewesen, wenn ... Diesen Gedanken wollte ich gar nicht zu Ende denken. Als wir uns zum letzten Mal in Rio Grande trafen, scherzten wir noch über unsere beiden anstehenden 50. Geburtstage und unsere noch verbleibende Lebenszeit. »Ich werde nicht lange leben, ich mache zu viele gefährliche Dinge!«, hatte Alejandro noch lachend gesagt. Nun – ich auch, ich weiß aber, dass ich noch sehr lange leben werde ... Doch sosehr mich Alejandros Schicksal auch beschäftigt, so wenig Zeit habe ich, um ihn zu trauern. Ich sitze selbst auf einer unwirtlichen Steininsel und muss sehen, wie ich mit heiler Haut hier wegkomme!

Bei meinen täglichen rastlosen Wanderungen über das grobe Felsgestein des schmalen Uferstreifens vor den unerreichbar hohen, steilen Klippen der Isla Deceit entdecke ich glücklicherweise einen winzigen Wasserfall und fülle einige Säcke. Ich kürze vorsichtshalber meine Essensrationen und verbrauche nur sparsam die Batterien des Satellitentelefons und Laptops. Wer weiß, wann das nächste akzeptable Wetterfenster kommt, um aus diesem trostlosen Gefängnis auszubrechen? Das Anlanden eines Rettungsbootes ist unmöglich, wenn ich schon selbst nicht wieder starten kann. Einen Landeplatz für einen Hubschrauber gibt es auch nicht, und nach oben wegklettern ist ebenfalls unmöglich. Also heißt es warten, warten und sich schließlich irgendwann selbst retten!

Die drei bis vier Meter hohen Brecher schlagen noch ohne Unterbrechung auf meine Küste. Es ist ein kontinuierlicher, nervenzerreißender Lärm und ein grauenhafter Anblick, wenn man hier festsitzt. Ich brauche Nerven wie Drahtseile. Ständig drohender Steinschlag, das Zelt kurz vor dem Zerreißen, die Rationierung der Ressourcen, die Todesnachricht von Alejandro und die Ungewissheit, wann und wie sicher ich denn hier wieder wegkommen kann – alles muss ich verarbeiten!

Den Silvesterabend 2011 verbringe ich einsam und alleine auf meinem dunklen, schmalen Felsen, am fünften und hoffentlich letzten Tag meines unfreiwilligen Aufenthaltes. Mein Telefonat mit Peter, der mit Freunden in Dänemark Silvester feiert, lässt mich mit gemischten Gefühlen zurück. Ich feiere einsam mein eigenes Überleben.

Im Gezeitenverlauf der letzten Tage habe ich die Brecher an dieser Küste beobachtet und hin und her überlegt, wo die beste Startposition für meinen geplanten Ausbruch sein könnte. Ich entscheide mich für die letzte Ecke des groben Kieselstrands. Die Wettervorhersage für den Neujahrsmorgen ist günstig. Bereits am Vorabend trage ich mein Kajak die 200 bis 300 Meter dorthin. Der Balanceakt über die glitschigen Felsbrocken mit dem leeren, aber immer noch 25 Kilo schweren und 5,50 m langen Kajak auf der Schulter ist gefährlich für Mensch und Material. Nur nicht ausrutschen, das frisch geklebte Boot wieder auf den Felsen zerschlagen oder ein Bein brechen! Am Neujahrsmorgen erkenne ich, dass die Brecher am gewählten Startplatz immer noch zu kräftig hereinrollen. Ein Start genau am anderen Ende der Bucht erscheint mir sicherer ...

Gedacht, getan. Ich schultere meine beiden schweren Gepäcktaschen, klettere zurück und bewältige nochmals eine lange, gefährliche und schweißtreibende Kletteraktion samt Kajak auf der Schulter. Endlich ist alles an Ort und Stelle und verladen. Das Boot liegt auf einigen großen Felsen, die mit Seetang bedeckt sind wie auf einer sehr unebenen, aber rutschigen Startrampe. Ein schwer beladenes Kajak über grobe buckelige Felsen zu ziehen, belastet den Bootskörper und die Nähte aufs Äußerste. Hoffentlich hält die Reparatur!

Helm auf, Schwimmweste an. Ich habe nur die eine Chance! Wenn ich den Zeitpunkt falsch wähle und der Start von der Rampe misslingt, ist die Gefahr groß, wieder rückwärts auf die Felsen geschleudert zu werden. Wenn eine hohe Welle das schwere Kajak zu früh erfasst und ich nicht rechtzeitig in mein Kajak springen kann oder einer der immer noch furchterregenden Brecher mich am Ende falsch erwischt, ist die einzige Möglichkeit zum Ausbruch vertan. Über die Konsequenzen will ich lieber nicht nachdenken ...

Ich warte die größten Wellen ab und schiebe mein Kajak vorsichtig auf dem rutschigen Seetang in die Gefahrenzone. Mit der letzten kleinsten Welle der Serie schwimmt das schwere Boot schließlich auf, ich springe rittlings drauf, mein Hintern fällt auf den Sitz, meine Beine lasse ich aber noch außen hängen und paddle wie vom Teufel besessen aus der Gefahrenzone. Gott sei Dank! Ich bin der Hölle entkommen! Die Erleichterung über den geglückten Ritt durch die Brandung mischt sich mit neuer Zuversicht. Nun noch die elf Kilometer hinüber zur Isla Hornos paddeln, und ich kann mich »in der Zivilisation« auf der dortigen Marinestation erholen! Die Alternative, direkt den Rückzug zurück nach Puerto Williams anzutreten, habe ich zwar kurz angedacht.

Aber soll ich die Chance auslassen, Kap Hoorn selbst zu umrunden, nur weil ich mich einmal im Wetter verschätzt habe? Wo ich jetzt doch schon so nah dran bin ...

Diesmal ist das gewählte Wetterfenster gnädig und hält sich lang genug für eine sichere Querung. Obwohl ich wieder von Wind und Strömung zirka zehn Grad seitlich hinausversetzt werde und damit einige Erinnerungen an meinen gescheiterten Versuch, Isla Hornos zu erreichen, wieder hochkommen, erreiche ich nach zwei endlosen, etwas zittrigen Stunden sicher und sehr erleichtert die geschützte Landebucht.

Die Menschenmassen, die das erste große Kreuzfahrtschiff des neuen Jahres ausspuckt, lasse ich in einer Ecke der steilen Treppe sitzend an mir vorüberziehen. Nach diesem Teufelsritt bin ich jetzt wirklich nicht in Stimmung, Touristenattraktion zu spielen und für Souvenirfotos zu posieren! Hoffentlich spricht mich keiner an. Ich rufe meine Familie an, um erleichtert Neujahrsgrüße zu überbringen. Ich schwanke zwischen Freude und Weinen, danke Gott, dass ich gesund hier sein kann, und denke an Alejandro und wie knapp ich einem ähnlichen Schicksal entkommen bin.

Die nächsten beiden Tage genieße ich die liebevolle Fürsorge der Offiziersfamilie Cadiz, die das ganze Jahr die Stellung auf der Isla Hornos halten. Noch nie hat sich eine heiße Dusche so gut angefühlt! Paula backt frisches Brot und serviert ein opulentes Neujahrsessen. Wie wird wohl der eigentliche Höhepunkt meiner Reise werden, die 25 Kilometer lange Umrundung des Kap Hoorn, an der Südküste der Isla Hornos gelegen – verglichen mit dem, was ich auf dem Weg hierher erlebt habe?

Das Wetter verspricht, für den gesamten 3. Januar relativ ruhig zu bleiben. Relativ heißt hier immer noch um 15 Knoten Wind und 2–3 m Dünung ... Ich wähle die Umrundung gegen den Uhrzeigersinn. Der Marineoffizier lässt mich problemlos allein lospaddeln, er erwähnt noch nicht einmal ein Begleitboot. Und ich schon gar nicht.

Obwohl – sollte ich nicht nach den letzten Erfahrungen darüber nachdenken? Nein, ein Begleitboot macht für mich bei diesem hohen Seegang nach wie vor keinen Sinn Viel wichtiger ist mir, ob das Wetter lange genug mitspielt. Ich möchte mich nicht auf die Hilfe anderer verlassen und die Helfer selbst in Gefahr bringen, sondern nur auf mich selbst und auf meine Fähigkeiten, in grenzwertigen Situationen Ruhe zu bewahren und Stärke zu zeigen. Wenn ich Zweifel an mir selbst hätte, sollte ich gar nicht erst lospaddeln.

Nach dem ruhigen Auftakt entlang der geschützten Nordostküste zeigt sich die westliche Ecke der Isla Hornos schon von der wildesten Seite! Die See ist durch den direkten Ansturm des vorherrschenden südwestlichen Windes wuchtig und rau. Ich muss wieder alles an Konzentration aufbringen, um aufrecht zu bleiben und vorauszuschauen. Ich kann keine Sekunde die Hand von meinem Paddel nehmen, um Fotos zu machen oder zu pausieren, um die Landschaft auf mich wirken zu lassen. Das ist schade, denn die Felsen an der westlichen Spitze sind wirklich atemberaubend! Aber meine Sicherheit geht vor.

Mit einem Auge genieße ich die Felsformationen, das andere richte ich auf die fetten Brecher über den verstreuten Felsen. Irgendwann entdecke ich im rechten Augenwinkel an der Südwestküste am Horizont ein größeres Marineschiff. Es bleibt aber auf großer Distanz, denn nahe der Küste, wo ich mit meinem kleinen Kajak paddeln kann, bereiten viele versteckte Unterwasserfelsen den größeren schwimmenden Untersätzen Probleme.

Schließlich kreist noch ein Helikopter über mir, der mich eindeutig beobachtet. Mehr als eine Stunde lang versucht der Pilot, mich vom konzentrierten Paddeln abzuhalten. Oder wartet er nur darauf, dass ich kentere und stattdessen lieber ums Kap Hoorn herumschwimme? Ich wage es, mehrmals fröhlich mit einer Hand hinaufzuwinken, ohne jedoch hinaufschauen zu können. Hat die chilenische Marine nach meinem spektakulären Anlauf ein Fernsehteam hierhergeschickt, um weitere Eskapaden der weltberühmten, wagemutigen Seekajakfahrerin aufzuzeichnen? Aber außer zwei halbherzigen Selfies »Ich vor Kap Hoorn« muss diese anspruchsvolle Umrundung aus Sicherheitsgründen leider undokumentiert bleiben ...

In der geschützten Landebucht kann ich mich schließlich nach vollendeter Tat bereits zur Frühstückspause gegen elf Uhr wieder entspannen. Ich habe das berühmt-berüchtigte Kap Hoorn im totalen Alleingang bezwungen! Die Umrundung ist paddeltechnisch äußerst anspruchsvoll gewesen, da aber das Wetterfenster offen bleibt, kann ich anschließend direkt zur Rückfahrt Richtung Puerto Williams ansetzen. Im ruhigen Wasser werde ich nun konstant von einem Marineschiff begleitet, nur hier »brauche« ich niemanden ... Nach 72 Kilometern lege ich auf Isla Wollaston einen weiteren wetterbedingten, aber diesmal erholsamen zweitägigen Zwischenstopp auf der dortigen Marinestation ein. Hier versorgt mich Pamela mit ihrer Familie mit frisch gebackenem Lemon Pie. Lecker!

Den letzten Tag entlang der geschützten Küste von Puerto Toro bis nach Puerto Williams darf ich wieder allein paddeln. Ich habe auf Vorschlag des diensthabenden Offiziers die chilenische Marine mit meiner Unterschrift auf einem Dokument von ihrer Verantwortung entbunden. Solch ein Papier hätte ich auch zu Anfang unterschreiben können, einfach und unbürokratisch, anstatt mich durch das langwierige Genehmigungsverfahren kämpfen zu müssen!

Der Empfang durch die versammelte internationale Seglergemeinschaft im Jachtclub von Puerto Williams ist überwältigend, und die Party am Abend feucht und fröhlich. Allerdings erzähle ich nur meinen Freunden von der ›Polarwind‹, dass peinlicherweise mein Pass gleich bei der Ankunft im Hafenbüro, wo ich meinen Ausreisestempel nach Ushuaia in Argentinien abholen wollte, konfisziert worden ist. Zuerst soll ich mir eine Strafpredigt vom Distriktkommandeur abholen, wegen meines »Alleingangs« ... und der hat natürlich erst am Montag um elf Uhr morgens für mich Zeit. Damit verpasse ich das ruhige Wetterfenster am Montagmorgen, um über den windigen Beagle-Kanal zurück nach Argentinien zu queren. Leider interessiert das hier niemanden ...

»You have been naughty!« – »Du warst ungezogen!«, begrüßt mich der Kommandeur in seinem Büro und versucht, wie ein streng schimpfender Papa auszusehen. Nur, dass vor ihm nicht seine 15-jährige Tochter, sondern eine gestandene, 48-jährige, abenteuererfahrene Frau steht. Ich versuche wenigstens, beschämt die Augen niederzuschlagen, kann mir aber ein Grinsen nicht verkneifen. Als ich ebenfalls ein paar Lachfältchen in seinen Augenwinkeln erkenne, ist die befürchtete Strafpredigt wegen meiner »Alleinfahrt« auch schon beendet.

Wer aber hat in dem Hubschrauber gesessen, der am Tag zuvor versucht hat, mich vom konzentrierten Paddeln am Kap Hoorn abzuhalten? Wie sich herausstellt, der Kommandeur selbst, mit seiner Frau auf einer Rundtour durch die Stationen! Nun ist es eigentlich an mir, wegen der unnötigen Ablenkung mit ihm zu schimpfen!

Auf der Internetseite der chilenischen Marine liest sich die »Strafpredigt« dann später so: »Der Kommandeur empfing die Ausnahmeathletin, um ihr für diese außergewöhnliche Leistung in diesen südlichen, kalten Gewässern seine Glückwünsche zu überbringen.« Außerdem wurde ich angeblich die ganze Zeit von einem Marineboot begleitet. Der Helikopter sei »zur Sicherheit« ausgeschickt worden und nicht als Ausflugsfahrt des Kommandeurs mit seiner Frau ... Alles klar.

Kapitel 5
AB JETZT GEHT'S AUFWÄRTS

Chile, Teil 2: Puerto Williams bis Puerto Eden
09.01.–24.02.2012

Der erste große Meilenstein meiner Südamerika-Umrundung liegt hinter mir: die Bezwingung von Kap Hoorn. Ich lebe, ich bin gesund und auch ein wenig stolz. Nach der erfolgreichen Umrundung des südlichsten Zipfels von Südamerika darf ich nach alter Seglertradition einen kleinen goldenen Ring vom linken Ohrläppchen baumeln lassen. Obwohl ich mich normalerweise nicht mit zweitklassigen Sachen abgebe, bevorzuge ich Silberschmuck. Ohrdekoration trage ich selten, daher beschließe ich, mir zur Belohnung statt des goldenen Ohrrings zu Hause einen funkelnden roten Rubin ins Cockpit meines kleinen silbernen Kajakanhängers einzulassen, den ich ständig als Talisman um den Hals trage.

Die nächsten Monate kann es nur aufwärtsgehen, und das im wörtlichen Sinn: Die generelle Paddelrichtung weist nach Norden. Die Route bis Puerto Montt plane ich so, dass ich auf kürzestem Weg durch die Kanäle der wunderschönen Fjord- und Insellandschaft des westlichen Patagonien paddeln werde.

Der Charakter meines Trips verändert sich: Es gibt kaum noch Gezeitenunterschiede oder Strömungen zu beachten. Von der Dünung des offenen Meeres bin ich weitestgehend geschützt. Das Hauptproblem besteht nun in dem ständigen starken, südwestlichen Wind, der aber, sobald ich nicht mehr nur westlich unterwegs bin, überwiegend vorteilhaft für mich sein wird. Ich jedenfalls freue mich auf einige Monate relativ entspannten Paddelns. Wird es so werden?

Mit dem noch feuchten Ausreisestempel von Chile in der Tasche und umnebelt von einer Wolke unterschiedlicher Rasierwässer, die sich bei den Abschiedsküssen der Offiziere an meinen Wangen festgesetzt haben, mache ich mich schließlich mit leichter Verspätung um ein Uhr nachmittags auf den Weg nach Ushuaia. Diesmal nehme ich die kurze Begleitung durch ein Marineboot zum Abschied nicht als unliebsame Sicherheitsmaßnahme, sondern als Ehreneskorte. Um zur südlichsten Stadt Argentiniens zu gelangen, muss ich den windigen Beagle-Kanal queren, und das, nur um nach Erledigung aller Besorgungen in der größten südlichen Stadt auf der anderen Seite wieder in Chile einzureisen.

An Land kaufe ich Lebensmittel für drei Wochen und ergänze mein Reparaturmaterial, da sich die nächste Möglichkeit frühestens in zweieinhalb Wochen in Puerto Montt bietet. Dazwischen ist nur Wildnis. Keine Stadt, noch nicht einmal ein Dorf, nur drei einsame Marinestationen mit Familien, die sich hin und wieder über seltenen Besuch freuen. Um Trinkwasser muss ich mir zum Glück keine Sorgen machen: Ich brauche mir nur einen kleinen Vorrat zuladen, da saubere Bäche auf den nächsten Etappen meiner Reise überall reichlich sprudeln.

Die Argentinier lassen es sich ebenfalls nicht nehmen, mich mit einer Ehreneskorte der Küstenwache auf dem Wasser zu verabschieden. Bis bald in Buenos Aires!

Ich habe mich für die weitere Strecke innerhalb Chiles vehement gegen ein Begleitboot gewehrt und darf nach einigen Diskussionen nun auch alleine weiterreisen. Man hält mich inzwischen wohl für fähig genug, in den weitgehend geschützten patagonischen Kanälen alleine zu paddeln, wenn ich schon das Inferno am Kap Hoorn überlebt habe. Mit Begleitboot wäre das einsame Abenteuer in der Wildnis in der Tat nur halb so schön! Ich fühle mich gut ausgestattet mit Satellitentelefon und der Epirb-Boje, mit denen ich mich bei eventuellen Problemen bemerkbar machen könnte. Die beste Versicherung ist jedoch meine große Erfahrung, mich für meine Vorhaben sorgfältig auszurüsten, zusammen mit meinem gesunden Menschenverstand und guten Nerven. Ich bin nach meinen Kajak-Abenteuern sehr oft gefragt worden, warum ich mir solche Strapazen antue, und meine erste Antwort ist dann zumeist etwas schnippisch: Warum nicht! Schnippisch deswegen, weil diese Frage wahrscheinlich nur gestellt wird, weil ich eine Frau bin. Wenn Männer auf hohe Berge steigen, mit tausend Kilometern Geschwindigkeit über Salzseen brettern oder mit Schlittenhunden die Arktis erkunden, ist nicht die Verwunderung, sondern die Bewunderung groß. Wehe, ich würde auf solche Ideen kommen ...

Inzwischen bin ich schon 140 Tage unterwegs, es ist Mitte Januar. Für die nächsten Tage berausche ich mich an der spektakulären Naturschönheit der Gletscherzungen des südlichen Patagoniens, die teilweise bis direkt in den Beagle-Kanal hineinreichen. In dieser Kulisse und bei diesen Wetter- und Strömungsverhältnissen ist das Paddeln ein Genuss! Fasziniert stoppe ich schon beim ersten Gletscher, der nahe der Caleta Olla hinabfließt, und schlage mein Camp frühzeitig gegen drei Uhr nachmittags auf, um mit einem Marsch möglichst nah dorthin zu gelangen. Der Anblick ist einfach zu schön und zu verlockend, um einfach daran vorbeizupaddeln! Einige Segler, die ebenfalls in der Bucht ankern, weisen mir den Weg zum Einstieg in den Pfad zur Gletscherzunge, den ich sonst wohl nicht alleine gefunden hätte.

Ich wandere durch wunderschöne blühende Wiesen, feuchte Moore, mit Flechten bewachsene Felsen und steile Hänge, an denen sich krüppelige Bäumchen festkrallen. Ich komme zwar nicht bis ganz an den Fuß des schneeweißen Gletschers mit der weithin glitzernden Lagune, habe aber eine herrliche Aussicht – und nasse Füße in meinen Sportschuhen, die nicht für den Matsch am Berg geeignet sind. Mein GPS hält mich auf dem richtigen Weg, der Pfad ist letztendlich überall.

Den darauffolgenden Dienstag beginne ich um 4:30 Uhr mit einer unheimlichen Nachtpaddelstunde. Eine hell leuchtende Gletscherzunge kalbt immer wieder riesige Eisbrocken. Ich bleibe mit meinem fragilen Kajak lieber in respektvoller Entfernung, in einem Meer voller bizarr geformter Eisskulpturen. Eine Stunde später kann ich in eine milchige Lagune eines Gletschers hineinpaddeln, dessen Zunge grauschwarz ist. Die Sonne hat sie angetaut, sodass die Farbe der mitgeschleiften Erde vorherrscht. Ich steige aus, um die merkwürdig geschliffenen Steine zu fotografieren und die gewaltigen Naturschönheiten in mich aufzunehmen. Mittags entdecke ich sogar einen gewaltigen Wasserfall auf einer dunklen Gletscherzunge hinabfließen, eine Kombination, die ich so noch nie gesehen habe. Was für ein Anblick!

Im Fjordo Pia, einem schmaleren, verzweigten Fjordarm der Calleta Olla, gibt es noch weitere Gletscherzungen, und ich beschließe, den kleinen Umweg in Kauf zu nehmen und die fünf Kilometer dort hineinzupaddeln. In einer ruhigen Bucht hinter einer schmalen Landzunge ankern drei Segler, ich will aber bis zum Ende des Fjordarmes, um beide Gletscherzungen zu erforschen. Ich kann nah an die Kante heranfahren, die hier relativ flach ist und nicht so bedrohlich aussieht. Den Gletscher am Ende des Fjordarmes erreiche ich nur noch durch eine Lagune voller sich immer mehr verdichtender, schwimmender Eisbrocken. Die fast metergroßen Klumpen muss ich geschickt im Slalom umschiffen. Mein Kajak ist leider nicht so solide gebaut wie ein Eisbrecher!

Plötzlich höre ich ein leises Motorengeräusch hinter mir, begleitet von einem ständigen dumpfen »Klong Klong Klong«. Eine Segeljacht schiebt sich langsam mit Motorkraft durch das Meer aus Eisbrocken, wegen ihrer Größe kann sie nicht jedem Aufprall ausweichen. Das französische Boot fährt zielstrebig auf die steile Abbruchkante des Gletschers zu und verschwindet hinter einem riesigen schwimmenden Eisberg aus meinem Blickfeld.

Was ist, wenn der Gletscher just in dem Moment einen riesigen Brocken kalbt? Je mehr Eisbrocken in der Lagune herumschwimmen, desto aktiver ist der Gletscher. Die große Welle, die ein hausgroßer Abbruch verursachen kann, würde die schwimmenden Brocken durcheinanderwirbeln und mein kleines zerbrechliches Boot zerquetschen. Lieber lasse ich den letzten Kilometer des dichten Eisbrockenmeeres vor der Abbruchkante aus, ich habe im Laufe der letzten zwei wunderschönen Tage genug Gletscher erlebt!

Mühsam arbeite ich mich an der windgeschützten Kante zwischen dicken Teppichen und Netzen aus Kelppflanzen Richtung Timbales voran. In der Mitte des Kanals bläst mir der Wind mit 20 Knoten frontal entgegen. Es ist lästig, mit meinem auf und ab springenden Bug in einen langen Stängel der zähen Pflanzen einzuhaken, der sich dann hinter dem Griffknebel festsetzt. Dann hilft nur rückwärts paddeln und das Gewächs abstreifen, nur um das schwere Boot dann wieder vorwärts zu stoßen. Manchmal fühlt es sich tatsächlich wie Stoßen und nicht wie Paddeln an, wenn mein Blatt nicht ins Wasser, sondern gegen die zähen Pflanzen sticht.

Meine Fahrt durch die Fjorde und Kanäle des wunderschönen, einsamen südlichen Patagoniens wird mich mindestens noch eine Woche westlich führen, also genau gegen den Wind, bevor ich in einer weiten Schlaufe erst wieder östlich und dann endlich nördlich Richtung Punta Arenas paddeln kann.

Mit mindestens rund 15 Knoten Gegenwind im Gesicht starte ich mit der Kreuzung des Kanals nördlich der Isla Londonderry. Schon am frühen Nachmittag laufe ich recht früh in einen sehr flachen kleinen Meeresarm ein, dessen Zugang und Inneres nur bei Hochwasser überflutet ist. Ich kann mein Kajak gerade so hineintreideln und -zerren. Ich betrete die feuchte Wohnstatt von Dutzenden Enten, die sich glücklich schätzen dürfen, nicht von mir zu Abend verspeist zu werden. Stattdessen baue ich mein Zelt auf einem flachen Grasstück auf, das mit vielen »Hinterlassenschaften« der Federvögel gespickt ist – ein Zeichen, dass dieses Stück nicht überflutet wird? Oder ist das, was hier herumliegt, das Produkt von nur einem Tag? Nachts liege ich eine Stunde wach und peile nach draußen, um zu sehen, wie sich das Inlett des Zeltes mit Wasser füllt und ob mein Zeltplatz trocken bleibt. Zumindest alle Enten sind aufgeschwommen, meine Stoffhütte bleibt gerade so verschont.

Es regnet stark am frühen Freitagmorgen, der Wind ist aber noch ruhig. In dieser Nässe ist das Packen trotzdem kein Vergnügen. Im Morgengrauen ziehe ich mein Kajak mit den Resten des wieder ablaufenden Wassers über einige große Steine außerhalb des schmalen Einganges der Bucht, um nach dem Beladen nicht komplett trocken aufzusitzen. Das Wasser ist unruhig heute, vielleicht kann ich versuchen, im Seetanggürtel direkt neben der Küste etwas Schutz vor dem Wind zu finden.

Mühsam komme ich zwischen den Inseln auf den Kanälen von Fjordland voran. Der Regen fühlt sich fast wie Hagel an, so kalt ist es geworden. Manchmal schaffe ich nur wenige Kilometer pro Tag und höre am frühen Nachmittag schon auf zu paddeln, wenn ich um diese Tageszeit an einem einladenden Landeplatz vorbeikomme. Die sind hier rar gesät. Besonders der unbequeme Aufenthalt auf dem felsigen, hochwassergefährdeten Untergrund auf der Isla Basket erinnert mich ungut an meine Zeit auf der Isla Deceit, meiner persönlichen Hölle. Außerdem machen mich der starke Gegenwind, der fast ständige Regen und der Kampf mit den Kelpschlingen früh mürbe.

Regen, Regen, Regen, auch am 150. Tag meiner Tour! Erst einen Tag später kann ich das Paddeln wieder trocken genießen. Bis fünf Uhr nachmittags bleibt es ruhig, der Himmel ist zur Hälfte blau, ich kann wieder so weit sehen wie seit Tagen nicht mehr. Als ich den Canal Cockburn erreiche, werde ich mit spiegelglattem Wasser und einem herrlichen Regenbogen beschenkt. So motiviert schaffe ich 62 Kilometer und entscheide mich nur, schon gegen 17 Uhr auf der Isla Prowse zu landen, weil es wieder zu tröpfeln beginnt. Der

Strand, den ich mir zum Übernachten auserkoren habe, ist alles andere als ideal: Mein Zelt muss ich auf stinkendem altem Seetang inmitten von angeschwemmtem Müll aufbauen. Ich lege vor meinem Zelteingang einen Teppich aus frischen grünen Blättern aus, um etwas »Reinlichkeit« zu simulieren.

In den nächsten Tagen zeigt sich das Fjordland wieder so, wie ich es erhofft hatte: einfach und angenehm. Die Landschaft wird wieder lieblicher, die Berge sind weniger schroff und felsig. Ich finde einen wunderschönen Zeltplatz auf der Isla Capitan Aracana, direkt auf einem höher gelegenen Grat zwischen zwei Stränden und Buchten. Von beiden Seiten kann ich das Wasser plätschern hören. In der letzten Nacht hatte ich die Geräusche des Flusses im Ohr, in der Nacht zuvor das Rauschen eines Wasserfalls. Die Natur verwöhnt mich!

Beim Zwischenstopp in Punta Arenas gönne ich mir den Luxus, viel frisches Obst wie Bananen, Avocados, Kirschen, Weintrauben und Pflaumen zu kaufen, die alle noch irgendwo im Kajak ihren Platz finden. Zudem habe ich noch einen zusätzlichen Sack mit Lebensmitteln auf dem hinteren Deck angeclippt und rund zehn Liter Trinkwasser geladen.

Die erste Hälfte des Tages paddle ich im Windschatten der Küste. Die Magellanstraße wird wieder schmaler, und ich kann mich immer weiter Richtung Norden orientieren. Meine Ausrüstungsgegenstände, die ich in Punta Arenas in Empfang nehmen konnte, tragen sehr zu meinem Wohlbefinden bei: ein neuer Trockenanzug, mein neues Zelt und ein zweiter Laptop.

Wenigstens ist meine Ausrüstung wieder in perfektem Zustand, denn das Paddeln selbst ist härter, als ich erwartet habe! Dabei ist die erste Etappe bis nach Bahia Woods noch die einfachste, mit dem moderaten Gegenwind und etwas Schutz in den Buchten. Das ändert sich jedoch schlagartig, als ich am Cabo Holland vorbei bin: Der Westwind frischt stark auf, und um mich herum gibt es nur steile Klippen, bis zu mehr als 1100 Meter hoch, keine schutzbietenden Buchten mehr. So lege ich an diesem Tag unter diesen anstrengenden Windverhältnissen zumindest noch 40 Kilometer Strecke zurück und entscheide mich, das Paddeln für heute an einem schmalen Sandstrand auf der westlichen Seite der Bucht zu beenden. Die Wettervorhersage für morgen klingt nicht gut, vielleicht muss ich hier sogar einen weiteren Tag bleiben.

Tatsächlich werden es sogar zwei Tage. Ich nutze die Gelegenheit, meine von Muskelkater geplagten Knochen auszuruhen und viel zu schlafen, zu essen und zu lesen. Am zweiten Tag meines Aufenthaltes wird das Wetter noch schlechter, auch wenn am Nachmittag ein paar vereinzelte Sonnenstrahlen durch die Wolkendecke brechen. Eine Fuchsmutter mit ihren zwei Jungen ist meine einzige Gesellschaft. Ungewöhnlich zutraulich nähern sie sich meinem Zelt. In Deutschland hätte ich sofort den Verdacht, die Tiere seien von Tollwut befallen, so angstfrei gehen sie mit diesem fremdartigen Wesen in seiner roten Höhle um. Nur die Mutter keckert einmal in meine Richtung, wohl um ihr Revier zu markieren. Vorsichtshalber lege ich mir das Paddel und ein paar Steine zu meiner Verteidigung in Reichweite, doch irgendwann ist das putzige Trio einfach verschwunden.

Das schlechte Wetter zwingt mich auch in den nächsten Tagen immer wieder zu unfreiwilligen Pausen. Kein Gedanke an einen Tag auf dem Wasser. Der Regen ist so stark, dass ich mich noch nicht einmal richtig draußen orientieren kann: Wann immer ich das Zelt öffne, schwappt ein Riesenschwung Wasser herein. Nicht besonders einladend!

Die Magellanstraße zeigt sich zum Abschied von ihrer rauesten Seite. Nachmittags frischt der Wind auf bis zu 30 Knoten. Die Öffnung der Meerenge zum Pazifischen Ozean hin bringt die Dünung bis hier herein. Ich kämpfe um jeden Meter. Angesichts der inzwischen recht hohen Wellen überlege ich sogar, zu meinem letzten Landeplatz zurück zu paddeln. Die einzige Chance, weiter voranzukommen, ist die Bucht

Richtung Festland zu überqueren. Doch auch nach diesen vier Kilometern ist die Arbeit für heute noch nicht getan: Ich mühe mich weitere zähe 500 Meter am Festland entlang und muss noch einmal dreieinhalb Kilometer um die Isla Santa Ana zurücklegen. Zwischen der Isla Pilloico und der Isla Santa Ana habe ich kurz etwas Schutz vor Wind und Wellen, kann die Spitze der Insel aber nur mit allerletzter Kraft umrunden. Für die letzten 8,2 Kilometer habe ich mehr als vier Stunden gebraucht! Nach weiteren sechs Kilometern finde ich in der Bahia Clift den nächsten annehmbaren Platz zum Übernachten.

Der Strand hier hat eine seltsame Konsistenz: Das schwarze spitze Geröll liegt auf einem Teppich von Seegras, auf dem man schwingend geht wie auf einem Trampolin. Von Weitem höre ich das Rauschen eines Flusses, und ganz in seiner Nähe entdecke ich eine trockene Grasfläche, die einen wunderbaren Platz bietet, mein Zelt aufzuschlagen. Die Stelle ist vom Wind geschützt, die Brandung kaum von hier zu hören, und mit frischem Trinkwasser bin ich auch versorgt. Was will man mehr, vor allem, wenn es so aussieht, als müsste ich mich wetterbedingt mindestens einen weiteren Tag hier aufhalten? Bei diesen langsamen Fortschritten und vielen Pausen mache ich mir langsam Sorgen, ob mein Proviant und vor allem mein Vorrat an Gaskartuschen zum Kochen bis Puerto Montt halten werden.

In den folgenden Tagen mache ich etwas mehr Strecke, im Schnitt 50 Kilometer pro Tag. Meistens bin ich vor dem ungemütlichen, kräftezehrenden Westwind geschützt. Ein paar Delfine und ab und zu ein malerischer Wasserfall hellen meine Stimmung wieder auf. Auch die Landschaft, dieses Mosaik aus Buchten, Kanälen und kleinen Inseln, wird zunehmend lieblicher. Es sind »nur noch« 360 Kilometer bis zu dem nur vom Wasser zugänglichen Dörfchen Puerto Eden, und für die nächsten Tage ist kaum Wind vorhergesagt. Doch dann unterläuft mir ein verhängnisvoller Fehler: Wegen einer ungenauen Seekarte verwechsle ich die Isla Baverstock, wo ich zuletzt pausiert habe, mit der Isla Rennel und paddele 13 Kilometer tief in eine Sackgasse hinein, die als solche auf den Karten nicht zu erkennen ist. Ich nehme an, dass ich irgendwann schon wieder in nordwestliche Richtung komme, auch wenn ich nun in einem etwas südlicheren Fjord paddle. Doch plötzlich geht es nicht mehr weiter! Ich habe nun zwei Möglichkeiten: Entweder entscheide ich mich für eine 800 Meter lange Portage über Land, oder ich paddle die kompletten 15 Kilometer zurück in den Canal Cutler.

Da der Wind nicht sehr stark ist, entscheide ich mich, zurück zu paddeln. Ich versuche, die verlorene Zeit wieder wettzumachen, und komme erst gegen neun Uhr abends zur Ruhe. Nun weiß ich, dass der auf den Karten verzeichnete Durchgang zwischen den beiden Inselteilen der Isla Rennel nicht existiert! Um in den Hauptkanal Richtung Norden zu gelangen, muss ich erst nördlich um Cabo Dispatch und die Isla Piazza herumfahren. Was für eine Odyssee!

Als ich nach drei weiteren Tagen auf Abwegen endlich um die südöstliche Ecke der Isla Vancouver herum in den Hauptkanal einfahre, bin ich so erleichtert, dass ich Peter auf dem Satellitentelefon in Dänemark anrufe. Normalerweise haushalte ich mit den Batterien für die elektronischen Geräte, doch ich bin einfach zu glücklich, zurück in der Zivilisation zu sein! Ich sehe wieder mehr Leuchttürme, und ab und zu prescht wieder ein motorisiertes Fischerboot an mir vorbei. Auch die Tierwelt wird vielfältiger: Ich sehe wieder Wale und Delfine und werde nachts einmal vom Summen eines Kolibris geweckt. Meine Campingplätze für die Nacht muss ich mir wieder mit Entenfamilien teilen, die meine Anwesenheit mit gespreiztem Gefieder und lautem drohendem Geschnatter kommentieren. Noch 200 Kilometer bis nach Puerto Eden ...

Die für diesen Teil des Fjordlandes typischen Sandfliegen werden in diesen wärmer werdenden Regionen zur absoluten Plage. Ich habe schon in den Fjordlanden Neuseelands lernen müssen, wie man blitzschnell sein Zelt aufbaut, hineinhechtet, die Millionen Fliegen von den Innenseiten des Zeltes abkratzt und sich dann erst innerhalb des Zeltes wäscht und umzieht. Die Biester werden mich nun für viele Wochen begleiten. Alle Aktivitäten sind nun nur noch drinnen möglich, auch das Kochen, Zähneputzen, selbst das Pinkeln, und das alles in einem Topf, natürlich streng in dieser Reihenfolge nacheinander. Für das große Geschäft habe ich reichlich Abfallbeutel dabei. Am Morgen reinigt den »Allzwecktopf« die See, und zwar komplett geruchsfrei. Schockierend? Nein, einfach nur sehr, sehr praktisch.

Obwohl ich immer genau darauf achte, wie hoch das Wasser an meinen Schlafplätzen bei Hochwasser steigen könnte, erwache ich mit dem Gefühl, auf einem Wasserbett zu liegen. Die trockene Wiese in dem Inlett, wo ich auf eine ruhige Nacht hoffte, ist jetzt eine halbe Stunde vor Hochwasser doch noch vielleicht 20 cm hoch überflutet! Ich entscheide mich, ruhig liegen zu bleiben und wie auf einer Luftmatratze im Pool mit meiner Isomatte aufzuschwimmen. Der Zeltboden ist mehr oder weniger wasserdicht, und alle Ausrüstungsgegenstände sind wasserdicht verpackt. Ein merkwürdiges Gefühl ... aber die Tide sinkt schon bald wieder abwärts, und ich kann beruhigt weiterschlafen.

Nächste Nacht, nächstes Inlett, die Mondphase hat das Nachthochwasser gesenkt – diese Wiese bleibt heute garantiert trocken! Ich wache erneut eine Stunde vor Hochwasser auf, tippe meinen Zeigefinger voller Erwartung eines trockenen Grasbodens darunter auf den Zeltboden, aber Mist, es schwabbelt wieder! Ich lache hell auf, als ich merke, dass mein Zeigefinger nur auf einem meiner halb leeren Wassersäcke gelandet ist!

Es wird wärmer auf meinem Weg Richtung Norden, ich komme gut voran. Die meiste Zeit paddle ich schon ohne Handschuhe, und meine Kapuze ziehe ich selten über den Kopf. Es wird nicht mehr allzu lange dauern, bis ich mich am Äquator nach kühleren Temperaturen sehnen werde! Keine

Pause bis Puerto Eden, noch 150 Kilometer, also gut drei Paddeltage. Noch weiß ich nicht, ob mir dort ein paar nette Einheimische eine trockene, warme Unterkunft bieten können, per Internet hat sich keiner melden können. Dieser Ort ist noch völlig abgeschieden!

Kapitel 6
JENSEITS VON EDEN

Chile, Teil 3: Puerto Eden bis Puerto Montt
25.02.–27.03.2012

Die ersten Anzeichen von Zivilisation gibt es schon 20 Kilometer vor Puerto Eden. Aus dem Busch steigt der Rauch eines Lagerfeuers auf, ich sehe Fischerboote und Menschen, die Holz hacken, und immer wieder die kleinen Hütten der Muschelfischer. Hinter einem Felsen steht ein Junge in einem Fischerboot. Es sieht aus, als würde er, angetrieben von einem kleinen Motor, Wasser aus dem lecken Boot pumpen müssen. Doch als ich an ihm vorbeipaddle, macht er Zeichen, dass alles o. k. sei. Später lerne ich, dass unter dem Kahn Taucherfischer verbunden mit einem Luftschlauch an dem Kompressor im Boot arbeiten. Schon bald kommt Puerto Eden in Sicht, ein kleines Fischerdorf mit 200 Einwohnern. Zum kleinen Örtchen am Ende eines weiten Fjordtals führt keine Straße, für mich ein Anblick wie das Paradies selbst. Nur nimmt beim Anlanden niemand Notiz von mir!

Erst als ich mein Gepäck aus dem Kajak lade und zu meinem Zeltplatz am Ende der Rampe schleppe, hilft mir schließlich ein freundlicher Mann, das Boot hinterherzutragen. Arbeiter aus einem nahe liegenden Hostel erlauben mir, meine elektronischen Geräte aufzuladen und eine heiße Dusche zu nehmen. Bei einer netten Nachbarin ist meine Wäsche gut aufgehoben, und innerhalb kürzester Zeit flattert sie sauber an der Wäscheleine. Alles gut!

Es ist höchste Zeit, nach fast vier Wochen in der Wildnis meine Vorräte an Lebensmitteln aufzustocken! Mein

Gang zum einzigen Laden des Dorfes, dem »Supermercado Eden«, führt etwa einen Kilometer entlang einer hölzernen Promenade. Ich klingele, und eine alte Dame öffnet die Tür zum Laden, dessen Ware wohl etwa das gleiche Alter haben dürfte wie die Dame selbst. Sie erlaubt mir, hinter den Tresen zu kommen und mir die wenigen Dinge, die ich aus ihrem Sortiment gebrauchen kann, selbst herauszupicken. Ich kaufe Spaghetti, ein Stück Käse, ein paar Süßigkeiten und Kartoffelchips. Das restliche Angebot besteht hauptsächlich aus Alkoholika. Haferflocken oder Müslis gibt es nicht, das heißt, ich muss meine Frühstücksportionen halbieren. Ich habe noch zehn Päckchen, bin aber bis Puerto Montt wahrscheinlich noch 20 Tage unterwegs. Für die Abendessen, die noch auf dieser Strecke liegen, reichen die Spaghetti. An Frischgemüse oder Obst gibt es außer Kartoffeln, Zwiebeln und zwei Zitronen nur ein paar Rosinen. Etwas Pulver mit Fruchtgeschmack für meine Trinkflasche wird hoffentlich meinen Appetit auf Obst ein wenig befriedigen können.

Um fünf Uhr morgens reißt mich das Gackern aus dem nahen Hühnerstall aus dem Schlaf. Ich paddle lange Zeit auf der östlichen Seite des Kanals, nur wenige Zeltmöglichkeiten bieten sich an. Als endlich ein erster schmaler weißer Kieselstrand kommt, bin ich noch stolz auf mich, dass ich der Versuchung nicht nachgebe und an ihm vorbeifahre, doch schon am zweiten bleibe ich hängen. Ein trockener, sauberer, ebenerdiger Zeltplatz ist hier Mangelware, da kann ich nicht widerstehen! Später merke ich, dass dieser Platz nur mit Ohrstöpseln ein Genuss ist. Es ist laut, wenn die Kiesel von den Wellen durchspült werden, die die gelegentlich im Hauptkanal vorbeifahrenden Schiffe verursachen.

Aber solche Kiesstrände würde ich noch zu schätzen wissen! Schon wenige Tage später sind kaum noch gute Plätze zum Anlanden zu finden. Manchmal übernachte ich einfach auf großen Felsbrocken. Die nächste große Herausforderung wird die Querung des Golfo de Penas sein. Ich bekomme die Wetterdaten für die nächsten fünf Tage. Zu Beginn noch freundlich, werden hässliche Gegenwinde von rund 20 Knoten erwartet. Nicht gut für die Querung. Es bedeutet, dass ich damit rechnen muss, mehrere Tage an irgendeinem Strand hängen zu bleiben. Wenn ich an meine nicht unerschöpflichen Energie- und Nahrungsmittelressourcen denke, erscheint mir ein Umweg zur nächstgelegenen Marinestation auf der Isla San Pedro nicht unvernünftig. Das wären nur rund 20 Kilometer zusätzlich.

Doch zuerst verbringe ich eine Nacht auf einem felsigen Strand im Canal Puddemann. Die Marinestation kommt erst hinter der Isla Penguin in Sicht. Vorsichtshalber kündige ich meine Ankunft in zweieinhalb Stunden noch einmal per UKW-Radio an. Scheint so, als hätte der Empfänger verstanden. 40 Minuten vor meiner Landung fragt er noch einmal nach der Ankunftszeit und meiner derzeitigen Position.

Das Haus und den Landeplatz kann ich schon gut erkennen, doch wo ist mein »Begrüßungskomitee«? Niemand zu sehen! Der Anlegesteg ist für größere Boote ausgelegt, kein flacher Strand liegt in der Nähe für eine einfache Landung mit meinem Kajak. Beim wackeligen Entladen am hohen Steg geht mir fast einer meiner Gepäcksäcke und eine meiner Gaskartuschen verloren. Ich kann gerade noch rechtzeitig hinter ihnen herhechten. Wie gut, dass ich meinen Trockenanzug trage!

Ich ziehe das leere Boot über die hölzerne Kante des Steges, sichere es und lege meine Gepäckstücke auf einen Haufen. Komisch, immer noch keine Menschenseele zu sehen. Ich werde wohl hoch zum Haus gehen müssen, um jemanden zu treffen. Beherzt packe ich die wichtigsten Ausrüstungsgegenstände und balanciere sie auf dem nicht sehr vertrauenerweckenden, wackeligen Holzsteg Richtung Bürogebäude. Die Tür steht offen, also erwartet mich doch jemand. Doch je näher ich komme, desto gruseliger wird mir. Das Haus, das von Weitem noch so intakt und bewohnt aussieht, ist ein Geisterhaus! Mit wem habe ich denn dann telefoniert? Dies ist die Isla San Pedro, dies ist der einzige Steg, und dies ist das einzige Haus, das ich sehe …

Ich rufe nochmals an und erfahre, dass ich an der alten stillgelegten Station bin. Das neue Gebäude läge weiter nordöstlich, und der Steg führt tatsächlich hinter dem Haus weiter. Ich könne gerne vorbeikommen, um mich mit Proviant zu versorgen. In der angegebenen Himmelsrichtung sehe ich ein paar Antennen über den Hügel ragen. Also mache ich mich schwer beladen auf der morschen Promenade auf, die 2,5 Kilometer zum neuen Gebäude hinüberzulaufen. Ich hoffe, der Boden unter mir hält mein Gewicht aus! Hinter der nächsten Kurve entdecke ich die neue Station. Als ich das Brummen des Stromgenerators höre, weiß ich, dass das hier kein Geisterhaus mehr ist.

Ein junger Mann kommt aus dem Gebäude, diesmal kein schicker Marineoffizier in Uniform, die normalerweise mit ihren Familien auf solchen Stationen leben. Hier herrscht eine reine Männerwirtschaft! Mir wird etwas mulmig, bin ich hier in die Höhle des Löwen geraten?

Bei näherer Betrachtung entpuppen sich die Löwen als vier nette und gut erzogene junge Männer. Juan, der Boss der Station, scheint alles im Griff zu haben und achtet sehr wohl auf Ordnung und Sauberkeit. Mit meinem gewohnten »Spanglisch« versuche ich etwas Konversation zu betreiben und checke mit den Jungs im Internet die Wettervorhersage für die nächsten Tage. Die klingt gar nicht gut: Für die nächsten Tage ist Nordwind von etwa 20 Knoten angesagt. Ich denke, ich werde hier einige Zeit verbringen müssen, auch wenn es mich in den Fingern juckt, die Reise fortzusetzen. Hier habe ich zumindest Essen, Strom und eine heiße Dusche! Familienleben mit Ehefrau und Kindern gibt es hier nicht, ihre Freizeit gestalten die Jungs anders: Ich entdecke eine gut bestückte Bar, Tischfußball, einen Billardtisch und sogar ein kleines Fitnessstudio – Männerspielzeug …

Der angekündigte Sturm bricht über Nacht über uns herein, begleitet von heftigem Regen, fast so schlimm wie das, was ich am Kap Hoorn erlebt habe. Hier bin ich allerdings gut geschützt in der Navy Station – Gott sei Dank. Nur über mein Kajak mache ich mir die ganze Nacht Sorgen. Wird es am nächsten Morgen noch da sein?

Es ist noch da, nur der Sturm will sich nicht beruhigen. Ich sehe sogar, wie das Dach der alten Station fast abhebt und davonzufliegen droht. An eine Weiterfahrt ist so nicht zu denken!

Nach fünf Tagen auf der Marinestation auf der Isla San Pedro heißt es endlich: zurück aufs Wasser! Juan und José helfen mir, das Kajak während des Starts so zu fixieren, dass ich hineinspringen und schnell vom Land wegmanövrieren kann. Die ersten Kilometer kämpfe ich noch mit einer drei bis vier Meter hohen Dünung. Dann hilft mir ein Wind aus Westnordwest und die günstige Strömung, sodass ich mit rund sieben Kilometern pro Stunde gut vorankomme – bis ich in eine Gegenströmung gerate und die Geschwindigkeit sich drastisch verringert. Da sich die Sicht auf die Küste verschlechtert, bemerke ich auch wieder erste Anflüge von Seekrankheit. Ich bin die Dünung des offenen Meeres nicht mehr gewöhnt. Anstatt mich weiter von der Steilküste mit ihren sich überlagernden und reflektierenden Wellen zu entfernen, bleibe ich so nah wie möglich in Ufernähe – eine Entscheidung, die der immer wiederkehrenden Übelkeit nicht gerade förderlich ist.

Alle möglichen Landebuchten stellen sich zuerst als alles andere als geschützt heraus. Für eine davon muss ich mich jedoch entscheiden, trotz der mächtigen Felsbrocken, die über den Strand verteilt sind. Es bleibt mir nichts anderes übrig, als mein Zelt auf einer wackligen, schmalen Plattform zu errichten, die ich mir aus den angeschwemmten Fischkisten und Brettern zusammenbaue. Doch über Nacht löst sich meine Schlafplattform in ihre Einzelteile auf, und der Wind schlägt mir permanent die Zeltwand ins Gesicht. Die Geräusche des Windes und der Brandung lassen mich lange nicht einschlafen.

Von Tag zu Tag wird die Küstenlinie nun wieder freundlicher und weniger bergig. Es sieht fast so aus, als könne man hier herrlich auf Küstenpfaden wandern. Eine kleine felsige

Bucht reiht sich an die nächste, die hohen Berge sind weit ins Hinterland gerückt. Bis zur nächsten Flussmündung, wo mich eine geplante Portage erwartet, komme ich bei leichtem Wind mit rund 50 Kilometern Strecke pro Tag gut voran. Blauer Himmel und eine ganze Reihe bizarr geformter Kalksteinformationen voller Bögen, Höhlen und Wasserfälle sorgen für gute Laune. Auch die Buchten und Strände zum Übernachten sind so, wie ich es liebe: schmale weiße, saubere Kiesstrände ohne Kelp und Müll, gut geschützt vor der Brandung und angenehm still und sonnig. Ich genieße es sogar, bis zum Hals ins Meer zu steigen und mich von der warmen Sonne trocknen zu lassen – weit genug entfernt von dem riesigen stinkenden Fleischhaufen, der einmal ein Wal war und den ich später bei der Abfahrt von meinem paradiesischen Strand entdecke.

Bis Bahia Kelly liegt eine fast unheimliche Atmosphäre über der Landschaft. Schwarze und dunkelviolette Wolkenfelder lassen Weltuntergangsstimmung aufkommen. Aus den vielen Höhlen dringen seltsame Geräusche, entweder das Bumm-Bumm-Bumm der Brandung oder das Gebelle einer Seehundkolonie von wohl zweihundert Tieren, die unter einem der vielen Felsenbögen leben. Verstärkt wird dieser Eindruck des Bizarren, Märchenhaften noch durch die Geier, die mit den Seehunden in diesen Höhlen in einer merkwürdigen Symbiose leben und sich gerade an einem verendeten Baby oder den Seehundfäkalien laben, die noch unverdaute Reste enthalten. Ich sehe Bäume, die auf Bäumen wachsen und eine große Anzahl penisförmiger Felsspitzen. Ist das alles real, oder bin ich schon zu lange unterwegs?

Die nächste große Herausforderung kommt, die historische »kleine Boote«-Portage zur Laguna San Rafael. Ein GPS-Punkt markiert die Einfahrt in die Flussmündung, wo ich das Kajak zirka 1,5 km über Land transportieren muss, um weiterzukommen. Doch die ist gar nicht einfach zu finden! Immer wieder bleibe ich fast auf den zahlreichen Sandbänken hängen oder paddle in Sackgassen, dabei ist dieser Punkt laut

Karte nur noch rund 1,6 Kilometer entfernt. Ich muss die Hauptströmung finden, offensichtlich paddele ich zu sehr an der Seite des weiten Deltas. Nach ein paar Abstechern in die falschen Arme des Flusses entscheide ich mich für den linken und liege genau richtig. Ich paddele durch einen Wald toter Bäume, das Wasser ist schwarz und glatt, und es herrscht absolute Stille. Bis ich plötzlich jemanden sprechen höre ... Fange ich jetzt an, verrückt zu werden?

Ich lausche noch einmal, nichts. Dann wieder: Da reden doch zwei Menschen! Zwei Faltboot-Fahrer kommen mir entgegen, Italiener, wie sich herausstellt. Sie planen, von einem kleinen Dorf dreizehn Kilometer nördlich von hier in die andere große Gletscherlagune des Ventisquero San Quintin zu paddeln. Mit ihren Faltbooten könnten sie im Zweifel auch ein Stück am Strand entlanglaufen, denn die beiden sehen so aus, als würde nur ein kleiner Schubs reichen, um sie zum Kentern zu bringen, so schwer bepackt sind sie mit ihren riesigen Decktaschen! Sie deuten auch an, dass sie nicht wirklich Paddler sind, eher Bergsteiger, die mal ein anderes Abenteuer erleben wollten. Einer von beiden hat mich als die Frau erkannt, die um Australien gepaddelt ist. Die Welt ist klein!

Auf dem Weg zur Ausstiegsstelle gleite ich auf einer spiegelglatten Wasseroberfläche. Ich fühle mich, als wäre ich betrunken, ich sehe alles doppelt. Die Abzweigung in den kleinen Seitenarm des Flusses finde ich jetzt ohne Probleme. Jemand hat die Stelle mit einem blauen Stück Stoff markiert. Hier biege ich ab und bin schon ganz nah an meinem GPS-Punkt! In 150 Metern Entfernung sehe ich den Beginn eines Art Trampelpfades, den wohl auch die beiden Jungs rund zwei Stunden zuvor gegangen sein müssen. Der Pfad ist durchsetzt von zahlreichen Wasserlöchern, der feuchte Boden gibt immer wieder nach. Mein Paddel benutze ich als Wanderstab. Und plötzlich passiert es: Mit dem rechten Bein versinke ich bis zum Knie in einem Schlammloch, das eigentlich ganz harmlos und trittfest aussah. Eine Sumpffalle wie aus einem Horrorfilm. Verzweifelt versuche ich, mein

Bein zu befreien, denke sogar daran, meine Sandale, den Stiefel und die Neoprensocken im Sumpfloch stecken zu lassen oder den unteren Teil des Trockenanzugs abzuschneiden. An mein Messer komme ich nicht heran, doch ich schaffe es schließlich, mich nach gewaltiger Anstrengung zu befreien. Wenn ich mit beiden Beinen in diesem Sumpf stecken geblieben wäre, dann wäre es aus mit mir gewesen!

Vorsichtig kämpfe ich mich weiter den Pfad entlang und entdecke endlich Spuren der beiden Italiener. Ich bin wohl rund 50 Meter zu weit gepaddelt und muss das Kajak und mein Gepäck nur rüber zu dieser Stelle schleppen, die der richtige Beginn des sicheren Pfades für die Portage ist. Ich entlade die drei schweren Gepäckstücke und schleppe jedes einzeln an eine trockene, erhöhte Stelle das Paddel als Wanderstab immer bei mir. Dann ziehe ich das Kajak hinterher. Auf die gleiche Art ziehe ich meine Ausrüstung 100 Meter weiter zur nächsten trockenen Stelle, und dann noch einmal 300 Meter den Pfad entlang. Irgendwann bin ich mit meinen Kräften am Ende und beschließe, an der einzigen trockenen Lagerstelle mein Zelt für die Nacht aufzuschlagen. Schon komisch, mein Kajak hier mitten im Grünen liegen zu sehen. Kein offenes Wasser weit und breit. Kaum habe ich mein Camp aufgebaut, beginnt es auch schon heftig zu regnen. Perfektes Timing.

Es gibt wirklich schönere Arten, den Sonntag zu verbringen, doch der zweite Teil der Portage steht mir noch bevor. Ich komme mir vor wie beim »Dschungelcamp« oder wie eine Slapstick-Version von Crocodile Dundee, aber ich habe mich schließlich für diesen Weg entschieden. Diesmal verzichte ich auf meinen Trockenanzug, der bei dieser körperlichen Anstrengung einfach zu warm ist, und schultere meine Gepäckstücke für die nächste Etappe. Insgesamt fünfmal muss ich den Weg zur Lagune zurücklegen, durch Wasserlöcher, matschige Pfade, kleine Gräben und dicksten Dschungel. Ich entledige mich sogar meiner Wasservorräte und schmelze später einen Eisbrocken aus dem Gletscher. Faszinierend, Millionen Jahre altes Wasser zu trinken! Mein armes Kajak muss ich mehrmals über umgefallene Bäume zerren. Beim letzten Baum vor dem Lagunenstrand reißt mir der Buggriff, ich lande passenderweise im hohen Bogen auf meinem Hintern und rutsche fast in die Lagune. Aber ich habe es geschafft!

Die Laguna San Raffael besticht am nächsten Paddeltag mit ihren in der Sonne glitzernden bizarren Eisbergen, ein kräftiger Gezeitenstrom zieht mich hinaus. Derselbe starke Strom hindert mich später entgegengesetzt daran, gerade noch um eine Landspitze herumzupaddeln, um einen schönen Strand zum Zelten anzusteuern. Das Ziel lässt sich aber auch mit einer Portage durch ein Felsentor erreichen, und ich zerre und ziehe meine gesamte Ausrüstung über buckelige Felsen.

Einige Tage später bemerke ich in der Ferne am Horizont den Umriss eines »Dings«, das ich nicht identifizieren kann. Eine Lachsfarm oder eine andere Art von Plattform für die Fischindustrie? Ich kann es lange nicht einordnen. Plötzlich fliegt ein Hubschrauber über die mich umgebenden Inseln und landet auf dieser mysteriösen Plattform. Das muss wirklich eine der ganz großen sein, wenn sie sich schon von Helikoptern versorgen lassen! Als ich näher komme, bemerke ich, das ist keine Plattform, sondern ein großes Schiff, auf dessen Deck zwei knallrote Helikopter parken. Ist das eine Fähre oder ein Forschungsschiff der Marine? Ich wage mich ganz nah heran, als plötzlich der Kopf eines Mannes über die Reling ragt: Fernando erklärt mir, dass dies ein privates Schiff sei, ein Expeditionsschiff für wohlhabende Menschen, die sich damit einen luxuriösen Angelurlaub ermöglichen. Das erklärt auch die Ausstattung wie die beiden Helikopter, zahlreiche Rafts, Jetskis, Kajaks und eine Menge Angelausrüstung. Das Schiff sei ausgelegt für rund 28 Menschen, dazu eine Crew von 32 Personen. »Willst du nicht an Bord kommen und dich umschauen?«, ruft Fernando mir zu. Natürlich! Das ist einfach zu interessant. Das findet Fernando umgekehrt auch, als er den Grund meiner Reise erfährt und welche Strecke ich schon hinter mir habe. Er bittet mich, so lange zu bleiben, bis der Besitzer und seine Gäste von ihrem Tagesausflug zurück seien. Vielleicht könne ich sogar über Nacht bleiben und von meinen Abenteuern erzählen?

Was für eine Frage! Natürlich bleibe ich. Kurz darauf lerne ich Andrés kennen, einen wohlhabenden chilenischen Banker, dessen Schiff »Nomad of the Sea« in Puerto Montt beheimatet ist. Der stellt mich der Crew und den Gästen vor, und einem unterhaltsamen Abend steht eigentlich nichts mehr im Wege!

Da ist nur eine Sache: Die »Nomad« ist nun bei Nacht auf dem Weg Richtung Norden zurück nach Puerto Montt. Ich würde also einige Kilometer als Anhalter mitfahren und diese damit überspringen – wo ich doch eigentlich immer strengstens darauf geachtet habe, dass meine Südamerika-Umrundung keine Lücken aufweist! Doch da ich mir ja selbst meine eigenen Regeln setze und dieser Aufenthalt hier an Bord einfach zu verlockend ist, lasse ich das Kajak hochziehen, inspiziere meine luxuriöse Kabine und freue mich auf einen netten Abend. Heute sind nur sechs Gäste an Bord, alle Freunde des Besitzers selbst, und alles Mitglieder der weltweiten »YPO – Young President's Organization«, einem Netzwerk erfolgreicher junger Unternehmer. Während ich eine heiße Dusche genieße, gönnen sich die Männer einen kleinen Ausflug per Helikopter auf den Gletscher, um dort einen Drink zum Sonnenuntergang zu nehmen. Als alle wieder an Bord sind und es weitere Drinks zur Vorbereitung auf das Abendessen gibt, bemerke ich etwas, das mir gar nicht gefällt: Sobald das Schiff auf die offene See fährt, werde ich seekrank! Gerade noch rechtzeitig hänge ich über der Schüssel meiner Kabinentoilette, mein Magen rollt genauso wie die See da draußen. Ich muss mich hinlegen und bin fast verzweifelt, dass ich ausgerechnet heute Abend wohl keine interessante Gesellschaft mehr bieten kann. Erst als die »Nomad« auf der Höhe der Isla Grande de Chiloe in ruhigeres Fahrwasser kommt, kann ich zumindest für eine Stunde aufstehen und wie erhofft den Herren beim Dinner Gesellschaft leisten!

Auch über Nacht verringert das Schiff nicht wirklich seine Geschwindigkeit. Mit Schrecken fällt mir wieder ein, dass ich ja jeden Kilometer, den wir nun zurücklegen, noch einmal paddeln muss! Was hatte Andres gesagt, wie weit es bis Puerto Montt sei? 100 Kilometer? Als das Schiff am nächsten Morgen um sechs Uhr auf der Höhe der Caleta Leptepu zum Halten kommt, sind es 250 Kilometer! Wie komme ich bloß wieder zurück zu dem Punkt bei Bahia Tic Toc, wo ich das Schiff bestiegen habe? Fährt die »Nomad« vielleicht die gleiche Strecke noch einmal mit neuen Gästen zurück? Oder – eine verrückte Idee – könnte mich der Helikopter dorthin zurückbringen? Mit meinem Kajak, befestigt an der Kufe?

Ich spreche mit Andrés über meine Situation, und die Lösung ist schnell gefunden: Tatsächlich fährt das Schiff mit neuen Gästen von Puerto Montt aus wieder zurück Richtung Süden. Die »Nomad« ist immer drei Tage unterwegs: am ersten Tag steht eine Kajaktour durch den Archipel auf dem Programm, Pinguine und Seehunde beobachten mit dem Jet-Boot und ein Ausflug mit dem Helikopter auf den Gletscher, wie ich ihn gestern mitbekommen habe. Für den zweiten Tag – also heute – ist eine Rafting-Tour geplant, zu der die Gäste mit dem Helikopter gebracht werden. Nach einem fantastischen Frühstück kann ich zwar nicht an der Rafting-Tour teilnehmen, da das Boot schon voll ist, bekomme aber einen Freiflug mit dem Helikopter. Kaum sind die Männer wieder zurück, steht schon der nächste Programmpunkt an: Fliegenfischen im nahe gelegenen Fluss. Wieder darf ich beim Helikopterflug mit dabei sein, um die Männer dort abzusetzen. Am Fliegenfischen selbst bin ich nicht so interessiert. Für den Abend ist ein Dinner auf einer Wiese nahe einer heißen Quelle geplant, und wieder ist der Hubschrauber am Start. Daran könnte ich mich gewöhnen, so schnell, warm, bequem und trocken ist diese Art von Transport. Das genaue Gegenteil von meiner Art zu reisen! Und das Barbecue ist fantastisch: In der Nähe einer gemütlichen Holzhütte wird ein ganzes Lamm für uns gegrillt, dazu ein paar Hühner, Kartoffeln und Salat, dabei sind wir nur acht Personen. Als Krönung dieses wunderbaren Abends gönnen wir uns noch ein Bad in den heißen Quellen – natürlich mit einem Glas Champagner in der Hand. Was für ein Leben ...

Mit dem letzten Tageslicht fliegen wir zurück zum Schiff. Dort genießen wir eine kurze Fahrt in den sehr engen Fjord Estero Quintupeo. Wir ankern, und der Kapitän wirft ein paar starke Scheinwerfer an, um die Felsen und den Wasserfall magisch zu illuminieren. Später ziehen sich die Männer zu einem vertraulichen Business-Meeting zurück, ich nutze die Zeit, um meine Blogeinträge zu aktualisieren. Morgen werden wir in Puerto Montt sein. Dort wird der Freundeskreis von Bord gehen, eine neue Reisegruppe an Bord kommen.

Für mich bedeutet das, dass ich nun hinunter zur Crew ziehen muss, die nächste Gruppe zahlender Gäste belegt alle oberen Kabinen. Da ich nur einen Platz auf dem Fußboden der einzigen »Mädchenkabine« finde, kann ich mich wieder an die härteren Bedingungen des Campens in der Wildnis gewöhnen. Doch dazu kommt es nicht: Ich finde doch ein Bett, allerdings in einer Dreier-Männerkabine. Einer der Männer ist gar nicht da: Er beobachtet von der Brücke aus die halbe Nacht das Wetter, der andere beobachtet mich. Sehr interessant, das Leben auf dem Schiff auch noch von dieser Seite kennenzulernen. Als kleines Dankeschön für die tolle Gastfreundschaft an Bord begleite ich auf Bitten von Andrés am nächsten Morgen die Kajakgruppe für ein paar Stunden, bevor ich mich wieder auf den Weg mache, genau von dem Punkt, wo ich ausgestiegen war! Trotz der wunderbaren Tage auf der »Nomad« freue ich mich auf meine alte Routine und die Freiheiten des individuellen Reisens. Noch vier Tage bis Puerto Montt und von dort aus noch vier weitere Wochen nach Valparaiso, bis ich für eine mehrwöchige Pause erst einmal zurück nach Deutschland fliege ...

Kapitel 7
ENDSPURT NACH VALPARAISO

Chile, Teil 4: Puerto Montt bis Valparaiso
28.03.–02.05.2012

Endlich wieder auf offener See! Nach einem arbeits-, aber auch erholsamen Zwischenstopp in der Stadt erlebe ich am nächsten Morgen wieder einen »echten Seekajaktag« an der ungeschützten Pazifikküste mit hoher Dünung. Ich habe Glück, die Gezeitenströmung zieht mich mit zehn Stundenkilometern geradezu aus dem letzten Kanal heraus. Später am Nachmittag belebt sich die See, die Dünung erreicht vier Meter Höhe. Dazu kommen noch die Brecher, die von den Riffs zurückgeworfen werden. Ich paddle so weit wie möglich auf einer direkten Linie von Punta Pupelde nach Punta Puga und sehe mit Sorge die Linie weißer Wellenkämme vor dem Festland liegen – keine Chance, dort irgendwo zu landen! Also heißt es weiterpaddeln, um an Punta Puga vorbeizukommen. Ich bin beeindruckt von der Wildheit der Natur: Vor dem Festland liegen zahlreiche große Felsen und kleine Inselchen. Ich traue mich nicht, durch eine der Spalten zwischen den Felsen zu paddeln und nehme lieber einen sicheren Umweg von drei bis vier Kilometern in Kauf, um dann ganz entspannt »von hinten durch die Brust ins Auge« an dem Sandstrand in der Bucht zu landen. Glück gehabt, ein sicherer Landeplatz für heute!

Sichere Landeplätze – das wird auch das wichtigste Thema der nächsten Tage werden. So großartig die Szenerie auch ist, die Brecher und die Brandung sind meist so furchteinflößend, dass man sie am liebsten gar nicht sehen möchte.

Karel, mein holländischer Freund mit Wohnsitz in Israel, der mich zweimal täglich mit präzisen Wetterinformationen versorgt, gibt mir eine Vorhersage durch, die mich dazu bringt, erst einmal dort zu bleiben, wo ich bin, in Caleta Quedal. Es sind flotte Windstärken von 15 bis 20 Knoten aus südwestlicher Richtung vorhergesagt, allerdings in Verbindung mit Wellen von bis zu 6,5 Metern Höhe – keine gute Kombination! Mein Limit liegt bei vier Metern. Ich bin nicht mehr im geschützten Fjordland unterwegs!

Auch der nächste Tag ist kein wirklich guter Paddeltag. Es hat die ganze Nacht geregnet, und die Sonne löst die Wolken nur langsam auf. Das bedeutet schlechte Sicht, und das wiederum: Ich werde seekrank, wie immer, wenn ich den Horizont nicht erkennen kann. Mein Frühstück wollte ich eigentlich hier auf dem Wasser einnehmen, doch als ich die Bahia San Pedro bei vier Meter hohem Seegang überquere, wird mir schlecht.

Hinter Punta Condor entdecke ich die erste gute Landestelle nach der Überquerung, ich habe heute aber erst 20 Kilometer Strecke geschafft. Zu wenig, um den Tag schon zu beenden, also paddle ich noch einmal weiter aus der Bucht heraus. Der Seegang beruhigt sich, mein Magen auch. Ich bekomme noch einen Apfel und ein paar Karotten herunter, auch wenn der Wellengang, der von den hohen Klippen zurückschlägt, das Wasser ungemütlich durcheinanderwirbelt. Etwas weiter nördlich entdecke ich eine Flussmündung, die eine geschützte Landemöglichkeit bietet. Ich entscheide mich für die rechte Seite, doch ich unterschätze die Brandung in der Bucht. Man kann, von außen betrachtet, nie erkennen, wie stark und hoch die Wellen sein werden!

Ich lege meine Schwimmweste an, setze meinen Helm auf, hake meine Rettungsleine und meine Paddelsicherung aus und lasse mein GPS unter Deck verschwinden. Vorsichtig nähere ich mich dem Festland, doch eine Brandungswelle reißt mich um. Ich muss rollen und schaffe es erst im zweiten Anlauf, wieder hochzukommen. Mit leerem Magen bin ich einfach zu schwach. Zu allem Unglück fühle ich an den Pedalen, dass sich auch noch mein Steuer auf einer Seite komplett verhakt hat. Steuerlos bin ich der nächsten Welle ausgeliefert, die auf mich kracht. Dabei bin ich schon so nah am Strand, fühle mich aber einfach zu ausgelaugt, um noch einmal zu rollen. Ein paar weitere gnädigere Wellen spülen mich an Land.

Wie immer bei solch besonders missglückten Landemanövern habe ich natürlich auch hier Publikum: Vier Einheimische beobachten meine unelegante Aktion, einer von ihnen ist sogar sprungbereit, um mich vor dem Ertrinken zu retten. Die Situation war aber nicht lebensgefährlich, sondern einfach nur peinlich. Trotzdem danke. Ihr Respekt für mich steigert sich deutlich, als ich ihnen erzähle, woher ich komme und wie viele Kilometer ich schon hinter mir habe. Gemeinsam schleppen wir mein Boot und das Gepäck zu einer trockenen Stelle oberhalb des Strandes. Eine Einladung, in der örtlichen Schule zu übernachten, schlage ich dankend aus, ich will morgen frühzeitig aufbrechen. Das erste Tageslicht habe ich erst nach acht Uhr. Auf dieser Hälfte der Erdkugel wird es langsam Herbst!

Je nördlicher ich an der chilenischen Küste paddle, desto sanfter wird die Landschaft. Nach den hohen schroffen Steilküsten, an denen ich seit Puerto Montt entlanggekommen bin, sehe ich immer öfter flache, breite Strände. Auch der Seegang geht selten höher als vier Meter. Über Punta Galera paddle ich weiter Richtung Bahia Bonifacio. Inzwischen kann ich Tag 225 auf meinem Kalender abhaken. Ich sehe viele Pelikane um mich herumfliegen, sogar ein paar Pinguine kann ich noch sichten. Wie weit nördlich werde ich diese kleinen befrackten Gesellen noch treffen? Auch eine zunehmende Anzahl von fetten Riesenquallen bevölkern das Wasser, manchmal bis zu einem Meter lang, in Weiß und Pink. Brennen die? Ich versuche, sie nicht zu berühren.

Die Nächte sind kalt und feucht, und selbst mein Schlafsack hält mich kaum noch warm. Will ich früher als acht Uhr morgens aufbrechen, muss ich ein triefend nasses Zelt einpacken. Auch abends muss ich nun darauf achten, dass ich noch mindestens eine Stunde Sonne habe, um alles noch einmal von den letzten Strahlen des Tages durchtrocknen zu lassen.

Ein großes Marineschiff von der »Gobernacion Maritimas« in Valdivia taucht auf. Gleich mit zwölf Mann ist das Schiff besetzt, das zu mir herausfährt. Ich muss den chilenischen Steuerzahler eine Menge Geld kosten! Die erste Aufgabe der Besatzung ist wohl: Können wir die Paddlerin finden? Das ist anhand meiner Blog-Einträge, dem Zeitpunkt meines Aufbruchs und der durchschnittlichen Paddelgeschwindigkeit in ruhiger See nicht so schwer. Ein Beiboot wird zu Wasser gelassen, und drei der Männer fahren zu mir herüber. Da bin ich wohl ein willkommenes Objekt für eine solche Ausschiffübung. »Ist alles o. k.?«, fragen sie. »Ja, natürlich«, antworte ich, »bei dieser ruhigen See ...« »Wie fühlst du dich? Geht es dir gut?« Wie ich mich fühle? Perfekt, sonst wäre ich wohl nicht hier draußen. »Brauchst du noch etwas?« Nein danke, ich bin rundum versorgt. »Was ist dein nächstes Ziel?« »Bahia Bonifacio«, erwidere ich. Und der nächste Hafen? Leider nicht Valdivia, sondern Talcahuano, und dann Valparaiso. »Dürfen wir ein Foto von dir machen?« »Nein, natürlich nicht!« Ich blicke in verdutzte Gesichter, doch dann lachen wir gemeinsam, als sie verstehen, dass ich nur einen Witz gemacht habe. Danke für die gegenseitige Ablenkung! Dann geht es weiter in Richtung Valparaiso. Gut drei Wochen werde ich bis dort wohl noch brauchen.

Der Weg dorthin ist nicht ganz ohne. Die Wetterverhältnisse wie der undurchdringliche Nebel und die teilweise lebensgefährlichen Bedingungen zu landen führen dazu, dass ich zwischen Bahia Nihue bis Quidico eine Nacht auf dem Wasser verbringen muss. Als ich am Morgen den Kopf aus dem Zelt stecke, ist es so neblig, dass ich noch nicht einmal die Wasserkante sehen kann, obwohl ich nur rund 100 Meter davon entfernt campe. Den Start hätte ich mir trotz der eingeschränkten Sicht noch zugetraut. Es ist Ebbe und die

Brandung nicht sehr stark, doch auf den nächsten 80 Kilometern kann ich auf den Karten keinen sicheren Landeplatz entdecken. Auch Puerto Savedra wäre mehr als eine Tagesstrecke entfernt. Dazu kommt, dass der Seegang in den nächsten Tagen von moderaten zwei auf vier Meter und mehr ansteigen soll. Unter diesen Umständen wäre eine Landung zu gefährlich, wahrscheinlich sogar komplett unmöglich. Ich bin hin und her gerissen, ob ich starten oder bleiben soll. Wenn ich zu lange warte, könnte ich für fünf Tage oder noch länger an diesem Strand festsitzen. Am liebsten würde ich diesen Tourenabschnitt überspringen, doch das passt nicht zu der Gewissenhaftigkeit, mit der ich bis jetzt keinen einzigen Kilometer auf meiner Reise ausgelassen habe. Gegen elf Uhr lichtet sich der Nebel, die Sichtverhältnisse verbessern sich, und ich schaffe es, trocken aufs Wasser hinauszukommen. Ich traue mich kaum, die Brandung längs der Küste genau zu beobachten, denn schnell wird klar, dass mich eine mehr als ungemütliche Landung erwarten wird.

Oder sollte ich einfach über Nacht weiterpaddeln und erst wieder in Quidico an Land gehen? Auf nächtliches Paddeln habe ich mich vor dem Aufbruch nicht richtig vorbereitet. Aber mit einer weiteren Jacke und genug Lebensmitteln in Reichweite müsste es gehen.

Zu Beginn der Nacht ist der Himmel noch wolkenlos, Sterne und Sternschnuppen glitzern. Als Wolken aufziehen, halten mich die Lichter der Siedlung von Puerto Savreda am Festland auf Kurs. Gegen Mitternacht sehe ich weit entfernt die Lichter eines Schiffes. Für gut eine Stunde dient es mir als Ersatzleuchtturm, dann verschwindet es in der Dunkelheit.

Gegen halb vier am frühen Morgen ist es komplett dunkel, kein Mondlicht, keine Sterne, keine Häuser oder Autos am Strand, nur ein dunkelgrauer Himmel. Ich halte mich so weit wie möglich vom Land entfernt, allein schon, um den Lärm der Brandung nicht ständig im Ohr zu haben. Es beginnt zu regnen, ich fröstele. Jetzt bloß nicht einschlafen!

Im Autoverkehr wäre der Sekundenschlaf, der mich immer wieder überfällt, tödlich, hier auf dem Wasser kann ich mir das bei diesen ruhigen Wetterverhältnissen zumindest kurz erlauben. Dennoch bin ich die ganze Zeit gesichert und muss nur darauf achten, nicht zu nah an die Klippen heranzutreiben. Nach Schlafen ist mir eh nicht zumute, die Sonne geht bald auf, und es sind nur noch 20 Kilometer bis Quidico.

Dann heißt es nur noch, einen geeigneten Platz zum Landen zu finden! Die Brandungswellen türmen sich hoch auf und rollen in weiten Halbkreisen in die angeblich geschützte Bucht hinein. Ich weiß nicht so richtig, was ich machen soll. Gerade als ich darüber nachdenke, Quidico anzufunken und um Lotsen-Hilfe zu bitten, sehe ich, wie ein Boot vom Land aus durch die Linie der brechenden Wellen schießt. Ist das die Küstenwache? Nein, noch besser: Ein paar ortsansässige Fischer kommen mir zur Hilfe! Die Fischer kennen die örtlichen Brandungs- und Strömungsverhältnisse am besten und damit auch die perfekte Art zu landen. Sie lotsen mich vor der gefährlichen Brandungskante zu ihrem offenen Motorboot und bedeuten mir, an Bord zu kommen. Nach 25 Stunden auf dem Meer lasse ich mir das nicht zweimal sagen. Heute Morgen bin ich nicht wirklich scharf auf eine harte Surflandung. Nach anfänglichen Schwierigkeiten und einigen Balanceakten auf dem Boot gelingt es den drei Männern, auch mein schweres Kajak aufs Boot zu ziehen. Mit haarsträubender Geschwindigkeit hüpfen und navigieren die Männer vor den gewaltigen Brechern Richtung Strand. Mit meinem Kajak wäre eine Surflandung hier lebensgefährlich!

Die Buschtrommeln der einheimischen Fischer haben noch andere hilfsbereite Menschen alarmiert: Gina und ihre Schwester Cecilia laden mich ein, in ihrem Haus zu übernachten. Vielen Dank!

Mithilfe einiger Fischer breche ich im Morgengrauen des übernächsten Tages auf. Ich bin froh über diese Hilfe, denn der Brandungsgürtel sieht so furchteinflößend aus wie die schlimmsten, die ich in Australien erlebt habe. Ohne die

Hilfe der Fischer würde ich hier kaum zurück aufs Wasser kommen. Wir laden mein Kajak auf ihr schweres offenes Boot, dann heißt es, auf den richtigen Moment zu warten, bis die Fischer mit höchster Geschwindigkeit diagonal durch die Wellen schießen können. Der Bug sticht fast senkrecht in die Luft, und ich bin froh, dass mein Kajak festgebunden ist. Zum Glück wissen die Jungs wirklich, was sie tun, und schnell erreichen wir den Bereich auf dem Meer, an dem die Wellen nicht mehr brechen.

Ich weiß, dass dieser Streckenabschnitt etwa 75 Kilometer lang sein wird, sodass ich erst gegen ein Uhr nachts in Lebu landen werde. Die Marine hat ein Begleitboot für die letzten Stunden vor der Landung avisiert. Wenn es denn sein muss ... Ab fünf Uhr nachmittags bin ich über Funk erreichbar, doch niemand meldet sich. Die Nacht bricht herein, und gegen neun Uhr abends sehe ich zumindest ein Boot, doch immer noch hat sich niemand über Funk gemeldet. Zweimal gebe ich meine Position durch, keine Antwort. Eine Stunde später erkenne ich ihre Positionslichter hinter mir, auch das hilft mir, meine Richtung zu halten. Die Männer an Bord können es sich nicht verkneifen, alles »Spielzeug« ihres Bootes auszuprobieren: Die Finger eines starken Suchscheinwerfers huschen übers Wasser, dazu Blitzlichter in Blau und Weiß. Ich stelle mir vor, dass ich das Objekt einer Übung bin und die Küstenwache mich wie ein Schmugglerboot behandelt, das sie suchen und jagen müssen. Vielleicht würden sie mich auch gerne noch »retten«, doch da sie keine kleinen schnellen Beiboote haben, frage ich mich, wie diese Rettung im Notfall funktionieren würde?

Als wir Lebu erreichen, komme ich mir nach all der Dunkelheit vor wie in einer Disco, so viele Lichter blitzen hier um mich herum: die Fischerboote, die Sterne, der Leuchtturm und nicht zuletzt die Beleuchtung der Hafenmauer und die Stadt selbst, alles ist hell erleuchtet. Die Männer auf dem Boot navigieren mich eng an der Hafenmauer entlang durch die Felsen in den Tiefwasserhafen hinein.

Auch in den nächsten Tagen und Wochen sind die Männer der Marine mal eine wertvolle Hilfe, mal eine überflüssige Ablenkung. Während ich mein Gepäck entlade und mein Boot hoch zu einer trockenen Stelle ziehe, verfolgt mich ein Marineoffizier mit einem Notizblock und stellt mir die Standardfragen zu meinem Plan für die nächsten Tage und meiner körperlichen Verfassung. Ich kann darauf nur leicht gereizt und mit schwarzem Humor antworten. Aber gut, die Männer haben ihre Anweisungen. Kaum bin ich in Constitution gelandet und froh, keine Uniformierten in der Nähe zu sehen, tauchen sie auch hier wieder auf, mit Notizbuch und den gleichen Fragen wie gestern. Genervt beantworte ich die mir schon bekannten Fragen, aber schneller als der Offizier sie gestellt hat. Dies verwirrt ihn so sehr, dass er erst einmal mit seinem Vorgesetzten am Telefon diskutieren muss. Der will mich schließlich auch persönlich sprechen und stellt mir die gleichen Fragen noch einmal. Abschließend erkundigt er sich noch freundlich, ob ich sonst noch etwas brauche. Ist das hier der telefonische Lieferservice der chilenischen Marine? »Dann würde ich mich sehr über ein paar frische Früchte freuen«, sage ich eher scherzend. Am nächsten Tag bekomme ich wirklich eine Lieferung Obst ...

Wenn alles nach Plan läuft, bin ich in knapp einer Woche, am 2. Mai, in Valparaiso. Bis dahin machen mir, von der überfürsorglichen Marine mal abgesehen, tatsächlich nur die täglichen Starts und Landungen zu schaffen. Zweimal noch muss ich Start- und Landehilfe in Anspruch nehme, einmal wird das schwere Fischerboot mit meinem Kajak mit zwei Ochsen ins Wasser gezogen!

Die echte Ankunft in Valparaiso verläuft etwas unplanmäßig bei Nacht, am nächsten Tag bekomme ich einen triumphalen offiziellen Empfang mit vielen Navy-Booten als Ehreneskorte, viergestreiften Offizieren, einer Marine-Blaskapelle und Dutzenden von Pressevertretern mit Notizblock und Kameras. Zeit, die Reise zu unterbrechen!

Für die Freunde der Statistik: Von Buenos Aires nach Valparaiso habe ich bis jetzt 7.676 Kilometer in 247 Tagen zurückgelegt, davon bin ich 167 Tage gepaddelt. Der erste geplante Teilabschnitt liegt nun hinter mir. Die zweite Etappe wird mich nach rund drei Monaten Sommerpause in Husum von Valparaiso aus nach Georgetown in Guyana auf die Atlantikseite dieses Riesenkontinents führen. Dazwischen liegen die Küsten Perus, Ecuadors und Kolumbiens, die Durchfahrt des Panamakanals und die gefährliche Karibikküste Venezuelas. Die ersten vier Monate davon wird mich mein Partner Peter mit dem Seekajak begleiten. Ich bin sehr gespannt, wie wir als Paar auf Reisen funktionieren werden!

Kapitel 8
PARTNERPADDELN MIT PETER

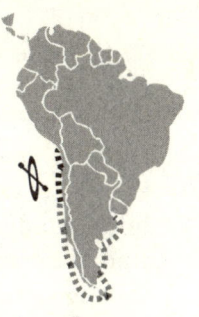

Chile, Teil 5–6/Peru: Valparaiso über Antofagasta und Arica bis nach Lima
25.08.–12.12.2012

Zurück an die Arbeit! Nach knapp drei Monaten im heimatlichen Husum beginnt der zweite große Abschnitt meiner Südamerika-Umrundung. Zusätzlich habe ich einen weiteren Zwischenstopp zu Weihnachten zu Hause eingeplant. In dieser kurzen Sommerpause von Mai bis August musste meine 87-jährige Mutter in ein Pflegeheim umziehen. Sie ist zwar noch recht fit für ihr Alter, hat mich sogar zu TV- und Radio-Interviews begleitet, doch wer weiß, wie oft wir noch Gelegenheit haben werden, Weihnachten gemeinsam zu feiern?

Die Tickets sind gekauft, die Vorbereitungen abgeschlossen: Am 17. August fliegen Peter und ich von Hamburg nach Santiago. Viele sagen, dass diese gemeinsame Reise ein Härtetest für unsere Beziehung werden wird, doch beide sind wir sicher, dass wir es schaffen werden!

Ich bin natürlich gespannt, welche Herausforderungen uns als Paar erwarten. Wir werden ein großes Keron-4-Tunnelzelt benutzen, damit zumindest der begrenzte Raum keinen Anlass für eine Beziehungskrise bietet.

Wird es zu zweit leichter werden oder das Paddeln sicherer? Meiner Meinung nach haben zwei Paddler die doppelte Anzahl an Problemen und auch zwei Meinungen ... Doch andererseits wird das Paddeln im Duett uns neue Einsichten, eine Menge Spaß und vor allem gute Gespräche bescheren.

Ich habe zur neuen Etappe die Kajak-Marke gewechselt, weil mein neuer Hersteller Point 65 aus Schweden mir anbot, ein Modell ganz nach meinen Wünschen zu bauen – das Modell »Freya 18«. Nun werden schon gleich zwei davon im Pazifik schwimmen. Welche Ehre! Aber es kostet uns gefühlt Hunderte von Telefonaten und E-Mails, bis wir sicher sind, dass unsere Kajaks wirklich auch auf dem Weg nach Santiago sind!

Christian und Ignacia, die netten Gastgeber, die sich während meines letzten Stopps vor dem Heimaturlaub in Vina del Mar so rührend um mich gekümmert haben, empfangen uns auch diesmal mit aller Herzlichkeit. In ihrem Apartment können wir uns nun den Details der Reisevorbereitung widmen: Ich betätige mich als Packmeister, Peter als IT-Experte. Ich portioniere unsere Vorräte in diverse verschließbare Plastiktütchen, Peter richtet die zahlreichen Programme ein, die wir für unsere elektronischen Geräte benötigen werden. Eine sinnvolle Arbeitsteilung: ich die Handwerkerin, Peter das Gehirn ...

Um sieben Uhr morgens sind wir bereit zum Aufbruch. Gastgeber Christian fährt uns zum Hafen, genau an die Stelle, an der ich am 2. Mai gelandet bin. Hier gibt es einen praktischen hölzernen Ponton, auf dem wir unsere Kajaks mit dem Gepäck beladen können. Als Packmeisterin bin ich ganz in meinem Element, wie von Geisterhand verschwindet ein Gepäckstück nach dem anderen in den Booten. Natürlich sind auch wieder Vertreter der chilenischen Marine zugegen, die unser Equipment anhand einer Liste abhaken. Diese Herren hatte ich fast schon vermisst! Als einer der Offiziere nach einem Windmesser fragt, stecke ich meinen Finger in den Mund und halte ihn in die Luft. Ich denke, wir können los ...

Mit einem leichten Schubs schieben wir die brandneuen Kajaks vom Ponton, springen hinein, und schon sind wir auf dem Wasser. Ein merkwürdiges Gefühl, nun neben meinem »alten« Kajaklehrer zu paddeln, mit dem vor acht Jahren alles auf dem Meer begann! So kurz ist meine Karriere als Seekajakerin ... Ein Boot der Marine geleitet uns aus dem Hafen und lässt uns auch noch in den nächsten Stunden nicht aus den Augen.

Das Paddeln mit meinem neuen »Freya 18«-Kajak fühlt sich großartig an! Die Sitzposition ist perfekt, und die Fußpedale reagieren auf die kleinste Bewegung, obwohl die Boote schwer beladen sind. Peter paddelt auf meiner linken Seite etwas diagonal hinter mir. Wir müssen aufpassen, uns nicht zu nahe zu kommen, das kann bei diesen Wind- und Wasserverhältnissen fatal sein, vor allem am ersten Tag nach einer solch langen Pause. 3,5 Meter Dünung mit 15 und mehr Knoten Wind obenauf, auch wenn er seitlich von hinten kommt, sind nicht nur körperlich anstrengend, sondern auch mental. An diesem ersten aufregenden Tag gehen wir schon gegen halb drei Uhr am Nachmittag in Quintero an Land, anstatt wie geplant bis Zapallar zu paddeln.

Der Strand, den wir ansteuern, scheint halbwegs ruhig zu sein. Mein Bauchgefühl sagt mir, die Bewegungen der Brecher trotzdem genau zu beobachten und den richtigen Moment abzupassen. Ich bespreche mit Peter, dass er warten soll, bis ich sicher an Land bin, um mir dann auf gleiche Art zu folgen. Ich warte die niedrigste Welle ab und paddle auf deren Rückseite schnell und sicher an den kleinen Strand. In hohem Bogen werfe ich mein Paddel nach oben, springe schnell aus dem Kajak und ziehe es mit einem kräftigen Ruck aus der Brandungszone. Nun ist Peter dran: Auch er kommt gut durch die Wellen und wirft sein Paddel an den Strand, bekommt dann aber seine langen Beine nicht so schnell aus dem Kajak wie nötig. Bis zur Hüfte steht er im Wasser und bekommt sogar einen Schwall in seine Hose. Nun ja, wir üben noch ...

Der Strand hier in Quintero ist eine wahre Perle: weißer Sand, umrahmt von ein paar mächtigen Felsen. Und fast menschenleer, bis auf unsere Freunde von der Marine. »Nein danke, am Ende des ersten Tages brauchen wir bestimmt kein frisches Wasser und keine Nahrungsmittel«, mache ich ihnen klar, und ab morgen brauchen wir bitte auch keine Begleitung! Es war eine gute Entscheidung, hier zu pausieren. Peters nasse Hosen und Socken können noch in der Sonne trocknen, und langsam beginnen wir, uns in unsere Camp-Routine einzufinden. Ein Froschkonzert ganz in unserer Nähe lässt uns am Abend schnell in einen erholsamen Tiefschlaf fallen. Bis auf einen Betrunkenen, der noch um acht Uhr abends an unser Zelt »klopft« und ein paar Marineoffiziere, die in unserer Bucht Spaß auf ihren Jet Skis haben, gibt es nichts, was unsere Ruhe stört. Als die Männer begreifen, dass wir endgültig die Nacht hier verbringen werden, verschwinden sie. Bei dieser Art von Aufmerksamkeit fühlt man sich schnell wie ein gut bewachter Gefangener!

Dementsprechend ist auch unsere Laune, als wir schon am nächsten Morgen um sieben wieder Besuch von der Marine bekommen: Zwei Autos preschen auf den Strand, acht Männer entsteigen dem Fahrzeug, und wieder gibt es eine Menge Papierkram zu erledigen. Ich bemerke, dass Peter früh morgens noch viel weniger glücklich als ich über diese Art von Aufmerksamkeit ist. Also übernehme ich die Kommunikation und erkläre den Offizieren nochmals, dass wir bitte ab heute gerne auf ein Begleitboot verzichten würden!

Eine Haifischflosse blitzt kurz an der Wasseroberfläche auf, und immer noch gibt es viele Pinguine und Seehunde zu beobachten. Das Wetter ist so angenehm, dass ich sogar eine Zeit lang nur im T-Shirt paddeln kann. Hoffentlich bekomme ich keinen Sonnenbrand! Wir lassen es langsam angehen und nähern uns ganz entspannt dem nächsten Stopp, einer Flussmündung kurz hinter Punta Ligua. Auch in diesem Tempo schaffen wir an diesem Tag noch über 40 Kilometer und haben Glück, am Abend einen hübschen Strand zu finden. Am Hang stehen ein paar schicke Ferienhäuser, und wir sind uns nicht sicher, ob dies ein Privatstrand ist. Lange müssen wir nicht warten, bis drei Frauen vor unserem Zelt erscheinen. Eine davon ist tatsächlich die Eigentümerin dieses Strandabschnittes. Sie meint, für jemanden, der vom

Meer kommt, gibt es keinen Unterschied zwischen öffentlichen und privaten Stränden. Von daher sei es kein Problem, hier eine Nacht zu campen. Und das Beste daran: kein Marineoffizier weit und breit zu sehen ...

Die Küste erweist sich mit all ihrer felsigen Schönheit als ein wahres Seekajaker-Paradies – wenn wir nicht schon wieder Besuch und Telefonanrufe vor dem Start gehabt hätten, ein Helikopter über uns kreisen würde und wir vom Wasser aus nicht schon wieder mehrere der weißblauen Fahrzeuge an Land erkennen könnten, als wir das Festland von Pichidangui umrunden. Wir winken nur kurz herüber und setzen unsere Fahrt nach Ensenada Tortoralito fort. Doch wer glaubt, dass wir so weitere Kontakte für heute vermieden hätten, hat die chilenische Marine und ihre Fürsorglichkeit unterschätzt. Drei junge Offiziere in einem Schlauchboot rasen hinter uns her und stellen uns zum mittlerweile sechsten Mal an diesem Tag ihre Fragen. Nicht nur dadurch, sondern auch durch die Aussicht, den Gestank ihrer Abgase für die nächsten 15 Kilometer in der Nase zu haben, signalisiere ich ihnen verärgert, dass sie endlich verschwinden sollen. Ich hoffe, als sie das Boot hinter uns zurückfallen lassen und plötzlich in eine der Buchten abdrehen, dass sie es nun begriffen haben?

Zu früh gefreut! Noch eins von der Sorte! Bis zwei Kilometer vor den Strand, den wir für unsere heutige Landung auserkoren haben, folgt uns das Schiff. Als sie sehen, dass wir an dieser Stelle landen und übernachten wollen, verschwinden auch sie. Das müsste es doch nun für heute gewesen sein?

Als wir gerade unser Camp für die Nacht aufgebaut haben und unser Abendessen zubereiten, erscheint Marineteam Nr. 8 für heute, diesmal sogar mit ganz neuen Ideen und Regeln für unseren Trip: »Ihr sollt euch doch eigentlich alle vier Stunden bei uns melden?« Nee, das war so nicht verabredet! Wir ändern jetzt nicht die Regeln, weil nun vielleicht irgendwo ein neuer Vorgesetzter zuständig für die

Kontrolle unserer Tour ist! Seit Cabo dos Hornos muss ich nur jeden Abend meinen Zeltplatz durchgeben und nicht alle vier Stunden eine neue Positionsmeldung! Und das habe ich jeden Tag getan. Ob wir wohl auch insgeheim von einem U-Boot begleitet werden? Und wir bitten endgültig darum, tagsüber in Ruhe ohne Beobachtung und Begleitung paddeln zu dürfen!

In Punta Huentalauquen, unserem nächsten Stopp, entscheiden wir uns für einen Tag Pause. Wind- und Wellenverhältnisse erlauben weder einen sicheren Start noch eine akzeptable Landung. Außerdem haben Peter und ich das Gefühl, dass uns beiden eine Grippe in den Knochen steckt. Wir verbringen den Tag mit Schlafen, Lesen und Essen. Natürlich lässt sich auch die Marine blicken, doch zu unserem Erstaunen kümmern sie sich gar nicht um uns, sondern haben etwas mit einem der ortsansässigen Fischer zu klären. Wir fühlen uns fast ein bisschen vernachlässigt. Nun ja, vielleicht haben sie den Job nur delegiert?

Ich nutze den Ruhetag, um mich um ein paar kleinere Reparaturen zu kümmern. Bei der letzten Landung habe ich meinen Bug beschädigt. Die Fischer hier vor Ort beteiligen sich engagiert an der Reparatur und bringen diverse Werkzeuge und Materialien, um den kleinen Schaden zu beheben.

Erst nach drei weiteren Tagen sind wir wieder auf dem Wasser. Wir kommen gut voran, bis der Wind gegen halb zehn morgens dreht und von vorne bläst und damit unsere »Reisegeschwindigkeit« von 6,5 auf nur noch 4,5 Kilometer pro Stunde reduziert. Eigentlich hatten wir gehofft, heute weiter als bis Puerto Oscura paddeln zu können, doch schon gegen zwei Uhr am Nachmittag beschließen wir, den nächsten Stopp einzulegen. Nach vier Tagen Pause mit angegriffener Gesundheit muss auch mal ein Tagespensum von 30 Kilometern reichen.

Die Nacht wird nicht ganz so ruhig, wie wir gehofft haben. Gegen Abend tauchen zwei Einheimische auf, im Schlepptau drei Hunde, zwei kräftige Rüden und einen Welpen. Die

Hunde bleiben, obwohl die Leute bald wieder nach Hause gehen. Die beiden großen Hunde jagen sich die ganze Nacht gegenseitig und kläffen in den höchsten Tönen. Morgens finden wir den Welpen zusammengerollt in unserem Vorzelt liegend, offensichtlich glücklich, vor den beiden großen Artgenossen in Sicherheit zu sein. Ist er auf der Suche nach neuen Eltern? Peter füttert ihn mit Bratwürsten, die uns Strandbesucher gestern Abend »gespendet« haben, und hofft, dass er uns nicht das Zelt vollkotzt. Am nächsten Morgen lassen wir das süße kleine Fellknäuel schweren Herzens zurück und starten in einen neuen Paddeltag mit bis zu fünfzehn Knoten Gegenwind. Diesmal sorgen Hähne dafür, dass ab halb vier Uhr morgens an Schlaf nicht mehr zu denken ist. Ich kann mich nicht entscheiden, welche Geräuschkulisse anstrengender ist: die Frösche aus der vorletzten Nacht, die Hunde von gestern, die Hähne heute im Morgengrauen oder Peter, der nachts schnarcht und tagsüber laut die Songs von seinem MP3-Player mitsingt. Ich hatte bisher so schön Ruhe …! Überhaupt gewöhne ich mich nur langsam daran, eine zweite Person auf meiner Reise um mich herum zu haben. Aber es hat auch viele positive Seiten, und ich freue mich auf unsere gemeinsamen Erlebnisse!

Am zehnten Tag unseres Trips werden wir mit einer wunderschönen Begegnung belohnt: eine riesige Schule von bestimmt 100 grau gesprenkelten Delfinen, wie ich sie zuvor auch noch nicht gesehen habe, springt um uns herum. Peter, der vorher noch nie Delfinen begegnet ist, erstarrt fast, als ich auf die zahlreichen Rückenflossen zeige, die um uns herum aus dem Wasser ragen. »Bist du sicher, dass dies keine Haie sind?«, fragt er mich besorgt. Hehehe, klar! Wie zur Bestätigung toben die Delfine verspielt um uns herum, springen hoch aus dem Wasser und lassen sich mit einem lauten Klatschen zurück auf die Wasseroberfläche fallen, drehen sich auf den Rücken und zeigen ihre weißen Bäuche und ihre fast walartige Rückenflosse, wenn sie abtauchen. Wunderschön, und das alles noch im Sonnenschein, der die Spitzen der mächtigen Bergkette am Festland über den tief hängenden Wolken zum Leuchten bringt!

Aus der Entfernung und auf »Google Earth« sieht der Strand von Caleta Hornos so aus, als sei er gut für eine einfache Landung geeignet. Doch als wir uns nähern, sehen wir immer mehr Felsen, an denen sich die Gischt bricht. Wir entscheiden uns, es an der Betonrampe zu probieren, die auch die Fischer hier benutzen. Risiko ... aber unser beider Timing ist gut, wir haben keine Schäden beim Landen, und gemeinsam tragen wir die Kajaks hoch aufs Land. Unser Zelt bauen wir in einer ziemlich vermüllten Ecke des Hafens auf, direkt hinter den Fischerbooten. Morgen wollen wir nur eine kleine Etappe bis in den Hafen von Chugungo paddeln, da eine Dünung von bis zu vier Metern Höhe angesagt ist. Bei diesen Verhältnissen sind wir uns nicht sicher, ob wir es bis zur übernächsten Landemöglichkeit an den Strand von Isla Damas schaffen. Einfach irgendwo anders landen? Das ist unmöglich an der Pazifikküste, bei dieser Dünung kracht die Brandung unkontrollierbar ans Ufer, es muss eine gut geschützte Bucht, ein Strand oder Hafen sein!

Über die Isla Tilgo und Punta Tortoralilo erreichen wir Chugungo. Leider ist das gesamte Hafenbecken mit einer vier Meter hohen Mauer umfasst. Keine Chance für Kajaks und kleine Boote, hier aus dem Wasser zu kommen. Größere Boote werden hier offensichtlich mit einem Kran in und aus dem Wasser gehoben. So müssen wir es am nahe gelegenen Strand probieren. Auch hier ist die Brandung stark, einige Felsen sind zu sehen, und wir sichern uns mit den Helmen. Ich lande zuerst, da ich die meiste Erfahrung habe und Peter dann hereinwinken helfen kann. Mein Timing stimmt, die Landung klappt, nur das schwere Boot macht mir beim Hochziehen Schwierigkeiten.

Peter wartet und merkt, wie sich eine hohe Welle hinter ihm aufbaut. Er paddelt hektisch rückwärts, gerade so über den Wellenkamm. Doch dort ist er immer noch an einer Stelle, wo er eigentlich nicht sein sollte: zu nah am Strand, um auf eine niedrigere Welle zu warten. Nun kann er nur noch vorwärts sprinten, zum Zurückpaddeln ist es schon zu spät. Er wirft sich seitwärts in die gerade brechende Welle, die ihn weiter Richtung Strand treibt. Die hohe Stütze reicht nicht mehr, er kentert, rollt wieder nach oben und ist schon fast auf Höhe des trockenen Sandes, als er noch weiter in die Felsen in meine Richtung geworfen wird, wo ich leider nichts weiter tun kann, als mein eigenes Kajak festzuhalten. »Spring raus«, schreie ich. Er muss unbedingt wieder die Kontrolle über sein Kajak gewinnen, sonst ist es weg! Schließlich kann er sich den Buggriff schnappen und das Boot an Land ziehen. Glück gehabt!

Erst um kurz vor zehn Uhr am nächsten Morgen brechen wir auf, da wir uns vorher noch um ein paar kleinere Reparaturen an den Booten kümmern müssen. Als Testpilot für ein völlig neu entwickeltes Kajak muss man mit allem rechnen...

In gerader Linie kreuzen wir hinüber zur Isla Damas, die schon aus der Entfernung wie ein kleines Paradies aussieht. Wir freuen uns schon auf unsere eigene einsame Landebucht, ohne Fischer und Touristen, ohne kläffende Hunde und ohne Marineoffiziere. Da es erst vier Uhr nachmittags ist, entdecken wir die Insel zu Fuß, wandern entlang wilder Strände und bizarrer Felsformationen, exotischer Muscheln und blühender Kakteen. Ganz oben kreisen die Geier. Leider sind wir es nicht mehr gewohnt, lange Strecken zu Fuß zu gehen, geschweige denn, solche Entfernungen auf steilen Pfaden zu wandern. Todmüde schlüpfen wir abends in unser Zelt.

Auf unserer Weiterfahrt nach Cabo Bascunan verändert sich die Landschaft: Das Festland ist weniger felsig, es gibt mehr Dünen, und das Hinterland wird immer flacher. Wenn es nur nicht den ganzen Tag regnen würde!

Das Meer ist ruhig am nächsten Tag, und unsere Kajaks gleiten trotz der schweren Beladung so leicht über das Wasser, dass es das reinste Paddelvergnügen ist. Als um die Mittagszeit der Wind komplett abflaut, herrscht eine gespenstische Stille, nur unterbrochen von dem Eintauchen der Paddel.

Später zeigt sich eine dreieckige Rückenflosse an der Wasseroberfläche, war es ein Hai? Am Nachmittag taucht dann Peters erster Wal auf ... und wieder ab, um kurz danach eine mächtige Fontäne aus seinem Atemloch zu spritzen. Abgerundet wird das maritime Schauspiel für heute mit einer großen Seehundkolonie an Punta Alcade.

Unser Zusammenleben funktioniert bisher bestens, Peter und ich streiten uns wenig, und wenn, dann über Kleinigkeiten wie die Frage, wie sandfrei die Packsäcke sein sollten, bevor man sie in die Packluke stopft, und ob man ein Zelt ausfegen muss vor dem Zusammenpacken ...

Im Jachtclub von Caldera bekommen wir ein Innen-Zeltplatz für uns alleine und freundlichste Betreuung der Einheimischen, werden aber drei Nächte lang »gefoltert« mit lautester Discomusik anlässlich des chilenischen Nationalfeiertages. Höchste Zeit weiterzureisen!

Bei einem kräftigen Gegenwind von 15 Knoten machen wir uns auf Richtung Chanaral. Da wir nichts mehr in der Stadt zu erledigen haben, paddeln wir nicht bis zur Siedlung, sondern bauen unser Zelt an einem Strand an einer Art Rastplatz am Rande der Küstenstraße ein. Leider sind die Grillplätze mit Bergen von Müll übersät. Gerade als wir uns für die Nacht einrichten und ich kurz mein chilenisches Mobiltelefon anschalte, klingelt es auch schon. Auf dieser Nummer dürfte eigentlich niemand anrufen – außer der Marine, die sich nach unseren nächsten Zielen und Uhrzeiten erkundigen will. Ich will das Gespräch erst gar nicht annehmen, doch Peter ist zu neugierig und hat tatsächlich die Marine am Apparat. Geduldig erklärt er ihnen wieder einmal, was sie auch jeden Abend auf unserer Website finden. Und damit nicht genug; eine halbe Stunde später erscheinen sie persönlich und stellen Peter noch einmal die gleichen Fragen. Ich verlasse erst gar nicht das Zelt.

Morgen wollen wir Punta Taltal erreichen, um unsere Trinkwasservorräte aufzufüllen. Von dort sind es noch fünf Tage bis Antofagasta, wo wir den nächsten längeren Boxenstopp einlegen wollen. Zuvor erleben wir noch eine ruhige Nacht, einen einfachen Start aufs Wasser und einen wunderschönen Tag mit schwachen Winden – das Paddlerleben kann so schön sein! Und wieder liegen Dutzende von Seehundkolonien an den Landspitzen. Unseren Stopp in der Stadt nutzen wir nur, um unsere Wasservorräte auf der Toilette eines Restaurants aufzufüllen, so hässlich, schmutzig und schmal ist hier der Stadtstrand.

Auf »Google Earth« haben wir einen attraktiveren weißen Strand ganz in der Nähe entdeckt, dorthin wollen wir weiterpaddeln. Peter hatte irgendwo gelesen, dass dort ein »Nautical Club« zu finden sei, und als wir dort vorbeipaddeln, entdecken wir tatsächlich ein einzelnes frei stehendes Gebäude. Der Strand ist zwar künstlich aufgeschüttet, doch wir finden einen windgeschützten Platz für unser Zelt auf der hölzernen Veranda des verwaisten Clubhauses. Nachts pfeift ein kalter Wind durch die Ritzen des Holzbodens der Veranda. Ich habe schon an schlimmeren Orten die Nacht verbracht! Zumindest ist der Untergrund ebenerdig.

Während der Kreuzung der Bucht von Punta Grande unterhalten uns Hunderte von Seehunden und Seevögeln, die versuchen, sich gegenseitig ihr Futter abzujagen. Was für ein Spektakel! Ich bin gespannt, ob der Strand, den wir zum Landen anvisieren, tatsächlich so seltsam aussieht wie auf »Google Earth«. Tatsächlich wirkt die ganze Szenerie bei unserer Ankunft etwas morbid: schwarzer Sand, weiße Kreuze und dahinter ein schmaler Streifen klebrigen Wüstenstaubs mit einzelnen Salzpfannen, die sich durch das hereinströmende Meereswasser gebildet haben. Für eine Nacht wird das schon in Ordnung sein!

Am 30. September gegen Mittag erreichen wir den Jachthafen von Antofagasta. Unterkunft erhalten wir diesmal nicht bei der Marine, sondern bei einer anderen Waffengattung: Pedro, ein ortsansässiger Zahnarzt, der mit seiner Familie in einem schönen Haus auf dem Gelände der chilenischen Luftwaffe lebt, bietet uns Unterkunft für eine Nacht. Die beiden kleinen Mädchen überlassen uns ihr Zimmer, und wir witzeln darüber, wie wohl ein Mann wie Peter mit einer Körpergröße von 1,95 Meter in ein kleines Kinderbett passen wird.

Am nächsten Sonntagmorgen schlafen wir lang und wundern uns, wie ruhig es auf solch einer Luftwaffenbasis sein kann. Nachmittags gehen wir auf große Einkaufstour für unsere Vorräte, die wir bis Arica benötigen. Bis Mitternacht packen und portionieren wir die Vorräte, die wir gekauft haben. Warum bilden wir uns nur ein, am nächsten Tag aufbrechen zu können, wenn Gegenwind von bis zu 20 Knoten und dreieinhalb Meter hohe Brecher vorausgesagt sind?

Pedro fährt uns von der Air Base zurück zum Jachtclub, und der Blick auf den Ausgang des Hafens belehrt uns eines Besseren. Wind und Wellen halten uns einen weiteren Tag an Land fest. Anstatt die 30 Kilometer zurück zur Luftwaffenbasis zu fahren, bauen wir unser Camp auf einer Wiese auf dem Gelände des Jachtclubs auf. Unsere Wiese, die das einzige Grün weit und breit bietet, finden wir einladender als die trockene, öde Wüstenlandschaft rund um die Air Base. Ich döse so vor mich hin im Zelt, als es zu »regnen« anfängt: eine Gratis-Dusche mit dem automatischen Rasensprenger!

Die Sicht am nächsten Morgen könnte nicht schlechter sein. Kombiniert mit einer Dünung von bis zu vier Metern sind das die besten Voraussetzungen für mich, seekrank zu werden. Mein Magen zieht sich zusammen. Warum kann ich mich nicht übergeben? Hitzestau – Jacke und Socken wandern unter Deck. Sobald wir die nächste Landspitze in südwestlicher Richtung umrundet haben und die Wellen nun von hinten kommen, ist meine Seekrankheit verschwunden.

Am 40. Tag unserer gemeinsamen Reise, es ist mittlerweile schon der 4. Oktober, brechen wir auf nach Punta Mejillones. Irgendwann stöpselt Peter wieder seinen MP3-Player ein und blockiert damit jede Art von Kommunikation. Ich kann nicht wirklich sagen, dass es mir gefällt, neben einem Tauben herzupaddeln und entscheide mich, so weit wie möglich an die Felsen am Festland heranzufahren. Dorthin wird Peter mir sowieso nicht folgen. Als wir in die Bucht von Puerto Mejillones einbiegen, steht uns der Gegenwind schon mit 20 Knoten im Gesicht. Da wir die Bucht morgen direkt überqueren wollen, lohnt es sich nicht, bis in den Ort hineinzufahren, und wir suchen nach der nächstmöglichen Landung.

Ohne von den bröckelnden Klippen über Nacht erschlagen worden zu sein, setzen wir unseren Trip fort. Ein Kurzbesuch der Marine, die nur schnell aus der Ferne zwei Fotos von uns schießen und schnell wieder abdrehen, und ein paar äußerst lärmige Seehundkolonien sind unsere einzige Ablenkung. Über Caleta Michilla und Caleta Atala schlagen wir uns durch bis nach Topocilla. Die hässliche Industriestadt erscheint uns nicht sehr einladend, um hier vielleicht zwei Tage wetterbedingte Zwangspause einzulegen. Doch wir müssen so oder so an Land, um unsere Wasservorräte aufzufüllen. Außerdem erwischt mich bei der Landung eine solch fette Welle, dass ich zum ersten Mal auf dieser Tour mit Peter eine Eskimorolle hinlegen muss und so klitschnass heute nicht mehr weiterpaddeln möchte. Wir ergeben uns in unser Schicksal und schlagen unser Camp am hässlichen schwarzsandigen Stadtstrand auf.

Auf dem Weg nach Iquique geraten wir in ein riesiges Feld voller meterlanger bunter Glibberquallen, die in Scharen in drei bis vier Metern Tiefe unter unseren Booten treiben – wunderschön! Nur Fischer möchte man hier nicht sein…

Auf einer hohen Landspitze auf der Höhe von Punta Paquica beobachten wir einige merkwürdige Kletterer. Die gewaltigen Klippen sind weiß von Vogelkot – Guano! Eine Handvoll junger Männer turnt auf den Felsen herum, kratzt den Kot ab und schaufelt ihn in große weiße Säcke. In Europa streuen wir das Zeugs dann als Dünger auf unsere Blumenbeete ...

Über Punta Arenas erreichen wir Punta Chomache. Bei ruhiger Dünung ist es kein Problem, die Strecken von über 60 Kilometern pro Tag zwischen zwei sicheren Landemöglichkeiten zu schaffen, mit einer Durchschnittsgeschwindigkeit von bis zu acht Kilometern pro Stunde. Der Humboldtstrom schiebt zusätzlich zu dem vorherrschenden Südwestwind nochmals mit ein bis zwei Kilometern. Bei der Landung heute Abend zeigt Peter ein unfreiwilliges Kunststück im »Brückenbau«: Zwei Kilometer vor Punta Chomache sehen wir einen einsamen Mini-Strand, der uns zum Landen besser gefällt als der wahrscheinlich sicherere Stadtstrand. Hier gibt es zahlreiche Felsen, doch wir schaffen es, alle unbeschadet zu passieren. Dann sehen wir hinter uns eine rund vier Meter breite Spalte zwischen zwei Felsen, hinter der schon der flache Sandstrand lockt. Nach diesem langen, anstrengenden Paddeltag mache ich mir noch nicht einmal die Mühe, meinen Helm aufzusetzen und meine Schwimmweste anzulegen, und lasse mich elegant durch die Lücke an Land spülen. Peter hat nicht so viel Glück: Auch er wartet auf eine sanfte Welle, die ihn durch die Spalte schiebt, aber unglücklicherweise trifft sein Bug einen Unterwasserfelsen, wird um 90 Grad seitwärts gedreht, und mit der nächsten Welle thront er mitsamt Kajak »high and dry« auf den Felsen rechts und links der Lücke. Urkomisch sieht das aus, wenn die Situation nicht so gefährlich wäre! Das Kajak droht mitsamt Peter von den Steinbrocken zu kippen, aber Kopf, Kajak und Felsen vertragen sich nicht. Der Sprint zur Rettung meines Partners ist mir wichtiger als ein Erinnerungsfoto, und ich versuche seinen Bug mit der nächsten Welle vom Felsen zu heben. Erst im zweiten Anlauf kann ich sein Kajak befreien und Richtung Strand drehen. Die Nase des Kajaks ist arg ramponiert, aber zum Glück nicht seine eigene. Bei seinem Gewicht und der schweren Beladung hätte das Boot auch leicht in zwei Teile auseinanderbrechen können! Und man sollte immer beim Paddeln und Landen in Felsennähe Helm und Weste anhaben!

Den Schaden können wir zum Glück mit unseren Bordmitteln beheben, auch wenn es Schöneres gibt, als sich nach einem langen anstrengenden Paddeltag mit Reparaturen zu beschäftigen. In der Nacht checke ich mehrmals, ob die reparierten Stellen trocken werden. Alles gut am nächsten Tag, und wir paddeln wieder durch riesige Quallenfelder, entlang Seehundkolonien und vorbei an ein paar kleinen Pinguinen.

Keine Vögel, keine Seehunde, dafür Flugzeuge und Containerschiffe: Der Hafen von Iquique beherbergt auch noch die wichtigsten Fischfangflotten des Landes, dementsprechend lebhaft ist es um uns herum. Ganz schön viel Zivilisation auf einmal!

Robert und Monika, unsere Gastgeber in Iquique, haben uns online kontaktiert und bieten uns eine Übernachtungsmöglichkeit in ihrem Apartment. Wir nutzen die zwei Tage Aufenthalt für einen seltenen Ausflug ins Landesinnere. Robert fährt uns auf ein nah gelegenes Hochplateau, wo sich wagemutige Paraglider ins Tal stürzen, und fahren dann weiter zum Monte Pintura, dem »angemalten Berg« mit den rund 1.500 Jahre alten Felsenzeichnungen. Bis heute weiß niemand, welche Kultur dafür verantwortlich ist und warum sie diese Zeichnungen hinterlassen haben.

Wieder auf dem Wasser, freuen wir uns schon auf Natur und unberührte Wildnis, doch unser nächster Stopp in Caleta Mejillones del Norte führt uns direkt in eine Mülldeponie. So wirkt diese Bucht zumindest mit ihren Bergen aus verbranntem Abfall. Obwohl es keine Straßenverbindung gibt, leben hier rund 50 Menschen mehr schlecht als recht, und den Soundtrack unserer Nacht bekommen wir von drei Stromgeneratoren, die die ganze Nacht vor sich hin rattern. Nichts wie weg hier!

Wir überspringen mehrere mögliche Landeplätze, Caleta Vitor ist unser nächstes Ziel. Inzwischen macht uns auch die Hitze zu schaffen. Schon jetzt paddeln wir bei geöffneter Spritzdecke nur im T-Shirt, und ich erinnere mich an Zeiten in Australien, wo auch das Meer keine Erfrischung mehr bot. Der Äquator kommt näher! Schmetterlinge flattern um uns herum, und kleine Delfine lassen ihre Rückenflosse sehen.

In Arica lernen wir Abraham, den Wächter des dortigen Jachtclubs kennen. Voller Stolz präsentiert er uns das Gästebuch. Der letzte Eintrag ist schon fast ein Jahr alt, nicht viel Besucherverkehr hier in der letzten Ecke von Chile, kurz vor der peruanischen Grenze! Mit Abrahams Hilfe nehmen wir Kontakt zum örtlichen Marinebüro auf, und es erscheint ein freundlicher Beamter, der uns selbst kurz vor dem Wochenende noch behilflich sein will, die Ausreisepapiere auszustellen. Gegen 18 Uhr holt uns ein Fahrzeug ab und bringt uns nicht wie erwartet zur »Policia International« für den einfachen Ausreisestempel, sondern erst zum Marinebüro. Wir benötigen noch eine Genehmigung, das Land mit Kajaks zu verlassen und auf die gleiche Art in Peru einzureisen. Nach einer Stunde schicken sie uns fort, mit dem Versprechen, sich in zwei Stunden wieder zu melden. Sie müssten erst mit den Behörden in Peru Kontakt aufnehmen ...

In der Zwischenzeit gönnen wir uns ein Abendessen im Steakrestaurant des Jachtclubs. Bis halb elf hören wir nichts, dann kommt ein Anruf von Abraham: Wir sollen uns morgen früh um neun Uhr bereithalten, um die Papiere in Empfang zu nehmen. Das bedeutet, dass wir einen weiteren Tag hierbleiben müssen! Unsere geplante Strecke von 60 Kilometern ist nicht zu schaffen, wenn wir erst nach neun Uhr aufbrechen können. Gerade als wir uns mit dieser neuen Situation angefreundet haben und in unser Zelt kriechen, kommt die nächste Nachricht: Die Marine will uns morgen um sechs Uhr früh abholen, uns die nötigen Dokumente übergeben und dann zur Polizei fahren, wo wir den finalen Ausreisestempel erhalten werden. Vielen Dank!

Nach einer sehr kurzen Nacht müssen wir im Marinebüro diverse Papiere in vierfacher Ausfertigung unterschreiben, die eigentlich nichts weiter besagen, als dass sich zwei Menschen im Kajak auf den Weg nach Vila Vila in Peru machen werden. Im Amt für Emigration gibt es endlich den heiß ersehnten Ausreisestempel. Gegen halb acht Uhr haben wir schon gepackt und paddeln los, gerade noch rechtzeitig, um unser nächstes Ziel in Vila Vila noch bei Tageslicht erreichen zu können. Gerade als wir die Bucht von Arica überqueren, treffen wir zum letzten Mal auf ein Boot der chilenischen Marine. Fehlt noch ein Dokument, dürfen wir doch nicht losfahren? Nein, sie wollen sich nur noch von uns verabschieden und winken aus der Ferne. Danke, chilenische Marine, für all das, was ihr für uns getan habt! Und danke, Chile, für deine Gastfreundschaft und die vielen tollen Menschen, denen wir begegnen durften! Nun wartet Peru auf uns.

Kapitel 9
PRIMA KLIMA RICHTUNG LIMA

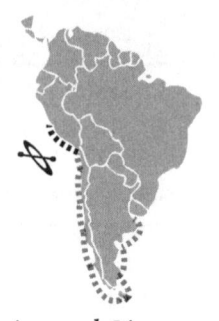

Peru: Von Arica nach Lima
20.10.–20.11.2012

Je weiter wir in Richtung peruanischer Grenze paddeln und die endlose Atacama-Wüste hinter uns lassen, desto wärmer und grüner wird es. Von der nördlichen Erdhalbkugel sind wir gewohnt: je nördlicher, desto kälter! Noch sind einige kleine Pinguine zu sehen, aber wie lange noch?

Im ersten peruanischen Hafen in Vila Vila erwartet uns schon ein Auto des »Ministerio del Interior« und Vertreter der peruanischen Küstenwache. Kaum sind wir am Strand, haben wir schon den offiziellen Einreisestempel in unseren Reisepässen! So geht es also auch. Einreiseformulare? Chilenische Ausreisepapiere? Wer braucht denn so was?

Der Zeitunterschied zu Chile beträgt zwei Stunden. Wenn wir am nächsten Morgen um sechs Uhr peruanischer Zeit aufstehen, ist es für uns gefühlt erst vier Uhr. Unser nächstes Etappenziel in Puerto Grau ist nur 25 Kilometer entfernt. Ganz anders der übernächste Stopp: Dann sind es schon 70 Kilometer bis Ilo, eine ambitionierte Distanz für einen Tag. Die kurze Strecke davor kommt daher unserem eingeschränkten Energielevel von heute sehr entgegen. Schon gegen Mittag steuern wir den einladenden Kieselstrand nahe Puerto Grau an. Da es an Land und im Zelt fast zu heiß ist, nehme ich mein erstes Bad in peruanischen Gewässern. Es besteht kein Zweifel: So langsam nähern wir uns dem Äquator...

Da wir am nächsten Morgen sehr früh aufbrechen, schaffen wir es tatsächlich bis Punta Coles. Die ganze wunderschöne Bucht scheint so etwas wie ein Naturschutzgebiet voller Seehund- und Seevogelkolonien zu sein und beherbergt auch – wie wir erst später feststellen – eine militärische Einrichtung. Da wir keine Warn- und Verbotsschilder entdecken können, entschließen wir uns zu bleiben. Wir sind ja morgen früh sowieso wieder verschwunden! In dieser neuen Zeitzone müssen wir schon um vier Uhr morgens aufstehen, um das Tageslicht zwischen 5.15 Uhr morgens und 17:45 abends auszunutzen. Daher kriechen wir schon gegen halb acht todmüde in unser Zelt. Wir sind gerade erst eine Stunde am Schlafen, als wir eine Stimme in sehr herrischem Ton »Hallo! Hallo! Raus aus dem Zelt, aber schnell!« rufen hören. Das Wort »Wir« ist vielleicht in diesem Fall nicht richtig, da Peter sich mit seinen Ohrstöpseln nicht rührt. Also nehme ich meine Taschenlampe, öffne den Reißverschluss des Zeltes und sage ebenfalls »Hallo!«. Wieder höre ich: »Raus da, aber schnell!« Ich will ihn gerade fragen, ob dies sein übliches Benehmen einer Dame gegenüber ist, da taucht neben ihm ein Mann in Zivilkleidung auf. Es ist der Kommandeur des Militärcamps, der mich anders als sein Untergebener äußerst freundlich anspricht. Er wolle wissen, ob er irgendwie behilflich sein kann, mit Wasser oder Nahrung oder einem bequemeren Platz zum Übernachten. Ich erkläre ihm, dass wir nichts weiter bräuchten als unseren ungestörten Schlaf. Mit meiner Autogrammkarte und meinem Reisepass macht er sich davon – nur für eine Minute, wie er beteuert. Aus der Minute wird eine Stunde, und immer noch ist nichts vom Kommandeur zu sehen. Ich bin gerade wieder kurz vor dem Einschlafen, da wird unser Zelt in das grelle Licht eines Autoscheinwerfers getaucht. Ist das der Kommandeur mit meinen Papieren? Nein, es ist der Hafenmeister aus Ilo, der in der Zwischenzeit auch alarmiert worden ist und auch nach dem Rechten schauen will. Auch ihm gebe ich zu verstehen, dass ich eigentlich nur meine Ruhe will – und meinen Reisepass. Er verschwindet, die Scheinwerfer seines Autos immer noch auf unser Zelt gerichtet, und kehrt nach zehn Minuten mit dem Kommandeur und meinem Reisepass zurück. Nun müssten nur noch die Papiere meines männlichen Begleiters kontrolliert werden, eine Minute! Und diesmal dauert es wirklich nicht länger. Nachdem sie uns eineinhalb Stunden unserer kostbaren Nachtruhe gestohlen haben, stopfen wir nun beide unsere Stöpsel in die Ohren und hoffen, für den Rest der kurzen Nacht in Ruhe gelassen zu werden.

Unser Aufbruch am nächsten Morgen findet unter der Aufsicht zweier sehr neugieriger Soldaten statt. Sie machen unzählige Fotos mit ihren Smartphones. Nachdem ich mich für weitere Fotos in Positur stelle und ihnen noch ein paar meiner Autogrammkarten signiere, ziehen sie zufrieden ab.

Nach einem relativ ereignislosen Tag auf dem Wasser und einer Nacht in der Bucht von Caleta Yerba Buena sind wir schon auf dem Weg nach Mollendo. Dort soll es den nächsten Hafen geben, den wir für einen Zwischenstopp nutzen können. Die gleichmäßigen Umrisse, die uns schon auf »Google Earth« nicht ganz geheuer sind, erweisen sich bei näherer Betrachtung als wahre Falle: Die ganze Bucht ist von einer hohen Mauer eingefasst, und der »Strand« ist garniert mit vielen großen Felsen. Keine Chance, hier zu landen, wie uns auch die beiden Herren der Küstenwache bestätigen, die am Eingang des Hafens Wache schieben. Sie schlagen vor, es in der nächsten Bucht in Playa Catarindo zu probieren. Wir verlieren keine Zeit, diese Paddlerfalle schnell wieder zu verlassen. Eine halbe Stunde vor Sonnenuntergang erreichen wir den sicheren Strand und sind gerührt, als wir ein Begrüßungskommando aus Küstenwache und lokaler Gastronomie auf uns warten sehen. Auf einem kleinen Tischchen hat ein nettes junges Paar, das dort ein Restaurant betreibt, ein paar Snacks und Getränke zur Begrüßung bereitgestellt. Eine der weiblichen Offiziere der Küstenwache übernimmt das Dolmetschen. Uns wird ein Zeltplatz hinter dem Restaurant zugewiesen, und nach einer heißen Dusche in den Privaträumen der Restaurantbesitzer erwartet uns eine ruhige Nacht, gut bewacht von Videokameras und Wachhunden.

Nach einem kurzen Abstecher nach der Großstadt Arequipa für einen Sponsorentermin müssen wir mit Schrecken bei unserer Rückkehr feststellen, dass sich dieser kleine verschlafene Küstenort, den wir für unseren kurzen Aufenthalt gewählt haben, samstags nachts in ein Tollhaus verwandelt hat: überall Lichter, Feuerwerk und hämmernde Discosounds die ganze Nacht hindurch.

Entsprechend gerädert machen wir uns am nächsten Morgen auf nach Caleta Quilca, unserer nächsten Etappe. Die faszinierenden Felsen, Steinbögen und Höhlen zwischen Puerto Materani und der Isla Hornillos nehmen wir aber trotzdem wahr. Wir kommen auch an zahlreichen kleinen Sandbuchten vorbei, alle ideal geeignet zum Landen, doch unser Ziel ist der kleine historische Hafen von Puerto Quilca. Freundlich begrüßt und neugierig beobachtet von den Einwohnern dürfen wir unser Zelt auf der Holzveranda der Hafenmeisterei aufbauen. In der Nacht muss Peter mehrmals raus: Durchfall. Montezumas Rache? Auch am nächsten Tag ist es nicht besser, und am Nachmittag hat es auch mich erwischt. Was haben wir Falsches oder Verdorbenes gegessen? Mir fällt ein, dass uns jemand empfohlen hat, Wasser lieber nur aus versiegelten Flaschen zu trinken und nicht aus dem Wasserhahn, wie es noch in Chile möglich war. Daran werden wir uns wohl ab jetzt auch halten. Nur wie sollen wir uns auf dem Wasser erleichtern, was in unserem Zustand oft nötig ist? Zu zweit lässt sich dieses Problem besser lösen als allein. Auf dem Wasser kann der eine das Kajak des anderen prima stabilisieren, während man selbst mit entblößtem Hinterteil über den Rand des Kajaks hängt und der Natur ihren freien Lauf lässt. Allein ist das unmöglich!

Ein paar Tage später nach unserer Rast in der idyllischen Caleta La Linca können wir eine für diese Region sehr typische Art von »Ernte« beobachten: Ein Mann macht in der Nähe unseres Camps sein Boot zum Auslaufen klar, beladen mit diversen leeren Säcken, langen Nylonschnüren und dem aufgeblasenen Schlauch eines Lkw-Reifens. Wenig später sehen wir sein Boot vor einem majestätischen Felsbogen in der Brandung schaukeln, von ihm selbst keine Spur. Erst als wir unseren Blick heben, entdecken wir ihn ganz oben auf der Spitze des Bogens hin und her laufen. Er sammelt offensichtlich Guano. Das haben wir zwar schon mehrere Male auf dem Festland gesehen, doch noch nie einen einzelnen Mann auf einem solch schwer zugänglichen Felsen mitten im unruhigen Ozean. Die Brandung rund um den Felsen ist bestimmt zwei Meter hoch, und ich frage mich, wie er die schweren Säcke voller Vogelkot hinunter in sein Boot bekommt, das in zehn Metern Entfernung vom Felsen ankert, ja, wie er selbst es wohl schafft, von diesem Felsen herunterzukommen? Nun kann ich erkennen, dass die bis zu 40 Meter langen Nylonschnüre vom Boot aus bis hinauf zu ihm auf den Felsen reichen. Nur mit T-Shirt und Unterhose bekleidet, beginnt er barfuß die schweren Säcke auf der Anhöhe zu stapeln. Dann wirft er den aufgeblasenen Reifen hinunter ins Wasser und stürzt sich wagemutig hinterher. Auf allen vieren landet er im Reifen, im Mund eine brennende Zigarette. Mit den flachen Werkzeugen, die er wohl zum Abkratzen des Guanos benutzt hat, paddelt er hinüber zu seiner kleinen Nussschale. Das war schon ein beeindruckendes Kunststück, nur wie bekommt er nun die schweren Säcke von der Spitze des Felsens in sein Boot und dann an Land? Auf die Lösung des Problems muss ich nicht lange warten. Er hat die Säcke so kunstvoll mit der Nylonschnur verbunden, dass er nur kräftig daran ziehen muss, und die Säcke purzeln wie Dominosteine hinunter zu ihm ins Wasser nahe des Bootes. Mit einem weiteren kräftigen Ruck zieht er sie aus dem Wasser an Bord, und die Show ist beendet. Er lächelt, als er meine beiden nach oben gestreckten Daumen sieht. Ich bin wahrscheinlich die erste »Gringa«, die ihn bei seiner akrobatischen Arbeit beobachtet hat!

Die Farbe des Wassers ändert sich in ein milchiges helles Grün, die Mündung des Chuli-Flusses. Vor diesem Hintergrund sind die Hunderte von Seehunden, die hier toben und fischen, leicht zu erkennen. Ihre eleganten Spring- und Tauchmanöver erinnern an die Bewegungen von Delfinen. Beeindruckend, wenn gleich mehrere Dutzend auf einmal aus dem Wasser schießen, und fast beängstigend, wenn sie sich in großen Gruppen zusammenrotten und nah herankommen. Sie wollen wohl wissen, welche Art von Orca sich hier in ihrer Kolonie herumtreibt, und hoffen, uns vertreiben zu können. Wir können uns trotzdem nicht sattsehen. Dies ist eine der besten Seehund-Vorstellungen, die ich auf meiner Reise genießen durfte!

Nach diesen zauberhaften Naturerlebnissen müssen wir leider in La Planchada und in Punta Atico auf verdreckten, schmalen Stränden inmitten von Industriehafenanlagen und direkt am stinkenden Hafenbecken voll trüben Abwassers campen, eingerahmt von Pipelines, Müllhaufen und Betonmauern. Erst in Puerto Viejo sind wir wieder mit unserer Umgebung versöhnt, die Einheimischen bereiten uns einen herzlichen Empfang, und es gibt ein großes Gelächter, als der Bürgermeister selbst zum Besen greift, um eine Ecke des Bolzplatzes vom Müll zu reinigen.

Nach einem ereignislosen Paddelvormittag erreichen wir schon gegen Mittag den historischen Hafen von Puerto Inka. Wir nehmen ein Bad im Meer und machen Sightseeing in den berühmten Inka-Ruinen. Schon am nächsten Tag steht wieder eine Strecke von 70 Kilometern auf dem Programm. Wir wollen noch bei Tageslicht den sicheren Fischereihafen von Puerto Lomas erreichen.

Dort werden wir anscheinend schon sehnsüchtig erwartet: Am Eingang zum Hafen hat sich ein regelrechtes Begrüßungskomitee aus Küstenwache und Einheimischen aufgebaut. Kaum sind wir an Land, greifen Dutzende beherzter Hände nach unserer Ausrüstung und helfen, sie hinüber zum Gebäude der Küstenwache zu schleppen. Ich beobachte nervös einen der Einheimischen, wie er mein Kajak mit nur einer Hand ohne Sicherung tragen will, in der anderen Hand hält er einen Fisch. Die Prioritäten sind nun mal unterschiedlich! Wie eine Karawane folgen sie uns in den Hinterhof der Küstenwache, wo wir unser Camp aufschlagen dürfen.

Dieser Ort wird mir als »Hühnerdorf« in Erinnerung bleiben. Schon gegen zwei Uhr in der Nacht werden wir durch intensives Gegacker aus dem Schlaf gerissen. Im Laufe der restlichen Nacht kann ich sie sogar anhand ihrer Stimmen unterscheiden, die Soprane, Mezzosoprane und Tenöre. Kein Wunder, dass es uns leichtfällt, früh wieder aufzubrechen. Auf dem Weg nach Playa Hermosa treffen wir auf riesige Vogelschwärme, die in geraden Linien wie Laserstrahlen über den Himmel ziehen. Seehunde und Seevögel jagen sich gegenseitig das Futter ab.

In Puerto Caballas müssen wir für zwei weitere Tage pausieren. Die Brandungsverhältnisse lassen die Weiterfahrt einfach nicht zu, die Landung war wie ein Ritt auf der Kanonenkugel. Und »Wettermann« Karel prognostiziert Wellen bis zu 4 Metern Höhe. Hier sind wir fast ungestört, nur einen Seetang-Sammler treffen wir, der uns glücklicherweise etwas von seinem Trinkwasser abgeben kann.

Über Caletas Lomitas paddeln wir weiter Richtung Isla Independencia. Plötzlich tauchen genau vor uns zwei Wale auf, einer riesig, einer etwas kleiner. Es könnten Mutter und Kind sein oder ein Paar aus Männchen und Weibchen. Der große hebt seine Vorderflosse aus dem Wasser, dann zeigen beide wie in einem Ballett gleichzeitig ihre Schwanzflossen. Wir versuchen, ihnen zu folgen, und es scheint, als warteten sie auf uns. Zumindest wissen sie genau, wo wir uns gerade aufhalten. Wir kommen so nah an sie heran, dass ich mit meinem Paddel den Rücken des größeren Tieres berühren könnte. Da mir diese Nähe nicht ganz geheuer ist, versuche ich rückwärts von ihm wegzukommen, aber ich habe keine Angst in ihrer Nähe. Nach zehn Minuten ist die Show beendet, und wir paddeln hinüber auf die Isla Santa Rosa. Unser Ziel ist die äußerste, nördliche Spitze der Insel mit einer kleinen ruhigen Bucht, leider auch ein Friedhof für Seehunde. Wir haben Mühe, einen geruchsfreien Platz für unser Zelt zu finden!

Das Wetter folgt einem regelmäßigen Rhythmus: windig am Morgen, über die Mittagszeit abflauend, um dann am frühen Nachmittag wieder kräftig aufzufrischen. Hier wirkt immer noch der Einfluss der kalten Humboldtströmung, die die See kühl hält, während das kahle Festland durch die Sonne kräftig aufgeheizt wird. Auf der Höhe des Nationalparks von Paracas begegnen wir wieder einmal der peruanischen Küstenwache. Der Hafenmeister ist extra zu uns herausgefahren, um uns Geschenke zu überreichen. In einer windgeschützten Ecke, in die wir uns mit aller Kraft bei 25 Knoten Gegenwind hineinkämpfen müssen, klappt die »Übergabe«: Sie schaffen es, uns einen Sack hinunterzuwerfen, in dem wir Leckeres zu essen und zwei Baseball-Mützen der Küstenwache von Pisco finden. Vor allem Peter kann sie gut gebrauchen, weil seine eigene Kappe vor ein paar Tagen bei einer Landung verloren gegangen ist.

Je näher wir Lima kommen, desto schicker werden die Ferienhäuser in den Buchten, die wir passieren. Marco, unser Gastgeber in Lima, schlägt uns per E-Mail vor, den geplanten Treffpunkt nach Punta Hermosa vorzuverlegen, sodass wir nur noch 30 Kilometer zu paddeln hätten. Das kommt uns sehr gelegen, unsere müden Körper sehnen sich schon seit Tagen nach einer längeren Pause. Auf dem Weg sind wir noch hingerissen vom pittoresken Hafen von Pucusana mit seiner teilweise futuristischen Architektur und seinen Hunderten von mit liebevollen Bugmalereien verzierten Fischerbooten. Wir beobachten den Fischmarkt vom Kajak aus und können uns nicht sattsehen an dem bunten Treiben.

Für Surfer ist das Gebiet um Punta Hermosa eines der besten, die man in ganz Peru finden kann. Für uns bedeutet das Stress pur, die Brecher der Landspitzen zu umschiffen auf der Suche nach einer sicheren Landung in den verschiedenen kleinen Buchten. Wenn nur unsere Gastgeber das genau so sehen würden ... es ist schon ein gewaltiger Unterschied, ein schweres Kajak dort hindurchzumanövrieren und es sicher an einem steilen Strand zu landen oder nur mit einem Surfbrett den Wellen zu entsteigen ... Kein Wunder, dass sich hier auch eine Surfweltmeisterin angesiedelt hat. In Sofia Mulanovichs Strandhaus dürfen wir die erste Nacht unseres mehrtägigen Aufenthalts in Lima verbringen. Eigentlich hatten wir vor, hier ein bisschen länger zu bleiben, doch unser Sponsor Thule hat andere Pläne: Sie haben die offizielle Ankunft in Lima für den nächsten Morgen um 10 Uhr geplant. Nur wie soll das gehen? Mit einer durchschnittlichen Paddelgeschwindigkeit von fünf Kilometern pro Stunde würden wir von hier aus mindestens sieben Stunden benötigen, ein komplettes Tagespensum, mit Gegenwind sogar noch länger. Wir beschließen daher, uns heute von Sofias Team zum Club de Regatas hinüberfahren zu lassen, der nur zwei Kilometer vom geplanten Ankunftsort am Strand entfernt liegt. So können wir von dort aus zu einer »gefakten Ankunft« lospaddeln und uns ausgeruht und freundlich lächelnd der Presse stellen.

Unser Ausrüster spendiert uns noch ein gutes Hotel in Lima und verwöhnt uns nach Kräften mit gemeinsamen Essen in ausgesuchten Restaurants, um uns für die vielen weiteren TV- und Pressetermine bei Laune zu halten.

Ich habe mich schon oft gefragt, wie sehr sich Journalisten auf einen Interviewtermin vorbereiten, wie viel sie schon wissen über die Person, die sie treffen werden. Meistens wissen sie wenig bis gar nichts. Auch in diesem Fall hier, in Lima, ein Interview mit fünf Fragen:

»Sie sind also die erste Frau, die mit dem Kajak die Welt umrundet ...«

Nein, ich umrunde nicht die Welt, sondern »nur« Südamerika. Und nein, ich bin nicht die erste Frau, die das tut, sondern der erste Mensch!

Nächste Frage: »Wie schmeckt Ihnen Cervice?«

Nun ja, diese peruanische Spezialität aus rohem Fisch

bekomme ich ja geradezu jeden Tag in meinem Kajak serviert...

»Und was halten Sie vom peruanischen Fußball?«

Das ist nicht meine liebste Freizeitbeschäftigung, weder aktiv als auch als Zuschauerin...

»Ist denn schon irgendetwas Spannendes auf Ihrer Reise passiert?«

IRGENDETWAS? Ich habe fast täglich gefährliche oder zumindest aufregende Erlebnisse... wo soll ich anfangen?

»Und welchen Kontinent wollen Sie als Nächstes in Angriff nehmen?«

Ich bin noch nicht mal halb rum mit meinem zweiten... ist das Hier und Jetzt nicht interessant genug?

Diese Art von Pressearbeit kann ich nicht wirklich ernst nehmen. Keiner will wissen, wie viele Kilometer ich am Tag zurücklegen kann, wie ich mich auf dem Wasser ernähre, wie die Wellen sind und welchen Herausforderungen ich mich stellen muss...

Hinter Lima wird es unappetitlich: Die Kläranlage nördlich der Stadt muss defekt sein, sie entlässt seine stinkende Brühe ungefiltert ins Meer. Eine Suppe aus Seife und Urin garniert mit Kot und Kondomen. Kein wirkliches Vergnügen, dort hindurchzupaddeln! In Punta Salinas ist eine Handvoll Einheimischer uns behilflich, die Kajaks an Land zu ziehen und unser Camp aufzubauen. Da Peter heute der kontaktfreudigere und gesprächigere von uns beiden ist, denken hier anfangs alle, er sei derjenige, der sich die Umrundung Südamerikas per Seekajak vorgenommen hat. Irrtum: Der Held an dieser Stelle ist eine Heldin, die »Señora«!

Doch auch Heldinnen sind vor Montezumas Rache nicht gefeit, das kontaminierte Wasser hinter Lima hat wohl irgendwie den Weg in meinen Körper gefunden: In der Nacht lässt mich eine heftige Magenverstimmung nicht zur Ruhe kommen, mit genau den gleichen Beschwerden, die drei Wochen zuvor schon Peter gequält haben: Durchfall und heftiges Magenzwicken. Doch wo soll man sich nachts erleichtern, wenn man auf einem hell beleuchteten Stadtstrand campt, an dem reger Besucherverkehr herrscht? Entweder man buddelt ein sehr tiefes Loch in der Apsis des Zeltes, oder – falls nicht möglich oder wie hier nicht empfehlenswert – man benutzt einen gut verschließbaren Plastikmüllbeutel und sucht am nächsten Morgen einen Mülleimer, um ihn zu entsorgen. Bis dahin liege ich auf dem Rücken, versuche zu schlafen, muss aber im Laufe der Nacht dreimal »raus«. Obwohl ich mich am nächsten Morgen entsprechend übermüdet und schlapp fühle, entscheide ich mich zu paddeln. Ich will diese unruhigen Stadtstrände hinter mir lassen, vor allem, als wir feststellen, dass die ganze Nacht ein Fahrzeug der Küstenwache mit zwei Offizieren neben uns geparkt hat.

Obwohl wir alle paar Kilometer eine kurze Pause einlegen, muss ich mich auf diesem Abschnitt ziemlich quälen. Mein Magen rebelliert immer noch, und wie Peter ein paar Tage zuvor muss ich meinen Hintern häufig über Bord hängen. Ein paar Bananen bekomme ich herunter, dazu noch einen Apfel, ein paar Karotten und eine Mango, immerhin. Zum Glück können wir uns über einen kräftigen Rückenwind freuen, der uns selbst während unserer Pausen von alleine hundert Meter vorantreibt. Zeitweilig wird es schon richtig heiß, und Peter schützt seinen unbehaarten Kopf zur Abkühlung mit seiner patschnassen Mütze.

Fast den ganzen Tag paddeln wir an hohen Sanddünen entlang, an denen sich die Wellen hässlich brechen. Erst kurz vor dem Festland von Puntas Salinas, unserem nächsten geplanten Übernachtungsstopp, ist es möglich, relativ entspannt zu landen. Hier, so nah am Naturschutzgebiet, stehen nur ein paar vereinzelte Häuser. Es verspricht, eine wirklich ungestörte Nacht zu werden.

Schlaf ist oft die beste Medizin, auch in diesem Fall. Meine Verdauung ist zwar immer noch nicht ganz in Ordnung, ich spüre aber, wie ich langsam wieder zu Kräften komme. So traue ich mir einen weiteren langen Paddeltag zu. Bei den hohen Temperaturen am Strand bin ich tagsüber lieber auf dem Wasser. Wir mussten unser Zelt schon an Land mit Schlafsäcken und Decken vor der direkten Sonne schützen, um es drinnen überhaupt aushalten zu können. Auf dem Wasser ist es besser: Mithilfe des Humboldtstroms schaffen wir 60 Kilometer Strecke und gehen schon gegen vier Uhr nachmittags an Land, diesmal zwar wieder an einem Stadtstrand, doch die Ecke, die wir uns aussuchen, ist an diesem Sonntagnachmittag nicht sehr belebt. Die Fischer haben alle Hände voll damit zu tun, ein neues Boot zu Wasser zu lassen. Und um unseren abgelegenen Platz zu erreichen, muss man schon unter dem Bootssteg hindurchklettern.

Chimbote soll unser nächster Stopp werden, um unsere Trinkwasservorräte wieder aufzufüllen. Dafür müssen wir allerdings von Punta Huaro aus rund 70 Kilometer an einem Tag zurücklegen, in einem Zeitfenster von 5 bis 18 Uhr. Nachdem wir uns am einsamen Strand von Punta Huaro eine halbtägige Pause mit einem Bad im Meer und schönen Spaziergängen über die Insel gegönnt haben, sind wir hochmotiviert und schaffen es nach 13 Stunden Paddeln tatsächlich, noch im Tageslicht gegen 18 Uhr anzukommen. Auf dem Weg dorthin kommen uns bestimmt 30 Fischerboote entgegen. Es scheint fast, als würden sie ein Wettrennen veranstalten. Sind die Fanggründe dort, wo wir gerade herkommen, wirklich so attraktiv?

Schon in Huanchaco planen wir unseren nächsten Stopp, um noch einmal Trinkwasser zu laden. Bei ruhiger See, angenehmem Rückenwind und einer hilfreichen Strömung kommen wir ohne große Anstrengung gut voran. Wenn es nur nicht so heiß wäre! In kurzen Abständen zieht Peter seinen Hut durchs Wasser, damit sein Kopf einigermaßen kühl bleibt. Ich habe dafür meinen mit Gelkristallen gefüllten Mützenschirm und schlage Peter vor, er solle sich doch eine Qualle von geeigneter Größe fangen und unter seinen Hut legen. Vielleicht hätte das den gleichen Effekt ... und der Rostfleck von dem Mützenknopf auf seiner Glatze wäre dann auch nicht sichtbar!

Vor der Einfahrt in den Hafen von Huanchaco haben wir eine Begegnung mit der Vergangenheit: Einer der Einheimischen kommt uns mit einer Art Kajak aus gebündeltem Schilf mit hochgezogener Spitze entgegen, das er mit einem halbierten Bambusstab paddelt. »Caballitos de Totora«, »Kleine Strohpferdchen« werden diese primitiven, bis zu fünf Meter langen Boote genannt, die von den einheimischen Fischern hier in Nordperu schon seit Jahrhunderten so gebaut werden und immer noch sehr beliebt sind. Während wir uns für eine bewegte Surflandung mit Helm und Schwimmweste präparieren, scheint er voll auf die Stabilität seines Gefährtes zu vertrauen. Die beiden großen Fische, die er heute gefangen hat, liegen ungesichert in der Mulde seines »Strohpferdchens«, und die Autogrammkarte, die ich ihm gegeben habe, steckt er mangels eines trockenen Platzes unter seine Mütze.

Der kalte Humboldtstrom schiebt uns immer noch und mit ihm die kleinen Humboldt-Pinguine Richtung Norden. Kaum zu glauben, dass wir schon auf der Höhe des sechsten Breitengrades vor dem Äquator sind! Das Wasser ist mit 14 bis 15 Grad noch so kühl wie in Valparaiso, verlässt uns der Strom, verschwinden sicher auch die Pinguine.

Auf der Reise müssen wir auf alles vorbereitet sein: Geplant war heute nur ein Tagesabschnitt von 70 Kilometern. Die extreme Brandung macht aber eine Landung an dem Punkt unmöglich, den wir uns auf den Satellitenbildern ausgesucht haben. Kaum nähere ich mich vorsichtig dem angepeilten Punkt, rollen plötzlich unerwartete Riesenwellen unter mir weg und brechen schaumgepeitscht am Strand. Peter hat sein Kajak schon gedreht und paddelt wieder hinaus. In dem Moment, wo ich es ihm gleichtun will, erwischt mich eine dieser Wellen, hebt mich fast fünf Meter hoch auf den Wellenkamm und lässt mich zum Glück mit einem lauten Knall zurück aufs Wasser krachen. Nur raus hier! Raus aus der gewaltigen Brandungszone, zurück aufs offene Meer, bevor einer dieser Monster auf mich bricht. Im Rückzug überklettern wir noch einige haushohe Wellenberge, wo kommen die alle so plötzlich her? Wir sind geschockt bis ins Mark. Dieser Moment gehört zu den angsteinflößendsten meiner gesamten Tour.

Nichts wie weg hier, kein Blick zurück! Jeder weitere Versuch, hier zu landen, wäre sinnlos und zu gefährlich. Wohl oder übel müssen wir unseren Weg nach Pimentel über Nacht fortsetzen. Solch eine Nachtfahrt haben wir eigentlich erst hinter Pimentel geplant, da wir schon auf den Karten gesehen haben, dass uns dort ein rund 110 Kilometer langer Strandabschnitt ohne ausreichenden Schutz für eine sichere Landung erwartet. Nun werden es zwei Nächte hintereinander sein, die wir durchpaddeln müssen!

Als sich das Tageslicht durch den Nebel kämpft, sehen wir die ersten Fischer im Morgengrauen. Auch einige der »Kleinen Strohpferdchen« treiben draußen vor der Brandungszone. Wenn die es hinaus aufs Wasser geschafft haben, muss es uns doch auch gelingen, hier zu landen. Einen der jungen »Strohpferdchenreiter«, barfuß und mit einem aufgeschnittenen Müllsack als Windschutz bekleidet, fragen wir nach einer sicheren Landemöglichkeit. Er deutet auf eine schwimmende Plattform neben dem Bootssteg. Ich habe Zweifel, ob dies der bessere Ausstieg ist. Der Ponton wippt in den Wellen auf und ab und zerrt in der hohen Dünung an den beiden maroden Seilen, mit denen er am einem langen, zurzeit in Reparatur befindlichen Landesteg befestigt ist. Aber lieber hier als in dem endlos breiten, nicht einschätzbaren, schaumigen Surfgürtel zu landen! Ich lege vorsichtig längsseits an, klettere schnell auf den Ponton und ziehe mein Kajak über den Rand der wackligen Plattform. Die Dünung hilft mir dabei, doch mir gefällt nicht das hässliche Knirschen des Bootes, als ich es über die Kante zerre. Kniend helfe ich Peter auf den Ponton. Um an den Strand zu kommen, müssten wir unser Gepäck und unsere Boote über ein Gewirr an nicht sehr vertrauenerweckenden Balken balancieren und beschließen, unser Zelt direkt auf dem großen Landesteg aufzuschlagen. Wir vertäuen die leeren Kajaks auf dem Ponton und wählen zum Zelten eine Stelle, an der die Bretter so weit aneinander liegen, dass keine Ausrüstungsgegenstände durch die Ritzen fallen und auf Nimmerwiedersehen im Meer verschwinden können. Trotz des Baulärms um uns herum versuchen wir, nach 24 Stunden ununterbrochenen Paddelns und 24 Stunden auf dem Wasser etwas zu schlafen. Später am Nachmittag, als ich mich aufmache, frisches Trinkwasser zu besorgen, sehe ich am Strand, wie es rund zwanzig dieser kleinen »Strohpferdchen« unbehelligt durch den massiven Brandungsgürtel schaffen. Die leichten Boote sind eindeutig hier im Vorteil! Kentert einer, haben sie nicht viel zu befürchten, außer vielleicht die offene Ladung Fische und ihre Ehre zu verlieren. Unsere Hundert-Kilogramm-Schlachtschiffe sind dabei in weitaus größerer Gefahr!

Am nächsten Tag wird um acht Uhr morgens der Stromgenerator der Arbeiter auf dem Steg angeworfen, und wir sitzen aufrecht in unserem Zelt. Außerdem verlangt gutes Wetter unseren Aufbruch. Gegen zehn Uhr sind wir wieder auf dem Wasser, diesmal planen wir den Streckenabschnitt von vornherein so, dass wir erst am nächsten Morgen bei Anbruch des Tages unser nächstes Ziel erreichen. Also nochmals 120 Kilometer am Stück paddeln!

In dieser Nacht sind nicht die kühlen Temperaturen das Problem, sondern meine Übermüdung. Ich muss auch zwischen den regulären stündlichen Pausen noch weitere Nickerchen einlegen. Dafür lege ich meinen Kopf nach vorne auf das Deck, das Doppelpaddel quer vor mir am Cockpitrand liegend, die Ellenbogen nah am Körper. So bemerke ich auch während der kurzen Sekundenschlafphasen, wann ich durch zu hohe Wellen Gefahr laufe zu kentern oder seitwärts aus dem Kajak zu fallen. Auch wenn Peter sich darüber ärgert, nicht so schnell voranzukommen, wie er möchte, bestehe ich auf meine Pausen. Ich weiß einfach durch meine vielen vorherigen Nachttouren, was mein Körper braucht. In der letzten Nacht haben wir uns noch die Zeit damit vertrieben, uns gegenseitig Lieder vorzusingen, heute Nacht fällt mir kein einziges mehr ein. So muss Peter halt damit vorliebnehmen, den nächtlichen Sternenhimmel zu betrachten. Oder selbst ein Nickerchen einzulegen, statt sich zu ärgern?

Auch andere Lebewesen suchen hier draußen den Schlaf: Peter rammt einen ruhenden Seehund, der zu Tode erschrocken mit einem mächtigen Klatscher seiner Schwanzflosse das Weite sucht. Felder voller Seevögel erheben sich mit gewaltigem Lärm aus ihren Ruhepositionen und fliegen davon. Ein langsam anschwellendes Rauschen lässt uns aufhorchen: Ein herannahender starker Regenguss? Nein, es ist eine sternenklare Nacht. Ist das schon die Uferbrandung? Mein GPS sagt etwas anderes. Als der Mond und meine starke Taschenlampe die Szenerie um uns herum erhellen, erkennen wir, was wirklich die Quelle für die unheimlichen Geräusche um uns herum ist. Eine riesige Schule von mehreren Hundert Delfinen jagt hier in der Nacht! Unglaublich schön!

Wir sollten schon bald in der Nähe der Isla Lobos de Tierra sein, wo wir landen wollen. Nur – wo ist sie? Im Morgengrauen verdeckt ein dichter Nebel die Sicht, wir können nur rund 500 Meter weit sehen. Lediglich das nun echte Tosen der Brandung auf den Felsen und das Bellen der Seehunde deuten darauf hin, dass die Insel schon ganz nah sein muss. Und dann öffnet sich die Nebelwand wie ein Theatervorhang, und das Eiland liegt vor uns! In der Hauptbucht ankern zahlreiche Boote, von denen sich die Männer an langen Sauerstoffschläuchen in die Tiefe abseilen lassen, um Muscheln zu sammeln. Freundlich winken sie zu uns herüber. Aber wir brauchen mindestens einen Tag Ruhe nach zwei durchpaddelten Nächten und entscheiden uns für die nächste kleinere Bucht. Das Wasser hier ist kristallklar und wärmer, und zum ersten Mal sichten wir statt den Pinguinen auf dem kalten Humboldstrom Schildkröten! Ein sicheres Zeichen, dass sich ab hier die Strömungsverhältnisse und die Tierwelt verändern werden. Wir haben fast die Tropen erreicht!

Diese Isla Lobos de Tierra ist Naturschutzgebiet, an den Stränden nisten zahlreiche buntschnäblige Pelikane sowie lustige Blaufußtölpel, die ihren Weibchen im Balztanz ihre leuchtend hellblauen Füße präsentieren. Wir schlagen unser Camp an einem Strandabschnitt auf, an dem wir die Tierwelt am wenigsten stören – wenn wir uns denn schon erlauben, hier zu campen. Dass unsere Schlafsäcke, die wir als zusätzlichen Sonnenschutz über unser Zelt legen, innerhalb kürzester Zeit mit Vogeldreck bedeckt sind, könnte man auch als Zeichen werten, dass wir hier eigentlich nichts zu suchen haben. Wir müssen dennoch einen Tag ausruhen.

Die beiden Naturschutz-Ranger, die uns am nächsten Nachmittag aufsuchen, sind auch nicht wirklich begeistert, uns hier campen zu sehen. Erst als wir ihnen erklären, dass wir im oder ganz in der Nähe unseres Zeltes blieben und keine brütenden Tiere stören würden, wäre das in Ordnung. Angesichts der massiven Menge an Plastikflaschen und Müll, die leider an den Stränden und über die ganze Insel verteilt sind, denke ich, warum die Ranger nicht auch dazu abgestellt sind, die Nistplätze der geschützten Vögel von dem Zivilisationsmüll zu befreien?

Angesichts des Wetters sieht unser Plan für die nächsten Tage vor, die achtzig Kilometer bis zu einem ruhigen Strand hinter Punta Shode an einem Tag zurückzulegen, um dort einen weiteren wetterbedingten Ruhetag einzulegen. Am dritten Tag wollen wir siebzig Kilometer bis nach Foca schaffen. Von dort aus sind es dann nur noch fünfundzwanzig Kilometer bis nach Paita, dem letzten Stopp vor unserer Weihnachtspause in Deutschland. Wenn alles gut geht, müssten wir in vier Tagen um die Mittagszeit in Paita ankommen!

Um das zu schaffen, müssen wir allerdings am nächsten Morgen schon um halb vier aufbrechen. Wir lassen die Flussmündungen und Buchten von Punta Tur, Punta Nac und Punta Falsa an uns vorbeiziehen. Je weiter wir kommen, desto mehr sind die Strände gen Norden ausgerichtet, hinter Punta Falsa sogar nordöstlich. Das bedeutet für uns: Die starke Brandung und die damit verbundenen schrecklichen Landungen sind Geschichte!

Kurz vor Punta Nonura entdecken wir einen ruhigen, breiten Strand mit ein paar wenigen Gebäuden. Liegt es am 20 Knoten starken Wind, dass wir das große gelbe Warnschild einfach übersehen? Dass dies hier militärisches Sperrgebiet ist, erfahren wir erst durch einen aufgeregten Mann, der mit Rekordgeschwindigkeit zu uns hinuntersprintet. Auch freundliches Zureden überzeugt ihn nicht, uns das Campen zumindest für eine Nacht zu erlauben. Das verdeutlich auch noch mal sein Vorgesetzter, der laut aus dem Funkgerät quäkt. Wir sollen doch bitte sofort unsere Sachen packen und einen Strand anlaufen, der gleich hinter der nächsten Landspitze liege. Selten heißen uns die Militärs mal nicht willkommen! Peter ist schon fast wieder auf dem Wasser. Vor lauter Ungeduld und Ärger bekommt er gleich dreimal hintereinander eine Riesenwelle sandiges Wassers ins Gesicht und verliert noch seine einzige Mütze, die er von der Küstenwache in Pisco geschenkt bekommen hat und die er täglich zum Bedecken seines kahlen Schädels braucht. Er flucht wie ein Rohrspatz. Ich warte noch einen Moment mit meinem Start, ob die Mütze nicht an Land getrieben wird, und tatsächlich fischt sie einer der Männer aus der Brandung. Gefolgt von einem Boot mit Soldaten, die sichergehen wollen, dass wir diese Bucht auch wirklich verlassen, paddeln wir die drei Kilometer zu dem Strand, der uns bestimmt wurde. Danke, hier ist es tatsächlich sehr viel schöner und einsamer als in der letzten Bucht! Der Strand ist von Tausenden kleiner roter Krebse bevölkert, die aus ihren Löchern aus dem Sandboden krabbeln. Besonders von Peters geruchsintensiven Sandalen scheinen sie sich magisch angezogen zu fühlen, denn es kritzelt und kratzelt die ganze Nacht um unser Zelt herum. Trotzdem ein idealer Platz für einen weiteren windigen Ruhetag und um diese Etappe langsam ausklingen zu lassen. Für Peter wird das schon der letzte entspannte Aufenthalt an einem Strand sein. Er wird nach unserer Weihnachtspause in Europa bleiben. Sein Kajak haben wir hier in Peru verkauft.

Kurz vor der Landung in Paita bietet sich ein Felsenbogen bei Punta El Ajureyo zur Durchfahrt an. Das soll der Legende nach Glück bringen! Im Unterschied zu anderen, die wir zuvor gesehen hatten, kann man diesen sogar durchpaddeln, keine hinterhältigen Felsen blocken die Durchfahrt, und es gibt kaum Dünung. Peter traut sich trotzdem nicht, also durchfahre ich diesen Glücksbogen alleine. Dieses gute Omen will ich nicht verpassen!

In der großen weiten Hafenbucht von Paita kommt uns schon ein Boot der Küstenwache entgegen. Sie geleiten uns zu einem größeren Boot der Marine, auf dem schon eine ganze Menge Männer neugierig auf uns hinunterschaut. Sie deuten auf die über die Reling hängende Leiter, die wir benutzen sollen, um an Bord zu kommen. Dutzende von Händen hieven unsere Boote und unser Gepäck nach oben. An Land begrüßt uns der Hafenkapitän und bietet uns ein Zimmer im Gästehaus der Marine an. Dankbar nehmen wir an und benutzen ausgiebig die Dusche, nicht nur um uns gründlich zu säubern, sondern auch um all unser Gepäck von Sand und Dreck zu reinigen. In der heißen Tropensonne trocknet es schnell durch.

Glücklich und mit der Welt versöhnt lassen Peter und ich diesen gemeinsamen Teil meiner Expedition ausklingen. In knapp drei Wochen ist Weihnachten, und schon morgen fliegen wir wieder heim!

Kapitel 10
ALLEIN DURCH ECUADOR

Peru/Ecuador: Lima bis Esmeraldas
09.01.13.–06.02.13

Vier Wochen bin ich in Husum, diesmal muss ich für eine ganze Handvoll Länder Informationen sammeln und die bürokratischen Aspekte der Reise erledigen! Der nächste Teilabschnitt führt durch Ecuador, Kolumbien, Panama, dann wieder Kolumbien, Venezuela, mit einem Abstecher hinüber nach Trinidad und weiter nach Guayana. Ich muss mich um Impfungen gegen Gelbfieber, Tetanus und Hepatitis A kümmern. Gegen Malaria nehme ich nur ein Stand-by-Produkt mit, es ist eher unwahrscheinlich, sich in der Küstenregion damit anzustecken.

Etwas wehmütig komme ich dort wieder an, wo ich mit Peter zusammen den letzten Abschnitt beendet habe. Nun bin ich wieder ganz allein auf mich gestellt! Aber trotz harmonischen Zusammenpaddelns mag ich es doch so lieber.

Die Wassertemperaturen haben sich in der Zwischenzeit abseits des kalten Humboldtstroms auf sechsundzwanzig Grad erhöht, und trotz eines starken Sun-Blockers habe ich meinen ersten Sonnenbrand auf den Unterarmen. Als ich mir abends nach fünfzig langen Kilometern quer über die Bucht von Paita ein Bad im Meer gönne, bringt das keine wirkliche Abkühlung mehr. Ich bin nicht mehr weit vom Äquator entfernt! Zumindest sind weit und breit keine Pinguine mehr zu sehen ...

Schon am zweiten Tag sehne ich mich nach einem Ruhetag ohne Hunde, Polizisten und aufdringliche Einheimische, die mein Zelt nachts in regelmäßigem Abstand mit ihren Autoscheinwerfern anleuchten wie in der Nacht zuvor. Der Jetlag steckt mir immer noch in den Knochen. Manchmal zahlt es sich einfach nicht aus, zu früh zu starten. Erst ein paar Kilometer hinter Cabo Blanco finde ich einen weiteren Strand, der ungestörte Ruhe und Abgeschiedenheit verspricht.

Auch an die Hitze muss ich mich erst wieder gewöhnen. Die wird auch meine Ernährungsgewohnheiten verändern: Käse und Butter sind vom Speiseplan gestrichen, die schmelzen mir weg. Fett brauche ich trotzdem, und ich habe mir schon ein kleines Fläschchen mit Olivenöl gekauft und wiederverschließbare Plastiktütchen mit Mayonnaise. Bei der weißen Schokolade bin ich mir noch nicht sicher, ob ich darauf verzichten kann. Besser in geschmolzenem Zustand als gar keine weiße Schokolade …

In den Tropen muss ich verstärkt auf meine Haut achten. Sonnenbrand habe ich schon, nun muss ich aufpassen, dass ich wegen der Hitze und der Feuchtigkeit nicht allzu starken Hautausschlag bekomme. An meinem Hinterteil zeigen sich schon die ersten Stellen. Ich muss vermeiden, dass es so schlimm wird wie auf meiner Australien-Umrundung!

Nach zwei ungestörten Nächten bin ich ausgeruht, und das Paddeln macht wieder richtig Spaß. Die Wetterverhältnisse in dieser Region sind relativ stabil und gemäßigt: Die nachts noch starken Winde vom Land beruhigen sich am Morgen und kommen später angenehm vom Meer. Das Wasser ist so warm, dass es kein Schock, sondern eine angenehme Erfrischung ist, wenn einmal eine Welle ins Boot schwappt. Um mich vor der Sonneneinstrahlung zu schützen, trage ich mein Fleece-Shirt mit Kapuze und lasse die Arme bedeckt. Fleece hält gleichzeitig warm und kühl und reibt selbst dann nicht auf der Haut, wenn es feucht ist. Auf eine Schwimmweste verzichte ich in diesen Breitengraden komplett, meine Haut würde die zusätzliche Hitze und das Scheuern nicht aushalten.

Auf den Sanddünen und Hügeln tauchen immer öfter kleine grüne Flecken auf. Noch ist es Urlaubszeit! Ich bin umgeben von Kite-Surfern und Jet Skis, die Bananenboote mit Touristen hinter sich herziehen, Boote zum Tiefseeangeln und ein paar Reiter ziehen am Strand vorbei. Und dennoch sehen selbst die größten Ferienanlagen nicht so aus, als seien sie überlaufen.

In den nächsten Tagen paddle ich relativ nah am Ufer entlang, aber gerade noch so weit vom Land entfernt, dass mich weder die Brecher erwischen, noch dass ich von übermütigen Teenagern überfallen werde, die sich bei meinem Anblick teilweise in die Fluten werfen wie die Rettungsschwimmer in »Baywatch« und versuchen, mein Boot schwimmend zu erreichen. Ich möchte nicht wissen, was passieren würde, wenn eine ganze Gruppe dieser aufgeregten Teenies von allen Seiten an den Rändern meines Bootes hängen und versuchen würden mein Kajak zu »entern«. Stattdessen halte ich vornehm Abstand wie die Queen in ihrer Kutsche. Manchmal höre ich die überraschten Pfiffe der Männer an Land, die Fußball spielen oder auf ihren Surfbrettern stehen und erkennen, dass hier eine »Senorita« an ihnen vorbeipaddelt.

Ich passiere ein letztes Feriendorf, die letzten ankernden Fischerboote und erreiche wieder eine Region, die absolut menschenleer und unbewohnt ist. Nur noch ein paar Kilometer, und ich werde Peru verlassen und Ecuador erreichen. Ich lasse Puerto Pizarro, Perus letzte größere Stadt, hinter mir und kann mich rückblickend nur noch einmal ganz herzlich für die peruanische Gastfreundschaft bedanken!

Nach einer ruhigen Nacht in Punta Payana bin ich bereit, mich auf ein neues Land einzulassen. Stolz klebe ich den vierten Flaggenaufkleber für Ecuador auf mein Kajak.

Auf meinem Weg zum Eingang des Kanals, auf dem ich die Isla Jambeli durchkreuzen will, werde ich von zahlreichen Fischern begrüßt. Einer von ihnen bietet mir Essen aus einer seiner Boxen an: Wassermelonen, Milch, eine Mango, ein paar Brötchen, sogar ein paar Krebse, die er frisch gefangen hat. Ist das ein Geschenk, oder soll ich die Dinge käuflich erwerben? Ich bin mir nicht sicher, auch nicht bei der Bibel, die er mir zum Abschied zeigt.

Der Eingang in den Kanal ist vor lauter Sandbänken kaum zu erkennen, es sieht hier aus wie in unserem deutschen Wattenmeer. An der Einfahrtstelle kreuzt ein kleines Motorboot, bis das Wasser wieder steigen wird und die Zufahrt ermöglicht. Mit meinem Kajak muss ich darauf nicht warten, lasse mich über einen Riegel aus Sand in den nächsten tieferen Pool spülen, steige aus und schleppe das Boot einige Hundert Meter bis zur nächsten Stelle mit tieferem Wasser. Immerhin ist der Untergrund hier nicht schlammig, sondern trittfest. Im Inneren des Kanals habe ich genug Wasser unter mir, um paddelnd voranzukommen. Die Atmosphäre hier inmitten dieses Mangroven-Labyrinths ist etwas unheimlich.

Nach einigen Kilometern biege ich vom kleineren Seiten- in den Hauptarm des Kanales ein und kann am Horizont schon den Hafen von Puerto Bolivar erkennen. Ich ziehe mein Kajak bei dem kleinen Marinemuseum auf einen hölzernen Ponton und mache mich auf die Suche nach dem Büro des Hafenkapitäns. Er stellt in Aussicht, mir auf dem Weg hinüber zur Isla Puna ein Begleitboot zur Verfügung zu stellen. In der Bucht vor Guayaquil sollen sich Piraten herumtreiben. Die seien zwar vor allem hinter dem Fang der Fischer und ihren Bootsmotoren her, doch wer weiß, ob ich nicht auch etwas zu bieten hätte, das attraktiv für sie ist?

Die Männer vom Marine-Begleitboot bitte ich, hinter mir zu bleiben und mir nur mit gebührendem Abstand zu folgen. So muss ich nicht die Abgase des Bootsmotors einatmen und habe nicht ständig dessen Lärm im Ohr und kann vielleicht auch komplett ausblenden, dass ich überhaupt ein Begleitboot habe. Piraten? Pah ...

Die lassen allerdings nicht lange auf sich warten, und das ausgerechnet zu einer Zeit, als sich das zweite Begleitboot aus Guayaquil für eine Weile verabschiedet, um sich um andere Dinge zu kümmern, sechzehn Kilometer vor Isla Puna. »Du schaffst es«, rufen sie noch, »es ist nicht mehr weit«, und zischen davon. Klar, ich weiß, dass ich es schaffe, ihr seid ja auch nicht bei mir wegen meiner mangelnden Kondition oder Paddelfähigkeiten ...

Nach fünf Kilometern taucht ein kleines offenes Boot mit drei Männern vor mir auf, hält direkt Kurs auf mich und fährt seitwärts an mein Kajak heran. Das ist an sich nichts Ungewöhnliches, zumal ich ihnen auch wie immer lächelnd zugewunken habe.

»Bist du allein unterwegs?«, fragt einer.

»Si!« Diese Antwort ergibt sich wohl von selbst, und ich paddle unbeeindruckt weiter. »Wohin willst du?«

»Playas«, sage ich, und habe nicht wirklich Lust, mich weiter in meinem gebrochenen Spanisch zu unterhalten. Irgendwie mag ich diese Jungs nicht. Das Boot macht einen Bogen um mich herum und kommt wieder näher. Diesmal rufen sie so etwas wie »olas grandes«, hohe Wellen rund um die Spitze der Isla Puna. Heute, an dieser Stelle? Ich ziehe die Schultern hoch und bedeute ihnen, dass mich das nicht wirklich beunruhigt. Etwas anderes jedoch sehr: Sie stoppen den Motor und rufen einen weiteren Satz herüber, von dem ich nur ein Wort verstehe: »Piratas!«

Die aufreizende Art, in ihrem Boot herumzuhängen, ihr breites Grinsen und wie sie ihre T-Shirts um den Kopf herum verknotet haben – die normalen und bescheidenen Fischer, denen ich bisher begegnet bin, haben sich anders verhalten. Und diese hier mag ich einfach nicht ...

Als ich »Piratas« höre, lache ich laut auf und ziehe nochmals die Schultern hoch. »No hablamos muchos Espanol, no entiendo«, rufe ich ihnen zu, ich spreche nicht viel Spanisch und verstehe nicht, und paddle immer noch unbeeindruckt und gleichmäßig weiter, ohne mich noch einmal umzudrehen. Geht nach Hause zu Mama, Jungs, denke ich noch und hoffe gleichzeitig, dass sie das Interesse an mir verlieren ...

Und tatsächlich bleiben sie hinter mir zurück. Ich atme

tief durch, weil ich ahne, dass diese Begegnung auch anders hätte ausgehen können. Keine Chance, wenn drei Männer von einem Motorboot meine drei Packluken ausräumen möchten! Das GPS lasse ich schon lange schnell vom Deck verschwinden, sobald sich ein Boot nähert. Und was ich sonst noch so an Werten in meinem Kajak spazieren fahre, kann sich vielleicht kein Einheimischer so richtig ausmalen.

Später erzähle ich Peter davon am Telefon und bin froh zu hören, dass er eine E-Mail der Deutschen Botschaft in Kolumbien bekommen hat, aus der hervorgeht, dass sich zumindest die kolumbianische Marine rund um die Uhr um mich kümmern wird, wenn ich in einigen Tagen dort paddeln werde. In Argentinien, Chile und Peru habe ich mich wirklich sicher gefühlt, da haben mich meine Begleiter eher genervt, als dass ich dankbar war, gut beschützt zu sein, doch Ecuador ist schon anders.

Die Gefahren durch die Wetterverhältnisse und die Tierwelt sind einigermaßen kalkulierbar, böse Menschen sind es nicht. Aus Sicherheitsgründen beschließe ich, meine Erlebnisse und meinen geografischen Standort erst mit zwei Tagen Verzögerung auf meiner Website zu posten. Man kann ja nie wissen, wer da sonst noch so mitliest...

Ich bin fast erleichtert, als nach einer ungestörten Nacht hier auf Isla Puna ein junger Marineoffizier in einem Motorboot vorbeischaut und checkt, ob ich noch lebe. Begleiten kann er mich aber nicht lange. Sind heute denn keine Piraten unterwegs? Fünfundzwanzig Kilometer vor meiner Landung in Playas kommt mir wieder ein kleines Motorboot entgegen, und schon strafft sich mein Körper. Zum Glück ist es wieder die Marine, die nach mir Ausschau hält, doch neun Kilometer vor meinem Ziel drehen auch sie ohne weitere Anweisungen ab. Auf mich allein gestellt, schaue ich nach einer sicheren Stelle, an der ich an Land gehen kann. Ich entscheide mich für einen Strandabschnitt, an dem ein paar schicke Häuser stehen, eine Umgebung, die guten Schutz verspricht. Gerade als ich mein Gepäck und mein Kajak hundert Meter den heißen Strand hinaufgezogen habe, kommt ein Marineoffizier auf einem Quad Bike auf den Strand geknattert. Sie planen etwas anderes für mich, als mich hier am Strand campen zu lassen. Der Quad-Fahrer lädt mein Gepäck auf und erklärt mir, ich solle die restlichen fünf Kilometer mit dem leeren Boot hinüber nach Playas paddeln. Dort erwarte mich ein sicherer Platz zum Campen auf dem eingezäunten Gelände der Hafenmeisterei. Für morgen Nacht ist mir schon ein Platz in der Hafenmeisterei von Chanduy sicher, und ein Offizier aus Punta Salinas hat sich bereits per E-Mail gemeldet und auch dort eine weitere Übernachtungsmöglichkeit in Aussicht gestellt. So werde ich buchstäblich von Etappe zu Etappe weitergereicht, was einerseits beruhigend ist, andererseits meiner Vorstellung vom freien Paddeln natürlich zuwiderläuft. Manchmal ist es ganz schön anstrengend, vernünftig zu sein ...

Obwohl der nette Hafenkapitän in Chanduy mir ein Zimmer im Gebäude anbietet, nutze ich nur die Dusche und campe stattdessen wieder im Hinterhof. Dort weht zumindest noch eine leichte Brise, ich habe meine eigenen vier Wände, und das Zelt ist im Gegensatz zu den nicht klimatisierten Zimmern moskitofrei. Ich merke, dass mich das Paddeln in ständigem Gegenwind gestern ganz schön ausgelaugt hat. Mein feuchter Körper wurde quasi einem ständigen Luftzug ausgesetzt. Das kann nicht gesund sein! Alles schmerzt, und ich brauche noch diesen Sonntag zur Erholung.

Obwohl ich keiner Kirche angehöre und keinem Glauben folge, nehme ich abends an einer Messe in der Dorfkirche teil. Ich verstehe zwar kein Wort, doch irgendwie berührt mich die freundliche Ausstrahlung, die von diesen Menschen in ihrem besten Sonntagsstaat ausgeht. Gläubige Menschen, die so friedlich sind wie diese, können keine schlechten Menschen sein, oder?

Als ich den kleinen Küstenort San Lorenzo erreiche, sorge ich für einen Auflauf. Mehr als hundert Menschen strömen am Strand zusammen. Bei so vielen Zuschauern kann ich mir wirklich keine missglückte Landung erlauben! Ich warte auf eine moderate Welle, und schon werde ich mitten in die Menschenmenge hineingespült. Ich habe Angst, dass ich jemand mit meinem schweren Boot treffen würde, doch kaum bin ich an Land, packen Dutzende von Händen zu und ziehen das Boot aus der Brandungszone. Ich bin der Höhepunkt des Tages, wenn nicht der Woche oder noch länger. Alle sind sehr freundlich, doch es sind so viele, die jeden meiner Schritte und Handgriffe genau beobachten. An eine ungestörte Dusche ist nicht zu denken, auch nicht im geschlossenen Zelt.

Beim Aufbau meines Camps habe ich nicht bemerkt, dass direkt neben mir eine Strandhütte steht, bewacht von einem aufmerksamen Hund, der jede meiner Bewegungen mit einem tiefen, warnenden Kläffen quittiert. In den Tropen ist man ständig von zahlreichen Tieren umgeben, ob man will oder nicht. Ich schlafe ein mit Blick auf eine Eidechse außen an der Zeltwand und wache mit Kakerlaken und kleinen fiesen Ameisen rund um meine Schlafmatte auf – von der Kröte im Eingangsbereich ganz zu schweigen. Nur auf dem Wasser machen sich meine normalen Begleiter der südlichen Breitengrade wie Seehunde, Delfine oder Wale rar. Es gibt nichts mehr zu beobachten, seitdem der Humboldtstrom abgedreht ist! Zumindest habe ich den Wind nun im Rücken, seit ich ostwärts Richtung Manta unterwegs bin. Dort empfängt mich ein sehr belebter Industriehafen voller Lärm und Gestank. An der endlos langen Hafenmauer und zahlreichen Booten und Schiffen vorbei paddle ich zum Bootsanleger der Hafenmeisterei. Komisch, es ist gar kein Boot in Sicht, um mich zu empfangen? Noch einmal rufe ich den Verantwortlichen an, der von nichts weiß und sich baldmöglichst wieder melden will. Ich könnte noch nach einer Unterkunft im nahe gelegenen Jachtclub fragen, doch mit dem Lärm und Gestank um mich herum entscheide ich mich, die Stadt schnell wieder zu verlassen und doch noch zwei Buchten weiter in die freie Natur zu paddeln. Es ist erst drei Uhr nachmittags, es herrscht Windstille, die See ist ruhig, also, nichts wie weg hier! An einem Strand hinter Jaramijo finde ich tatsächlich die ersehnte Ruhe. Die Sandfliegen, die mich beim Aufbau des Zeltes fast auffressen, sind im Vergleich zum Lärm des Industriehafens von Manta noch die bessere Wahl.

Heute werde ich den Äquator überqueren! Es ist Tag 378 meiner Reise. Schon gestern habe ich bemerkt, dass ich wieder in eine nördliche Strömung mit kühlerem Wasser komme, die mir etwas Schwung verleiht, die aber auch für die langen riesigen Brandungswellen verantwortlich ist, die mir die Landungen der letzten Tage erschwert haben.

Der Äquator kommt näher, was ich nur daran erkennen kann, dass sich die Zahlen auf meinem GPS-Gerät ändern. An Land ist kein Schild zu sehen, es soll aber irgendwo hier ein Monument geben, das die Nulllinie markiert. Irgendwann ist der historische Moment gekommen: Auf meinem GPS sind nur Nullen zu sehen! Bewegt rufe ich meine Familie an, um dieses besondere Ereignis mit ihnen zu feiern. Als mein Vater, der Meeresbiologe Dr. Heinrich Hoffmeister, als junger Student den Äquator auf einem Walfänger-Schiff überquerte, feierten die Seeleute das noch mit einer Art Initiationsritus mit Spielen und einer Äquatorial-Taufe, in deren Rahmen sie sich neue Namen verliehen. Mein Vater war das »Walross«, ein schriftliches Zertifikat, das die Überquerung bescheinigte, hing jahrelang über seinem Schreibtisch. Nun folgt ihm seine Tochter, allerdings weitaus weniger feierlich. Ich bin zurück auf der nördlichen Hemisphäre!

Meine eigene Taufe hole ich etwas später nach, allerdings eher unfreiwillig: Als ich die Marinestation von Pedernales ansteuere, sieht die Brandung vom Kajak betrachtet wie immer schwächer aus, als sie tatsächlich ist. Mit diesen Brechern habe ich nicht gerechnet, ich bin mental gar nicht auf eine ungeschützte Landung vorbereitet! Mein Timing ist schlecht, und schon wirft mich der erste Brecher um und saugt mich förmlich aus dem Kajak. Ich habe noch nicht einmal die

Chance, unter Wasser hängend abzuwarten, bis ich wieder hochrollen kann. Meine linke Sandale rutscht mir fast vom Fuß, meine Kopfbedeckung schwimmt davon, mein Paddel kann ich noch festhalten. Welle für Welle schlägt über mir zusammen, und ich schlucke reichlich Wasser. Zum Glück sehe ich, wie mein Kajak an Land gespült wird, ohne allzu großen Schaden zu nehmen. Zwei Jungs am Strand halten es fest, während ich hustend an Land schwimme. Wie gut, dass diese peinliche Landung nicht von mehr Zuschauern beobachtet wurde!

Am Morgen darauf schauen die Männer skeptisch zu, wie ich mich für den Start aufs Wasser fertig mache. Sie können ja nicht wissen, dass solch eine missglückte Landung für mich die absolute Ausnahme ist. Heute stimmt das Timing, und der Weg aufs Meer ist frei. Ich hoffe, sie behalten mich so in Erinnerung!

An Land sind kaum noch hohe Berge zu sehen, dafür lang gezogene Sandstrände und Palmenwälder. Ferienorte und Touristen gibt es hier nicht mehr, nur ein paar Cowboys mit ihren Rinderherden und ein paar einheimische Jungs, die mir freundlich hinterherwinken. Es ist heiß, die Sonne knallt gnadenlos vom Himmel, dazu muss ich gegen einen Wind von rund fünfzehn Knoten ankämpfen. So schaffe ich nur fünfundzwanzig Kilometer Strecke und bin froh, dass ich ohne größere Probleme den Strand von Galera erreiche. Diese Nacht werde ich wieder an einem belebten Stadtstrand übernachten müssen, die freundliche Begrüßung durch die Einheimischen gibt mir aber das Gefühl, hier sicher und willkommen zu sein. Leider übertreiben es zwei junge Männer mit ihrer Neugier. Gerade als ich gegen 22 Uhr in einen erholsamen Tiefschlaf versunken bin, meinen die beiden, mir noch einen Besuch an meinem Zelt abstatten zu müssen.

»Senora, por favor, palabra, conversation ...«, höre ich im Halbschlaf. Extrem schlecht gelaunt wache ich auf.

Sie wollen bitte nur mit mir reden, erklären die beiden. Ich kann sie gerade noch davon abhalten, sich auf mein Ka-

Mit 75 Kilo kann ich mein Kajak beladen – schön verteilt in handliche Päckchen …

… inklusive Zelt …

… und Trockenanzug

Man kann gar nicht so viele Tiere fotografieren, wie man trifft.

Ändert sich binnen Minuten: das Wetterfenster auf dem Weg nach Kap Hoorn.

Wild, stürmisch und am Ende der Welt:

Kap Hoorn

Wer das Zelt findet, hat gewonnen

Trauriges Ende einer Reise

Gletscherland-
schaften und
Eisskulpturen
vor Chiles Küste

Mein Kajak auf Landgang

Ansonsten:
wilde Schönheit,
raue Küsten

Peter ist „schaumgeboren"

Ein ganz privater Hafen für zwei

Sie sind zahlreich und unentbehrlich zur Orientierung: Leuchttürme

Per Anhalter übers Meer

Eine Begegnung der unheimlichen Art

Bitte nicht stören!

Torbögen,
aus Naturstein
und Stahl

Ein Schuh auf dem Wasser?
Nein, ein traditionelles Fischerboot in Peru

Von der Marine aufgebracht:
ein selbstgebautes U-Boot der Kokainschmuggler

Ein Hamburger aus Koralle, Fußpflege und ein bisschen Sehnsucht.

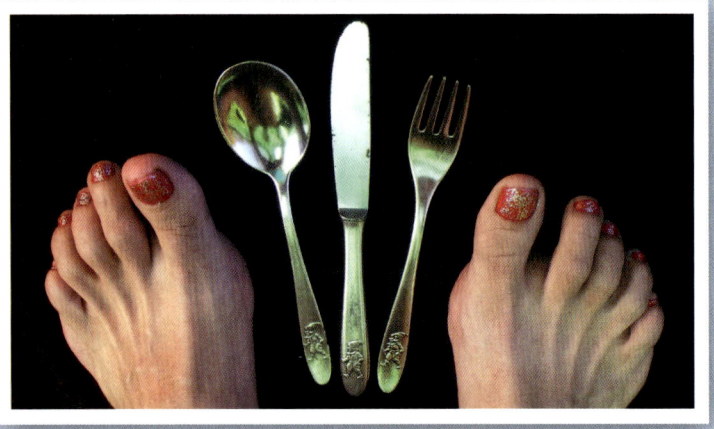

Spektakuläre und
atemberaubende
Landschaften

Kleine und große Fundstücke am Strand ...

... und ein mobiles Sound-System, das mir den Schlaf raubt.

Der Glaube ist den Südamerikanern heilig – und er macht sie kreativ.

Glücklich bei meiner
Ankunft in Buenos Aires
© Marcus Christoph

Aller Ehren wert:
Eine Auszeichnung der
argentinischen Marine

Freya Hoffmeister mit dem Botschafter der EU, Alfonso Diez Torres (links) und
dem deutschen Botschafter in Argentinien, Bernhard Graf von Waldersee
© Marcos Ferrer

jak zu setzen, das ich wie immer als eine Blockade vor meinem Zelteingang platziert habe. Sie machen es sich auf der anderen Seite des Bootes bequem und reden beschwichtigend mit tiefer Stimme auf Spanisch auf mich ein. Der Reißverschluss meines Außenzeltes ist zwecks Ventilation nur einen kleinen Spalt geöffnet. Da ich nicht glaube, dass sie etwas Wichtiges zu sagen haben, erkläre ich ihnen: »Ich bin müde, ich möchte schlafen! Geht jetzt bitte!« Der genervte Tonfall sollte ein Übriges tun. Sie reden jedoch weiter auf mich ein und trommeln dabei permanent auf mein Kajak. Ich unternehme einen rigoroseren Versuch, sie loszuwerden, öffne den Reißverschluss des Zeltes, richte den stärksten Lichtstrahl meiner Taschenlampe direkt in ihr Gesicht und zische ihnen entgegen: »Fuck off!«

Keine Reaktion, stattdessen noch einmal: »Señora, por favor, Señora, por favor, Señora, por favor …«

Ich versuche, ruhig zu bleiben, und schalte um auf eine andere Strategie: keine Reaktion mehr meinerseits, in der Hoffnung, dass ihnen bald die Lust vergeht, mich zu nerven oder sogar gewalttätig zu werden. Ängstlich bin ich nicht, nur ärgerlich ob meiner gestörten Nachtruhe. Irgendwann geben die beiden auf und trollen sich. Vielleicht hat diese penetrante Methode, auf sich aufmerksam zu machen, Erfolg bei den einheimischen Mädchen? Bei einer gestandenen erwachsenen Deutschen jedenfalls nicht. Trotzdem sitze ich noch zwei Stunden später senkrecht in meinem Zelt und befürchte, dass sie später wiederkommen, vielleicht mit noch mehr Männern im Schlepptau, die nicht nur »Señora, por favor« rufen würden. Für den Fall der Fälle hole ich doch noch schnell meine Trillerpfeife aus dem Kajak ins Zelt. Ich achte auf jedes Knacken aus den Büschen um mich herum. Es sind wahrscheinlich nur Tiere – oder ein paar verlorene Seelen vom nahe gelegenen Friedhof? Vielleicht waren die Jungs ja auch nur ein paar Untote von dort? Waren ihre Pupillen nicht tiefschwarz, als ich ihnen mit meiner Taschenlampe ins Gesicht leuchtete? Wer auch immer in der Nacht um mein Zelt herumgeschlichen ist, meine Nachtruhe haben sie auf jeden Fall gründlich ruiniert.

Entsprechend müde und schlapp starte ich in den nächsten Tag. Ich verlasse Galera noch im Morgengrauen, ohne weiteren Einheimischen über den Weg zu laufen. Am Horizont ziehen dunkle Wolken auf, diesmal nicht nur ein leichter Schauer, sondern ein richtiger Wolkenbruch mit Winden von rund 20 Knoten von vorn. Ich kämpfe mit dem Gegenwind, will nicht aufgeben oder umdrehen. Die Sicht ist schlecht, doch ich entschließe mich, trotz schlechter Sicht bis Atacames weiterzupaddeln. Das liegt auf halber Strecke zu meinem letzten längeren Stopp in Ecuador in Esmeraldas, und wenn ich mich hier nicht den vorherrschenden Gegenwinden stelle, wann dann?

Eine Übernachtung in der Marinestaion von Atacames erscheint mir nach den Erfahrungen der gestrigen Nacht sehr verlockend. Atacames ist aber ein sehr beliebter Ferienort, und die Station liegt direkt am gut besuchten Stadtstrand. Was soll ich machen? Sicherheit geht vor ungestörter Ruhe. Die Marineleute sind froh über die Abwechslung, und ich beziehe ein Zimmer eines gerade abwesenden Offiziers.

Am Strand reihen sich die Obst- und Eisverkäufer lückenlos aneinander, es gibt Sonnenbrillen zu kaufen und jede Menge Möglichkeiten, auf dem Wasser mit Kite Surfing, Bodyboards und Bananenbooten Spaß zu haben. Ich spaziere auf der Strandpromenade an unzähligen Bars, Restaurants, Souvenir- und Tattoo-Shops entlang, von überall her dröhnt laute Musik. Aber ich bin nicht zum Urlauben hier, auch wenn ich nun meinen Aufenthalt auf zwei Tage ausdehnen muss. Nach den letzten anstrengenden Paddeltagen brauche ich die Erholung, und meine Haut ist dankbar für die Chance, sich zu regenerieren. Für die strapazierte Muskulatur gönne ich mir eine Massage am Strand, und einkaufen kann ich hier sogar besser als in Esmeraldas. Dort brauche ich nur noch den Ausreisestempel, um Ecuador Richtung Kolumbien legal verlassen zu können.

Ich versuche, mich am lebhaften Strandleben zu erfreuen, lasse mir die frischen Mangos und die Süßigkeiten aus Kokosnuss schmecken und lasse mir auf einer Kopfseite kleine Rasta-Zöpfe von den Frauen am Strand flechten, zwölf Zöpfe für vier Dollar. Die halten allerdings nicht lang: schon zwei Stunden später mache ich sie mir wieder heraus: Es tut einfach nur weh und meine grauen Haare werden sichtbar!

Direkt hinter Esmeraldas beginnt die Region mit den zahlreichen Flussmündungen, in denen sich die berüchtigten Drogenanbaugebiete befinden. Wie gut, dass schon die Marine in Kolumbien bereitsteht, um mich sicher an diesen Küsten entlang zu geleiten!

Vor Rio Verde geleiten mich zwei Fischer durch die wilden Kreuzwellen in die ruhige Mündung. Dutzende von Familien winken uns zu, als ich am rechten Ufer des Flusses an ihnen vorbeipaddle. Bei den vielen dunkelhäutigen Menschen, die am Ufer den frischen Fang sortieren, frage ich mich für einen kurzen Moment, ob dies noch Südamerika und nicht doch Afrika ist? Dieses nördliche Gebiet ist ein Schmelztiegel unterschiedlichster Kulturen und Hautfarben.

Auf dem Weg zurück zum Start im Rio Verde gibt sich ein Fahrer eines kleinen dreirädrigen Motortaxis alle Mühe, mein Kajak sicher darauf zu verstauen. Es wird der Länge nach auf der Fahrgastseite an ein paar dünnen Holzbohlen fixiert. Kurz vor dem Strand passiert es: Eine der Bohlen lockert sich und quetscht das Heck von beiden Seiten ein. Ich höre ein hässliches Knirschen und Knacken im Gelcoat. Laut fluche ich vor mich hin, zum Glück kommen einige Fußgänger herbeigesprungen, um das Heck zu stützen, damit die Risse nicht noch tiefer gehen. Der Schaden ist zwar ärgerlich, aber leicht zu reparieren. Dutzende von neugierigen Augenpaaren beobachten mich dabei, wie ich an Ort und Stelle meinem Zweikomponenten-Epoxykleber mische und auf die beschädigten Stellen auftrage. Kein großes Ding, aber ich bin schon spät dran. Seit halb sieben Uhr morgens wartet das Begleitboot der Marine am Ende der Flussmündung auf mich, nun ist es schon fast acht Uhr, bevor ich loskomme. Knapp drei Stunden bleibt das Boot unauffällig in meiner Nähe, gegen halb zwölf am Vormittag drehen sie gelangweilt ab. Zwei Stunden später sind sie für zehn Minuten wieder da, doch meine Bitte, etwas Abstand zu halten, führt dazu, dass sie wieder komplett verschwinden. Erst später sehe ich sie wieder, als sie eine Handvoll Boote verfolgen, die gerade aus Kolumbien herübergefahren kommen. Drogenschmuggler?

Bevor ich den kleinen Hafen von La Tola erreichen kann, bleibe ich noch im flachen Wasser stecken. Ich bitte einen Fischer, mir dabei zu helfen, mein Kajak rund hundert Meter weit an die Stelle des Flusses zu ziehen, an der ich genügend Wasser zum Paddeln habe. Wortlos erledigt er seine Aufgabe. Ich danke ihm ganz herzlich, doch in seinem Gesicht steht geschrieben, dass er sich sehr wundert, was diese dumme »Gringa« hier in seinen Gewässern zu suchen hat – und dann noch im flachen Wasser aufläuft. Erst nach weiteren 500 Meter des Laufens und Ziehens erreiche ich tiefes Wasser und beeile mich, der schon sichtbaren Antenne der Marinestation von La Tola entgegenzupaddeln. Es ist schon dunkel, als ich dort ankomme, doch auch hier finden sich wieder zahlreiche helfende Hände. Zwei Marinesoldaten schleppen mein Gepäck in die Station, ein paar Einheimische kümmern sich um mein Kajak. Die Hilfsbereitschaft, die ich schon während meiner letzten Stopps in Ecuador erleben durfte, scheint sich bis ins letzte Städtchen fortzusetzen! La Tola ist mein letzter Stopp in Ecuador.

Kapitel 11
KOLUMBIENS GEFÄHRLICHE KÜSTEN

Kolumbien – Panama – Kolumbien
07.02.–26.03.13

Kolumbien! Vor mir liegt einer der heikelsten Abschnitte meiner Umrundung Südamerikas. So oft ich auch in den letzten Monaten von der manchmal übertriebenen Fürsorge der Marine genervt war, hier wünsche ich mir eine lückenlose Begleitung. Ich habe zu viel über Piraten, Drogenschmuggler und vor allem FARC-Rebellen in dieser Region gehört. Die Gefahr ist real. Das erste kleine Motorboot, das auf meinem Weg nach Cabo Manglares auf mich zugerast kommt, entpuppt sich zwar noch als harmlos, doch bei zwei weiteren, die später am Nachmittag mit ungebremster Geschwindigkeit knapp an mir vorbeirasen, bin ich mir nicht mehr so sicher. Abgesehen von ihren sehr unfreundlichen Gesichtern, transportieren sie einen Stapel Benzinkanister, da Benzin in größerer Menge zur Drogenherstellung benötigt wird.

Weit und breit ist noch kein Marineboot in Sicht. Sie sollten eigentlich seit zwölf Uhr mittags am Ausgang der Flussmündung auf mich warten. Per Funk und Satellitentelefon kann ich weder Kapitän Delgado noch die Fregatte erreichen. Erst nach zahlreichen Kontaktversuchen durch Peter von Europa aus setzt sich ein Boot der kolumbianischen Küstenwache in Bewegung. Sie hatten mich weiter südlich vermutet. Jetzt ist es schon halb vier Uhr am Nachmittag, und ich bin froh, die vier Männer auf ihrem offenen, mit drei starken Motoren ausgestatteten Boot zu sehen.

Wir beratschlagen, wie es weitergehen soll. Es ist am sichersten, die Nacht auf dem Boot zu verbringen. Die Männer bleiben sowieso an Bord, und für mich ist nirgendwo sonst eine Übernachtung an Land geplant. Ich springe hinüber auf ihr Boot, und die Männer hieven mein Kajak hoch.

Es gibt eine überdachte Ecke am Bug des Bootes, in der eine Matratze ausgelegt ist, doch da ich keinem der Männer den Schlafplatz wegnehmen will, schlage ich mein Lager direkt neben meinem Kajak auf. Es sieht nicht nach Regen aus, warm genug ist es auch, sodass Schlafmatte und Decke für die Nacht reichen werden. An einer windstillen Stelle entzünde ich meinen kleinen Gaskocher, um mein Abendessen warm zu machen. Heute Abend gibt es nur ein paar chinesische Nudeln aus der Packung, die Männer geben sich mit ihrem kalten Militärproviant zufrieden. Hätte ich gewusst, dass ich meinen Campingkocher auf rund zwölf Fässern mit Benzin angeworfen habe, hätte ich mich wahrscheinlich auch für ein kaltes Abendessen entschieden ... Aber auch so habe ich permanent den Geruch von Benzin in der Nase, der mich wie das beständige Rollen des Bootes nicht schlafen lässt. Es ist ein Gefühl, als ob jemand einen ständig schüttelt, damit man aufwacht.

Die meiste Zeit liege ich sowieso nur mit offenen Augen auf dem Rücken, lausche den Männern, die sich noch eine ganze Weile unterhalten, beobachte die Sterne und die Lichter am Festland und bewundere die Bio-Lumineszenz im Wasser um uns herum. Irgendwann legen sich auch die Männer schlafen, einer im geschützten Bug, wo die Matratze liegt, die anderen verteilt auf dem Boot. Niemand traut sich direkt neben mir zu liegen, obwohl dort auch noch genug Platz wäre. Einer der Männer schläft überhaupt nicht, er hält Wache und das Boot vom Festland fern.

Um sechs Uhr morgens fahren wir die zwölf Kilometer zurück, die wir über Nacht von der Stelle abgetrieben wurden, an der ich an Bord gegangen bin. Ein neuer Paddeltag kann genau an meinem GPS-Punkt beginnen. Ich habe schlecht geschlafen, kämpfe mit Langeweile, den Strömungen der Flussmündungen, an denen wir vorbeikommen, und später auch mit Gegenwind von 15 Knoten. Ich komme nicht wirklich gut voran, doch eine Landung in Tumaco kurz vor der Dämmerung ist noch machbar. Die Männer der Marine folgen mir mit gebührendem Abstand den ganzen Tag.

Es bedarf noch einiger Anstrengung, bis ich die erste große Stadt Kolumbiens erreiche. Eine ganze Reihe kleiner flacher Flussmündungen und die starken Gezeitenwellen treiben mich vom Ufer fort. Im Zickzackkurs muss ich die kleinen Inselchen vor Tumaco umrunden, vorbei an dichtem tropischem Regenwald. Die Marinestation kommt in Sicht. Sie nimmt die gesamte Spitze des Landzipfels ein und bildet neben dem Ort eine ganze Stadt für sich, wie schon in Esmeraldas und Puerto Bolivar. Hier kann ich mich sicher fühlen! Nach fünf Tagen Paddeln werde ich hier wieder für zwei Tage Rast machen.

Mein Zimmer bietet einigen Komfort: ein schönes Bett, Kühlschrank, Fernseher und Klimaanlage. Ich muss meinen Einreisestempel für Kolumbien beantragen, Geld umtauschen, einkaufen und mir eine kolumbianische SIM-Card besorgen. Das veritable Erdbeben am nächsten Tag lässt das Telefonnetz zeitweilig zusammenbrechen, ich bekomme die Karte nur mit einigen Schwierigkeiten aktiviert.

Die Stadt selbst sieht viel sauberer aus, als meine Vorabinformationen ergeben haben. Die vielen Polizisten und Soldaten im Straßenbild verbreiten ein Gefühl der Sicherheit. Als ich im Casino der Marinebasis zu Mittag esse, sehe ich real, das der Drogenschmuggel hier ein ernstes Problem ist. In einer kleinen schlammigen Bucht liegen zahlreiche Schmugglerboote, die von der Marine konfisziert worden sind und nun hier vor sich hin rotten. Darunter sind mehrere kleine Halb-U-Boot-Selbstbauten und ein großes Boot mit vier Motoren und Dutzenden von Benzinfässern an Bord. Das Benzin benötigen die Koka-Bauern, um aus der Grundsubstanz Kokain herstellen zu können.

Dann kommt das große Ereignis, welches mir Fregattenkapitän Delgado schon angekündigt hatte: die Marine-

Parade! Er bittet mich, mit meinem Kajak an dieser Parade teilzunehmen, doch an meinen Ruhetagen scheue ich jede Berührung mit dem Salzwasser. Ich möchte lieber auf einem der Marineboote mitfahren. Ich erwarte eine würdevolle militärische Veranstaltung mit zahlreichen Uniformen und lauter Marschmusik, habe ihn aber wohl falsch verstanden. Denn was ich nun zu sehen bekomme, ist etwas ganz anderes: Es ist der Karneval von Tumaco!

Einen besseren Zeitpunkt hätte ich nicht wählen können, um die kolumbianische Lebensfreude auf der Pazifikseite des Landes kennenzulernen. Andere Touristen sind weit und breit nicht zu sehen, die höchste Kriminalitätsrate des Landes wirkt abschreckend. Doch heute sehe ich nur glückliche Gesichter! Für diesen einen Nachmittag wollen die Menschen nicht daran denken, wie gefährlich das Leben hier ist, sondern einfach nur feiern. Party ist angesagt, auf den Stelzenhäusern an Land und auf den zahlreichen großen Fischerbooten mit ihren hochgebogenen Bugspitzen tummeln sich bunt gekleidete Menschen. Auf den Booten sammeln sich Musikanten aller Art. Für die anstehenden Wasserschlachten ist jedes Boot mit Schaumspray und Wassereimern ausgerüstet. Drei Marineschiffe, ein Polizeiboot und die Küstenwache halten das Chaos aus Hunderten von bunt geschmückten Barkassen zusammen.

Ich versuche, eine der jungen, bunt geschmückten, mit Glitzer-Hotpants und High Heels bekleideten Carnival Queens zu imitieren, die auf einem halben Dutzend Boote mit ihren knackigen Hintern wackeln. Aber selbst die paar als Frauen verkleideten schwulen Männer bekommen das besser hin! Auf den Booten, die an den Tausenden von Zuschauern auf der Promenade entlangziehen, sehe ich halbnacktes Fleisch hin und her wiegen, der Lärm ist unbeschreiblich. Ich knipse mir die Finger wund und bin zufrieden, in Sicherheit und etwas auf Distanz auf einem Marineboot zu sein und nicht inmitten in dieser ausgelassenen, tanzenden Menschenmenge!

Felipe und Dario, meine »Bodyguards« von der Marine, führen mich am nächsten Tag noch in ein wunderbares Strandrestaurant aus, wo wir uns »carne asado« schmecken lassen: gegrilltes Fleisch mit Yamswurzeln, Salzkartoffeln und gegrillter Banane – köstlich! Zum Abschied schenkt mir Konteradmiral Neira ein Multifunktionsmesser mit der Aufschrift »Joint Forces against Narco Traffic«. »Kampf dem Drogenschmuggel!« Tumaco zeigte sich, zumindest für mich, von der besten Seite!

Auf dem Weg Richtung Mosquera werde ich von der Strömung um Tumaco förmlich aus der Bucht gesogen. Ich schaffe einen Durchschnitt von fast zehn Kilometern die Stunde, auch, weil ich die nächsten Tage wegen der nötigen Begleitung nur »mit leichtem Gepäck« paddeln werde. Das macht mich nicht nur beim Paddeln schneller, es erspart auch eine Menge Arbeit bei der Landung. Es ist so heiß heute, dass ich sogar freiwillig zwei Eskimorollen einlege, um mich zu erfrischen. Oder ist das eine Showeinlage für »meine Jungs«? Es ist aber angenehmer, mich nur mit dem Schwamm notdürftig zu erfrischen, als bei einer Rolle Wasser in Nase, Ohren und Cockpit zu bekommen.

Nach 60 Kilometern habe ich mein Tagespensum erreicht. Die Männer vom Marineboot, die sich den ganzen Tag in akzeptabler Entfernung gehalten haben, holen mich ein und nehmen mich an Bord. Gemeinsam geht es fünf Kilometer nach San Juan, einem kleinen Fischerdorf, von dem die Männer wissen, dass wir dort ausreichend Schutz haben werden. Drei weitere Marineboote sollen für Ordnung in diesem kleinen Dschungeldorf im Herzen der Drogenplantagen-Flussläufe sorgen, ausgerüstet mit einem Maschinengewehr auf jeder der vier Seiten und einer ganzen Reihe anderer furchteinflößender Waffen. Einer der Gewehrläufe ist die ganze Nacht auf mein Kajak gerichtet. Selbst daran kann man sich gewöhnen!

Während ich mein Abendessen vorbereite – heute gibt es gekochte Kartoffeln mit Mayonnaise und Salz –, wird mir noch ein ganz anderer Augenschmaus zuteil: Aus den Augenwinkeln beobachte ich »meine« Männer bei der Körperpflege. Ich frage mich, ob sie mich auch so interessiert beobachtet haben, als ich meine nassen Klamotten ausgezogen habe? Das Leben als Frau in einem kolumbianischen Militärcamp kann manchmal schon sehr spannend sein! Für die Nacht steuern die Jungs das Boot aus Sicherheitsgründen in die Mitte des Flusses. Dort gibt es auch weniger Moskitos, und ich bekomme erholsamen Schlaf.

Der Wind und die Strömung lassen mich gut vorankommen, sodass ich schon am frühen Nachmittag mein Pensum geschafft habe. Die Männer holen mich wieder zurück ins Boot und steuern direkt in ein Flusssystem voller Mangroven. Die Stadt Mosquera ist nur vom Wasser aus zu erreichen. Kein Tourist verirrt sich hierher, dies ist das Gebiet der Koka-Bauern. Ein wenig bedauere ich, dass ich nicht an einem der zahlreichen Strände frei campen kann, an denen wir mit hoher Geschwindigkeit vorbeiziehen. Bei Hochwasser wären diese aber komplett verschwunden, der Gezeitenunterschied beträgt hier inzwischen vier Meter!

Die 42 Kilometer bis zur Isla Gorgola habe ich schon nach sechs Stunden um die Mittagszeit geschafft. Ich paddle extra langsam in ein Korallenriff nah an Land hinein, um all die Schönheit der Strände und des Dschungels dahinter in mich aufzunehmen, und freue mich schon auf eine ungestörte Übernachtung in freier Natur. Doch die gesamte Insel ist ein Naturschutzgebiet, es ist nicht erlaubt, hier überhaupt irgendwo sein Zelt aufzuschlagen!

Es gibt an Gebäuden nur ein Hotel und eine Polizeistation auf der Insel, die mit fünf Mann etwas überbesetzt ist. Das Hotel ist komplett leer, kein einziger Gast hat sich hierher verirrt. Traurig erklärt der Hotelmanager, dass diese Insel nicht so beliebt bei Urlaubern ist, wie sie es verdient hätte, bei all dem, was sie zu bieten hat! Liegt es an den zahlreichen Schlangen? Oder daran, dass man hier nicht rauchen, trinken, zelten, alleine in den Dschungel gehen und sich seine eigenen Mahlzeiten zubereiten darf? Der Manager führt mich zum Nationalpark-Ranger, und beide diskutieren lange, ob sie mir überhaupt erlauben können, irgendwo zu campen. Ob ich nicht lieber im Hotel übernachten wolle?

Nach langer Diskussion darf ich mein Zelt auf der hölzernen Veranda der Polizeistation aufstellen und dort auch kochen. Auch sei diese Stelle sicher vor Schlangen. Mein Gott, wo liegt das Problem, außer im mangelndem Hotelumsatz? Ich richte mich wie immer in meinem Zelt ein und bin vorerst zufrieden. Nachmittags finde ich sowohl das Personal des Hotels als auch die Polizisten und meine Jungs von der Marine gemeinsam vor dem Fernseher sitzen, die Fußball-Champions-League wird übertragen. Männer haben wohl überall auf der Welt die gleichen Interessen!

Ich nutze die Zeit, um etwas am Strand zu spazieren, und ziehe mich dann in mein Zelt zurück. Es wird Zeit, sich um die Hautpflege zu kümmern. Doch auch nach einer kleinen Dusche aus einem meiner Wassersäcke fühle ich mich noch nicht wirklich sauber, ständig juckt es überall. Nachdem ich mich den ganzen Tag mit Sonnenschutzlotion und Insektenschutz, in der Nacht mit Antijucksalbe und Heilsalbe für die schon entzündeten Insektenbisse und Moskitostiche eingeschmiert und eingesprüht habe, bräuchte ich eine reguläre Dusche, etwas hautfreundliche Seife plus einen klimatisierten Raum, damit meine Haut austrocknen kann und nicht schon gleich wieder von salzigem Schweiß überzogen wird. Die Mücken lieben besonders mein Hinterteil und stechen auch durch die enge Radlerhose im Camp hindurch. Darauf dann den ganzen Tag zu sitzen, trägt auch nicht gerade zur Linderung bei. Doch auch das ist Teil der Herausforderung, ich will mich nicht beklagen!

Es hat auf dieser Insel schon Bewohner gegeben, die es weniger komfortabel hatten! Auf einer Wanderung über die Insel erfahre ich, dass es hier bis 1984 ein Gefängnis für über 2.000 Insassen gegeben hat. Einige vom Dschungel überwucherte Ruinen und Gebäude sind noch zu sehen. Ich erkenne steinerne Bänke und Tische, die als Open-Air-Speisesaal dienten, einen alten Backofen, primitive Aborte und Schlafsäle auf Etagen. Die Wächter patrouillierten auf einem erhöhten Gang um das Camp. Es herrscht eine bedrückende Atmosphäre. Die Einzelzellen seien auch früher von weit mehr als einem Gefangenen bewohnt worden, erklärt mir mein Guide. Allein darf man sich leider auf der Insel nicht bewegen. Wegen der Schlangen und der Riesenameisen darf man hier auch nur mit hohen Gummistiefeln herumlaufen. Haben die Sträflinge damals auch Gummistiefel angehabt?

In Buenaventura empfängt mich Kapitän Delgado persönlich. Er hat eine Sonntagsnachmittags-Grillparty für mich organisiert, zu dem alle wichtigen Menschen dieser Stadt eingeladen sind. Es gibt Schweinerippchen, Krabbenfleisch, Tortilla mit Guacamole und zum Nachtisch Fisch im Bananenblatt. So gestärkt stellen wir uns den zahlreichen Journalisten, die für die Pressekonferenz angereist sind. Kapitän Delgado stellt sich als Übersetzer zur Verfügung und ist sichtlich froh, dass er ausnahmsweise einmal keine Interviews dazu geben muss, wie der Kampf gegen den Drogenhandel läuft. Auch hier liegen mehrere konfiszierte U-Boote im Hafen. Ich erfahre, dass die Marine in den letzten Jahren dreißig solcher Boote aufgebracht und zur Marinebasis in Bahia Malaga hat schleppen lassen. Der Kapitän erzählt, dass der Höhepunkt der Schmuggleraktivitäten zwischen Ende Februar und Oktober liegt. Mein Timing ist in dieser Hinsicht also perfekt, noch vor der »Saison« hier zu paddeln. Ansonsten wäre die Marine zu beschäftigt mit der Jagd nach den Drogenschmugglern, um sich intensiv um mich zu kümmern. Es ist bewusste Strategie der Schmuggler, eine ganze Menge Boote auf einmal auf die Reise zu schicken, denn die Marine kann ja nicht überall sein, auch auf die Gefahr hin, dass einige erwischt werden. Kommt nur ein einziges durch, bedeutet dies schon einen wahnsinnigen Profit!

Nach solch wunderbarer Betreuung fällt es mir immer schwer, eine Einladung auszuschlagen, noch etwas länger an einem Ort zu bleiben. Im Rahmen meines Zeitplans kann ich leider nur an der Oberfläche kratzen, sonst würde meine Südamerika-Umrundung wohl einige Jahre länger dauern! Also lasse ich mich schon nach einem Tag Aufenthalt in Buenaventura von meiner Motorboot-Crew an die Stelle zurückfahren, an der ich vor zwei Tagen meinen Trip unterbrochen habe. Meine Männer bieten mir noch einmal eine haarsträubende, nervenzehrende Kamikazefahrt. Ist das ihr Training zur Verfolgung der Drogenboote? Bei der Höchstgeschwindigkeit von rund 70 Stundenkilometern wird das Wasser zu Beton, falls man bei voller Fahrt aus dem Boot geschleudert würde. Am Metallaufbau des Bootes sind Risse zu sehen, wahrscheinlich entstanden durch waghalsige Verfolgungsjagden von Schmugglern. Da es heute sehr viele Boote auf dem Wasser zu kontrollieren gibt, ist der Arbeitstag für die Männer auch nicht so langweilig wie in den letzten Tagen. Und ich bin froh, dass sie mir die Boote vom Leib halten.

Jeder Tag hier an diesem Küstenabschnitt in Kolumbien beginnt mit der Rückfahrt zu der Stelle, an der ich mein Paddelpensum des Tages beendet habe und auf das Begleitboot geklettert bin. Heute Morgen bin ich zum ersten Mal dabei, als meine Beschützer ein verdächtiges Boot kontrollieren, das in Höchstgeschwindigkeit an uns vorbeizischen will. Die drei dunkelhäutigen Männer in dem offenen, stark motorisierten Boot schauen nicht sehr glücklich, als sie gestoppt werden. Einer zieht ein Gesicht, als ob er schon erwarten würde, bald mit Vollpension in das Gefängnis auf Isla Gorgona einzuchecken, und zwar unter den Bedingungen der Zeit vor 1984. Drei Männer der Küstenwache entern voll bewaffnet mit Maschinengewehren und Pistolen deren Boot und stellen die Ladung auf den Kopf. Die Männer müssen ihre Papiere vorzeigen und ihr T-Shirt heben, um zu zeigen, dass sie unbewaffnet sind. Doch das Einzige, was meine Beschützer finden, ist ein Gerät, das den Wassergehalt in Benzin prüft. Das Gerät ist illegal, da es hauptsächlich für die

Drogenproduktion eingesetzt wird. Doch beweisen kann man diesen Männern hier nichts.

Als ich von der Marinestation in Bahia Solano von zwei Soldaten mit Maschinengewehren in die Stadt begleitet werde, komme ich mir wie eine VIP-Besucherin vor – oder eher wie eine VIP-Gefangene? Ich hoffe, dass sich die Sicherheitslage auf der Atlantik-Seite Kolumbiens hinter dem Panamakanal verbessern wird und ich mich wieder freier bewegen kann.

Und was erwartet mich in Panama? Bis dorthin ist es nicht mehr weit, und ich habe gehört, dass es dort überhaupt keine Marine und nur eine kleine Küstenwache geben wird. Bis dorthin werde ich noch drei weitere Tage mit meiner Beschützercrew aus Buenaventura paddeln, die das Wochenende zum Erholen frei bekommen hat. Und dann?

Zum Abschied hält die kolumbianische Marine noch ein ganz besonderes Bonbon für mich bereit. Am Abend vor dem Grenzübertritt fallen mir schon gegen acht Uhr abends auf dem Boot meiner Begleiter die Augen zu. Im Halbschlaf bekomme ich noch mit, dass ein paar Fischer Töpfe mit Fisch und Reis zu unserem Boot herüberfahren. Diese Art von Lieferservice haben meine Männer schon an den letzten Abenden in Anspruch genommen. Später stößt noch ein kleineres Boot der kolumbianischen Marine zu uns. Jonathan startet den Motor, und auf geht es in die Nacht. Nur wohin? Gegen elf Uhr höre ich wieder Stimmen. Ich schaue aus meiner Schlafunterkunft und sehe neben mir eine riesige graue Wand in den Himmel ragen. Bin ich etwa schon in der Schleuse des Panamakanals?

Nein, wir liegen direkt neben einem gigantischen Versorgungsschiff namens »Buenaventura«. Ich schätze, das Boot ist ungefähr fünfzehnmal größer als unser eigenes. Kurz vor Mitternacht werde ich gefragt, ob ich Lust hätte, an Bord zu gehen und den Kapitän zu begrüßen? Ich klettere eine wackelige Strickleiter empor und habe für einen Moment Angst, zwischen unserem Boot und der »Buenaventura« zerquetscht zu werden. Alles geht gut, und hoch oben an Bord begrüßt mich stolz der Fregattenkapitän Juan Aldana. Durch schwere Metalltüren hindurch geleitet er mich in die Offizierslounge. Es stellt sich heraus, dass Kapitän Aldana als Kind zwei Jahre in Deutschland gelebt hat, und das ausgerechnet in Heikendorf, meinem eigenen kleinen Heimatdorf in der Nähe von Kiel. Die Welt ist so klein! Da er ungefähr im gleichen Alter wie ich ist, haben wir also schon zwei Jahre ganz nah beieinander gelebt. Auch das Schiff ist deutschen Ursprungs: Es war von 1968 bis 1998 unter dem Namen »Versorgungsschiff Nienburg« Teil der deutschen Marine, bis es an die »Armada de Colombia« verkauft worden ist. Vielleicht habe ich auch dieses Schiff früher schon im Kieler Hafen liegen sehen?

Da es schon fast Mitternacht ist und ich mich scheue, mein ganzes Gepäck hoch auf die Fregatte zu hieven, schlage ich die Einladung, auf dem großen Schiff zu übernachten, aus. Später bekomme ich Zweifel, ob das die richtige Entscheidung war, denn unser Boot, das zwischen der »Buenaventura« und dem kleineren Boot der Marine eingeklemmt ist, bekommt einige Schläge vom Wellengang ab. Außerdem ist es heiß und feucht, und gegen zwei Uhr nachts fährt noch das kleinere Boot mit riesigem Getöse davon. An Schlaf ist nicht zu denken. Auch unser Boot setzt sich wieder in Bewegung. Der Plan ist, bis sechs Uhr morgens quasi im Kreis zu fahren und zum Frühstück mit dem Kapitän wieder zurück auf der »Buenaventura« zu sein. Pünktlich um sechs erklimme ich noch einmal die Strickleiter. Nach der Morgenmahlzeit und der Besichtigung des Schiffs im Tageslicht lasse ich mich wieder zurück zu der Stelle fahren, an der ich letzte Nacht meine Tour unterbrochen habe. Für viele Stunden werde ich von einem riesigen Fischschwarm begleitet. Überall um mich herum springen die Fische wie aufgepeitscht aus dem Wasser. Warum tun sie das?

Noch heute will ich die Grenze zu Panama erreichen, wo mich deren Küstenwache in Empfang nehmen will. Mir blutet das Herz, dass ich an so vielen tropischen Bilderbuchstränden vorbeipaddeln muss, da ich hier ja weder an Land gehen noch übernachten kann. Zwei Kilometer vor der Grenze kommt uns ein Schiff der »Aeronaval Panama« entgegen, voll besetzt mit 15 Menschen. Es ist ein TV-Team aus Jurado mit dabei. Ich staune, wo auf dieser Welt überall Fernsehteams stationiert sind. Ich spiele das Spiel mit und winke in die Kameras. Willkommen in Panama!

Als ich das Paddeln gegen vier Uhr nachmittags beende, helfen mir ein Dutzend Hände, mich und mein Kajak aufs Schiff hinaufzuziehen. Die Nacht darf ich in der Kabine des Kapitäns verbringen, habe sogar eine heiße Dusche und eine Klimaanlage – nach den letzten Nächten auf den kleinen Booten der kolumbianischen Marine der pure Luxus. Wenn sich nicht nur meine Seekrankheit wieder melden würde! Das Schiff ist die ganze Nacht in Bewegung. Sein Job ist es, an der besonders gefährlichen Küstenlinie an der Grenze von Kolumbien und Panama zu patrouillieren. Auch am nächsten Tag das gleiche Prozedere: Ich paddle mein Pensum für den Tag, und am späten Nachmittag werde ich wieder an Bord geholt. Diesmal müssen wir rechtzeitig in Jaqué sein, ich brauche noch meinen offiziellen Einreisestempel für Panama. Ich hatte erwartet, dass wir ähnlich wie gestern auf dem Weg nach Jurado in die Flussmündung hineinfahren würden, doch das große Schiff ankert eine Bucht weiter in Puerto Pina, und mein Gepäck wird in das kleinere Beiboot verladen. Als ich bei der Einfahrt in die Flussmündung bemerke, wie stark die Brandung hier wieder ist, bin ich heilfroh über diese Mitfahrgelegenheit. Alleine mit meinem Kajak wäre das hier äußerst unangenehm. Selbst das Motorboot hat einige Schwierigkeiten, mit den brechenden Wellen und der Brandung klarzukommen. Die Männer schauen sich vielsagend an, als ob auch sie schon jetzt die Rückfahrt aus der Flussmündung heraus fürchten.

Während ich auf die Erledigung der Einreiseformalitäten warte, informiert mich Kapitän Edgar, dass sie mich die nächsten Tage nicht begleiten können. Er erklärt mir, dass diese Mission für ihn und seine Männer nun erfüllt sei und das Schiff zurück nach Panama City fahren müsse. Ab jetzt muss ich wieder alleine paddeln.

Wie schön, das ist genau das, was ich schon lange wieder möchte! Edgar sagt, die Strände müssten ab hier sicher sein. Für den Transport meines Gepäcks durch ein Beiboot müsste ich allerdings eine kleine Gebühr bezahlen. Sorry, das ist unnötig, bisher habe ich mein Gepäck allein transportiert! Das war Edgar gar nicht bewusst. Ich checke auf »Google Maps« die Entfernung bis nach Garachine: Es sind ungefähr siebzig Kilometer. In etwa fünfundvierzig Kilometern Entfernung entdecke ich ein Dorf, in dem auch Soldaten stationiert sein sollen. Wenn ich es bis dahin schaffe, könnte ich am nächsten Tag wieder die Stelle erreichen, von der ich hinüber zur Isla Del Rey im Pearl-Island-Archipel paddeln kann, und der berüchtigte »Darian Gap« läge hinter mir.

Ich bin zwar so ausgelaugt durch die letzten Nächte ohne vernünftigen Schlaf, dass ich mich am liebsten noch ein bis zwei Tage in Garachine erholen würde, doch das Zeitfenster, bevor das Wetter deutlich schlechter wird, ist klein. Besser wäre es, schon morgen weiterzufahren. Nachdem mir verweigert wurde, auf dem Militärgelände oder gar in den Schlafräumen der Soldaten zu schlafen, baue ich mein Zelt einfach am Eingang zur Militärbasis auf, leider auf einem Fleck mit ausgelaufenem Bezin, wie ich später feststellen muss.

Da wir am nächsten Morgen so spät aufbrechen, habe ich Zweifel, ob ich die 50 Kilometer bis zur nächsten sicheren Landung bei Tageslicht schaffe. Aber ich will einfach wieder so schnell wie möglich für mich selbst verantwortlich sein und kann es kaum erwarten, alleine weiterzupaddeln – und an einem Strand zu landen, den ich ganz für mich habe, ohne Touristen, Soldaten oder Drogenschmuggler. Es ist fast so, als hätte ich in der Zwischenzeit den Kontakt zur Natur verloren, nach all den Tagen mit meiner Eskorte und den bewachten Nächten auf Booten und Militärbasen.

Zumindest habe ich es nicht verlernt, durch starke Brandung heil anzulanden! Als das Armeeboot wie angekündigt vor meinem Strand auftaucht, um sich zu versichern, dass ich sicher angekommen bin, liegt mein Kajak schon an Land, und ich winke nur zu ihnen herüber. Die Männer winken zurück, deuten aber auch hektisch hinüber zum anderen bewohnten Strandabschnitt. Nein danke, Jungs, heute Nacht möchte ich keine sozialen Kontakte pflegen! Und ich möchte schon gar nicht durch diese Brandung unnötigerweise wieder starten. Ich will einfach nur für mich sein! Doch die Männer geben nicht auf: Mit dem Motorboot können sie hier nicht landen, doch gerade als ich mein Zelt auf einer trockenen Anhöhe aufgebaut habe, manövrieren sie das Motorboot waghalsig in der Brandung so nah wie möglich an Land, und zwei der Männer springen einfach vom Boot und schwimmen durch das Wasser zu mir herüber. Sie wollen mich unbedingt überreden, noch einmal alles zusammenzupacken und zum benachbarten, bewohnten Strand überzuwechseln. »Peligroso! Peligroso!«, »Gefährlich«, rufen sie immer wieder. Doch sie haben keine Chance, mich zu überreden. Ich bezweifle, dass die Guerilleros, die sich in den Bergen verschanzt haben sollen, ausgerechnet heute Nacht zum Strand hinunterklettern werden, um mich zu entführen. Am gesamten Strand ist nicht eine menschliche Fußspur zu sehen, ich werde heute Nacht mit Sicherheit keinen Besuch bekommen! Oder doch?

Gegen halb zwölf in der Nacht leuchtet der grelle Strahl einer Taschenlampe in mein Zelt. Im Lichtkegel erkenne ich die Umrisse eines schwer bewaffneten Mannes. Sollten die Jungs doch recht behalten haben? Ist es hier doch »peligroso«, und vor mir steht einer der Guerilleros aus den Bergen? Nein, es sind drei Grenzpolizisten und ein einheimischer Mann, der mit seinem Hund und seiner Machete aussieht wie ein Jäger. Sie müssen über den Berghang, der die beiden Strände trennt, zu mir heruntergeklettert sein und wollen nun offensichtlich die ganze Nacht Wache neben meinem Zelt halten. Wunderbar, denke ich, dann muss ich nicht mehr mit einem Ohr darauf achten, ob nicht doch jemand um das Zelt schleicht, und kann mich mit Ohrstöpseln vor den Geräuschen der Brandung schützen. Wenn nur der Gestank ihrer Zigaretten nicht wäre, der die ganze Nacht zu mir herüberweht!

Unter der Beobachtung der Männer, die mich leicht nervös machen, kämpfe ich mich am nächsten Morgen durch eine ganze Reihe von Brechern durch die Brandung, muss sogar einmal rollen, um dann mit höchster Anstrengung durch die Wellen aufs Meer hinauszupaddeln. Heute muss ich nur 25 Kilometer weit fahren, um zu einem Strand zu gelangen, an dem ich eine längere Pause einlegen will. Bei Hochwasser wäre dieser Strand sogar vom Festland abgeschnitten, er müsste also sicher sein. Das sehen meine Aufpasser von der »Senafront«, der Küstenwache, allerdings anders, als sie gegen fünf Uhr nachmittags zu mir stoßen: »Du kannst hier nicht bleiben, du musst heute Nacht wieder auf dem Boot schlafen«, versuchen sie mich zu überzeugen. Nicht nur wegen der FARC-Rebellen, es seien auch Krokodile gesichtet worden! Das beeindruckt mich am wenigsten. Seit meiner Australien-Tour gehören Krokodile zu meinen liebsten Bettgefährten. So beißt sich kein Krokodil, sondern der arme Soldat an mir die Zähne aus. Ich lasse mich nicht überzeugen und bleibe allein am Strand zurück. Ich muss ihm versprechen, zumindest per Funk in Kontakt zu bleiben.

Ich weiß gar nicht mehr, wann ich das letzte Mal einen Tag an einem einsamen Strand ganz für mich allein hatte? Es muss kurz nach meiner Rückkehr aus der Weihnachtspause gewesen sein, dass ich diese Freiheit genießen konnte. Stadtaufenthalte sind zwar gut für die körperliche Erholung, für den Kopf bedeutet es Stress. An langen Paddeltagen kann man die Seele baumeln lassen, für den Körper bedeuten sie Arbeit. An einem Strand wie diesem hier in Gajuala, wo es noch nicht einmal Telefonempfang gibt, können sich sowohl Körper als auch Geist erholen.

Es ist nicht viel zu tun außer Schlafen, Essen, Lesen und

Spazierengehen. Auf meiner ersten Tour entdecke ich etwas weiter im Dickicht eine schattige Stelle, die schon einmal als Camp genutzt wurde. Da mir am Strand der Schweiß in Strömen den Körper herunterrinnt, obwohl ich mein Zelt schon mit einer Decke vor der Sonneneinstrahlung schütze, packe ich meine Habseligkeiten noch einmal zusammen und verlagere mein Camp hinüber zu dieser sonnengeschützten Stelle. Zwei Fischer ankern schon seit gestern in der Bucht und kommen nun mit ihrem Beiboot an Land, um sich mit frischem Trinkwasser aus Wasserpools eines Miniflusses zu versorgen. Sie helfen mir beim Transport des Kajaks. Wir unterhalten uns ein wenig, die Männer sind respektvoll und höflich. Vielleicht hat es sie beeindruckt, als sie gestern mitbekommen haben, dass ich unter dem besonderen Schutz der »Aeronaval« stehe? Es ist auf jeden Fall ein gutes Gefühl, dass sie in der Nähe sind. Die einzige Belästigung während meines Aufenthaltes sind die unzähligen Krebse, die sich überall in den Sand hineingraben. Man glaubt gar nicht, was diese für einen Lärm verursachen können!

Die Wettervorhersage für morgen kündigt 15 Knoten Nordwind an. Fünfzig Kilometer bis zur Isla Telmo stehen auf dem Programm. Ich hoffe, dass Paddeln gegen den Wind machbar sein wird. Als ich am Morgen starte, ist noch alles ruhig. Doch mit dem Wechsel der Gezeiten kommt die Wende: Nun habe ich den Wind und die Strömung gegen mich. Von meinem direkten Kurs auf die Isla San Telmo muss ich um 45 Grad abweichen. Ich bezweifle, ob ich es heute noch bis zu meinem Ziel schaffe. Ich muss meinen Plan korrigieren und die Isla Galera ansteuern. Bis dorthin sind es zehn Kilometer weniger, sie liegt etwas weiter im Süden. Doch in dieser Richtung habe ich Schwierigkeiten, schneller als mit zwei oder drei Stundenkilometern voranzukommen. Nun drückt mich die Strömung südwärts. Ich paddle Richtung Norden und komme nur westwärts voran, muss sogar befürchten, in das Riff gespült zu werden, das auf der linken Seite der Insel sichtbar wird.

Diese Strapaze wird mir versüßt durch ein wunderschönes Naturereignis: Hunderte von Stachelrochen erheben sich stundenlang aus dem Wasser wie Vögel, schlagen mit ihren Flossen, als seien es Flügel, und lassen sich mit lautem Klatschen wieder in die Fluten fallen. Gekrönt wird die Begegnung mit der heimischen Tierwelt noch durch einen großen Wal, der sich kurz zeigt. Ich bin lange keinem mehr begegnet!

Nach einer Nacht auf der menschenleeren Isla Galera stoße ich weiter in den Perleninsel-Archipel vor. Ich halte mich rechts der Hauptinsel Isla Rey und steuere an der Isla Cana vorbei Richtung Isla Espirito Santo, wieder begleitet von Hunderten springender Stachelrochen. Die ganze Inselgruppe sieht aus wie das Paradies auf Erden. Zahllose tropischen Traumstrände, die sogar bei Hochwasser trocken zu bleiben scheinen, säumen meinen Weg. Die Küstenwache Panamas hat sich zum Glück seit zwei Tagen nicht mehr blicken lassen. Alleine bin ich trotzdem nicht: Ich sehe diverse Fischer mit ihren Motorbooten übers Meer flitzen, begegne einer großen Fähre und einem motorisierten Katamaran und erblicke auch eine Handvoll Segelboote. Panama-City ist nahe!

Meine geplanten dreißig Kilometer für heute schaffe ich bereits mittags, und ich erlaube mir einen kleinen Schnack mit einem amerikanisch-schwedischen Seglerpaar, das so aussieht, als würden sie mit bescheidenen finanziellen Mitteln schon jahrelang auf ihrem Boot leben. Michael und Ursula, ein anderes Seglerpaar aus Deutschland, servieren mir Bratkartoffeln – ein unverhoffter deutscher Gaumenschmaus in dieser Region der Welt. Ihre Einladung, an Bord zu übernachten, schlage ich dankend aus. Hier kann man sich vor lauter einsamen Stränden gar nicht entscheiden, wo man lieber campen möchte! Ich muss nur fünf Kilometer weiterpaddeln und habe die freie Auswahl.

Auf der vorletzten Insel des Pearl Archipels, der Isla Bartholomé, stoppe ich für die Nacht. Von dort aus sind es nur noch sechzig Kilometer Luftlinie bis Panama City. Das ist normalerweise an einem Tag zu schaffen, doch angesichts der starken Gezeiten werde ich diese Strecke teilen müssen: dreißig Kilometer bis zur Isla Chepillo und dann mit einem Umweg von fünfzehn Kilometern noch weitere fünfundvierzig Kilometer bis Panama City.

Ich kann hier zum ersten Mal auf meiner Tour meine Taucherbrille und meinen Schnorchel auspacken. Viel zu sehen gibt es so nah am Strand nicht, doch dies ist ein kleiner Vorgeschmack, was ich in der Karibik noch unter Wasser entdecken werde.

Es lässt sich hier gut aushalten, und ich ändere meine Pläne: keine geteilte Tour nach Panama City mit dem Umweg über Isla Chepillo, sondern ein zusätzlicher Tag Aufenthalt hier, um dann doch die gesamte Strecke nach Panama City in einem Stück zu paddeln! Bis zum Balboa Jachtclub sind es von hier aus rund fünfundsechzig Kilometer. Dafür starte ich dann auch schon frühmorgens und komme erst in der Nacht an. Egal, mein GPS wird mir den Weg auch im Dunkeln zeigen!

Mein Erholungstag wird durch Bauarbeiten gestört. Als ich morgens meine Nase aus dem Zelt stecke, weil ich den Motor eines Bootes gehört habe, sehe ich ein paar Männer eine Handvoll Baumstämme abladen und wieder verschwinden. Mit immer neuen Ladungen kommen sie wieder und kippen das Holz am Strand ab, so viel, dass es schon für eine ganze Hütte reichen würde. Und tatsächlich: Der Nachtwächter, zu dem ich später für einen kleinen Schnack hinübergehe, erklärt mir, dass hier für die argentinische Version der TV-Sendung »Survivors«, in Deutschland als »Wild Island« bekannt, gebaut wird. Denen könnte ich was erzählen …

Der direkte Seeweg von dieser Inselgruppe nach Panama City ist an diesem Samstagmorgen wie ein viel befahrener »Highway«, so viele einzelne Fischerboote und Motorjachten sind unterwegs, um das Wochenende hier oder dort zu verbringen. Ich zähle mindestens 25 Boote und drei große Katamaran-Fähren. Fast alle winken mir zu, drei Leute auf einem kleinen Fischerboot bieten mir sogar eine Mitfahrgelegenheit an. Danke, nein! Wind und Strömung sind heute weniger stark, als ich befürchtet habe, selbst als ich den Schutz der Inseln verlasse. Ein paar Delfine und zwei Wale halten mich zusätzlich bei Laune. Mein GPS zeigt an, dass ich wohl gegen neun Uhr abends in Panama City eintreffen werde. Die Besatzung eines kleinen Motorbootes fragt, ob ich Hilfe benötige. So kurz vor der einbrechenden Dunkelheit sei ich noch verdammt weit von der Stadt entfernt. Nein danke! Ich sehe kein Problem darin, mithilfe meines GPS dort im Dunkeln anzukommen und mir meinen Weg durch die unzähligen Lichter auf dem Wasser zu bahnen.

Die Anfahrt von Panama City und des Kanales bei Nacht ... ob das eine kluge Entscheidung ist? Als mir das erste Lotsenboot, das direkt aus dem Kanalbereich auf mich zufährt, gefährlich nahekommt, habe ich meine Zweifel. Ein starker Strahl aus meiner Taschenlampe lässt sie im letzten Moment abdrehen, wahrscheinlich lauthals vor sich hin fluchend ob des unerwarteten Miniaturbootes. Ich habe natürlich keinen Funkkontakt und bin wahrscheinlich nicht auf dem Radarschirm zu sehen, aber durchaus korrekt beleuchtet.

Schnell lasse ich die Wartezone hinter mir, in der etwa dreißig große Schiffe auf ihre Passage durch den Panamakanal warten. Sie sind zwar alle gut beleuchtet, doch ich muss zusätzlich darauf achten, ob ihr Anker unten ist oder sie in Bewegung sind, denn auch nachts fahren Schiffe durch den Kanal. Ich weiß noch von Google Earth, dass ich die vorgelagerten Inseln auf der linken Seite passieren muss, da sie mit einem Damm ohne Durchfahrtmöglichkeiten mit dem Festland verbunden sind. Ich komme an einer weiteren kleineren Marina vorbei. Die vielen Segelboote und Jachten sind nur schlecht beleuchtet, und fast kollidiere ich mit dem ersten Boot. Das Lichtermeer ist äußerst verwirrend. Bei jedem einzelnen Objekt muss ich in der Dunkelheit erst einmal erkennen, was dort vor mir liegt – ein gefährliches Spiel!

Die Einfahrt in die eigentliche Kanalzone dagegen ist mit roten und grünen Signallichtern auf beiden Seiten gut genug ausgeleuchtet. Ich halte mich außerhalb der Schifffahrtsstraße. Zweimal schieben sich zwei riesige Tanker wie in Zeitlupe an mir vorbei, doch zum Glück bewegen sie sich nicht in meiner Gefahrenzone. Gefährlich wird es erst wieder beim nächsten Lotsenboot, dessen Fahrer wohl dringend eine Brille braucht und mich fast über den Haufen fährt. Ich hatte schon damit gerechnet, dass er meinen Weg schneiden wird, als ich vorher ein anderes Lotsenboot den gleichen Weg nehmen sah.

Ich beeile mich, mit meiner starken Taschenlampe zu ihm herüberzuleuchten, und bekomme als Antwort einen Lichtstrahl zurück, der mich fast erblinden lässt. Sie rufen etwas zu mir herüber, wahrscheinlich nichts Nettes. Sorry, Jungs, in diesem Bereich ist es mir erlaubt zu paddeln, ihr müsst nur etwas besser aufpassen! Meine roten und grünen Positionslampen sind vorschriftsmäßig.

Am Damm entlang nähere ich mich dem Jachtclub. Bis auf die vielen Lichter um mich herum ist es dort stockdunkel. Zwei besonders helle riesige Scheinwerfer, wie von einem UFO, irritieren mich so sehr, dass ich vor lauter Schreck fast an einer flachen Wasserstelle im Schlamm stecke bleibe, bevor ich den Jachthafen erreicht habe. Es muss ein weiterer Ozeanriese sein, der sich hinter den ankernden Jachten durch den Kanal schiebt. Das ist fast wie eine Fahrt in der Geisterbahn, allein in der Dunkelheit, umgeben von einem irritierenden Lichtermeer und riesigen, schnellen Wasserfahrzeugen. Doch ich bin glücklich, der Pazifik liegt hinter mir. Und ich bin weder ausgeraubt noch gekidnapt worden und lebe noch!

Kapitel 12
HEIMLICH DURCH DEN KANAL IN DIE KARIBIK

*Panama-Kanal bis Kolumbien
28.02.–27.03.2013*

Jetzt warten auf mich die Traumstrände der Karibik, die schlammigen Flussmündungen des Amazonasgebietes und die endlos lange brasilianische Küste, bis ich wieder dort ankommen werde, wo ich gestartet bin: in Buenos Aires!

Zunächst brauche ich die Genehmigung, den Panamakanal mit meinem Kajak zu durchfahren. Trotz Hilfe der deutschen Botschaft und Kontakten der Marine habe ich noch nichts weiter gehört, und bisher ist solch eine Erlaubnis für ein Seekajak auch noch nie erteilt worden.

Im Jachtclub treffe ich Peter und Barkley, die mir vielleicht bei der Genehmigung helfen können. Barkley ist einer der freiberuflichen Lotsen, die bei der Durchfahrt des Kanals auf den Schiffen anwesend sein müssen. Er hat den Kanal schon unzählige Male befahren und kann mir ein paar hilfreiche Hinweise geben. Peter verspricht mir, noch einen weiteren Kontakt zu den zuständigen Behörden herzustellen. Ich hoffe, ich bekomme die Genehmigung vor der geplanten Pressekonferenz, die Hennie, mein Gastgeber von »Paddle Panama«, für mich organisiert hat. So könnte ich schon dort offiziell verkünden, dass die Reise ohne Unterbrechung weitergehen kann.

Die Pressekonferenz rückt näher, und immer noch gibt es keine Antwort der Behörden. Ich werde langsam ungeduldig, obwohl ich noch mit Erledigungen beschäftigt bin. Ich kaufe Proviant für die nächsten drei Wochen und freue mich über das reichhaltige Angebot in den Supermärkten, das sich deutlich von dem der letzten Wochen unterscheidet. Man kann bestimmte Nahrungsmittel schnell leid werden, wenn sie täglich auf dem Speiseplan stehen. Ich habe sogar schon Essen weggeschmissen, weil es mir einfach zu den Ohren raushing. Was ich kaufen kann, muss in der Hitze haltbar sein und darf nicht schmelzen.

Nach der Pressekonferenz, die von der Deutschen Botschaft und Hennies Team organisiert wurde, hält es mich nicht länger in der Stadt. Ohne Genehmigung breche ich auf und hoffe, mich unbemerkt zumindest durch die letzten zwei Drittel, den natürlichen Teil des Kanals, schleichen zu können. Die großen Schleusen muss ich schweren Herzens auslassen, auch die zwölf Kilometer des engen, nach den Schleusen nicht zugänglichen künstlichen Teiles. Somit spare ich mir zudem die heftigen Gebühren von mindestens 800 Dollar, die normalerweise für eine Durchfahrt berechnet werden – und das für eine Passage eines hässlichen Kanals in einem Kajak!

So lasse ich mich an einer Bootsrampe bei Gamboa, fünfundzwanzig Kilometer hinter der letzten Schleuse, aufs Wasser setzen und fahre unter einer Brücke hindurch in das Kanalgebiet hinein. Mindestens fünfmal werde ich die offizielle Schifffahrtsstraße kreuzen, um den kürzesten und windgeschützten Weg zu finden, bis ich den Rio Chagres erreiche. Von hier aus geht es dann direkt in die Karibik!

Ich kämpfe kräftig gegen einen Wind von 20 Knoten. Ungeübte Paddler würden wahrscheinlich längst wieder an Land gehen. Aber wie hat mich ein Leser meines Blogs letztens genannt? »Lean Mean Paddling Machine« … Tim und Barkley sind mit ihrem kleinen Fischerboot in der Nähe. Barkley hat eine offizielle Lizenz, den Kanal zu befahren. Falls die Kanalpolizei mich erwischen würde, könnte man mein Kajak einfach auf das Boot laden.

Der Kanal ist auch hier ab Gamboa noch keine Schönheit.

Es gibt zahlreichen Pipelines, dazu hässliche Lager- und Fabrikgebäude und schlammige oder künstliche Ufer. Nach zehn Kilometern weitet sich der Fluss und mündet in eine Art See oder Lagune. Nun beginnt der schönere, wirklich natürliche Teil! Wieder kreuzen wir hin und her, um den besten Weg zu finden. Es herrscht ordentlich Betrieb, neben mir sind viele Riesenschiffe unterwegs. Die riesigen Tanker und Ozeanriesen lassen einem oft nur einen schmalen Spalt, so nah fahren sie selbst an den von Mangroven bewachsenen Ufern des Flusses entlang. Bleibe ich jedoch hinter der Linie der Bojen der Hauptschifffahrtsstraße, kann mir nichts passieren. Die Bugwellen der Schiffe und die kleine Brandung, die sie an den Ufern verursachen, sind kein Problem. Nur der Gegenwind ist nervig! Erst als wir den »Banana Channel« genannten Seitenkanal rechts von der Isla Barro Colorado erreichen, geben mir einige der Inseln, die wir passieren, etwas Windschutz. Die Hauptgefahr in dieser nun wunderschönen Natur liegt unter Wasser: Es sind Bäume, die bei der Flutung dieser künstlichen Lagune während des Baus des Kanals versunken sind und hier immer noch mehr oder weniger solide stehen.

Während Tim und Barkley so entspannt sind, dass sie sogar ihre Angelruten auswerfen, habe ich langsam genug von dieser Kanalfahrt im Gegenwind. Wieder kreuzen wir den Kanal und erreichen endlich den Flutüberlauf zum Rio Chagres mit einem Gegenwind von 25 Knoten und Kreuzwellen von allen Seiten. Das ist wirklich kein Vergnügen!

Der untere Teil des Flusses ist mit einem Damm vom Kanal abgetrennt, daher gibt es hier so gut wie keine Strömung. Aber der Wind, der Wind ...

Zu Tode erschrocken lausche ich einem unheimlichen, hohlen Schrei. Wird hier ein Mensch ermordet? Nein, das müssen die Brüllaffen im Dschungel sein ... Gehört habe ich von ihnen, und nun höre ich auch direkt von ihnen! Sehen kann ich leider keinen dieser Primaten, alle halten sich gut verborgen. Ein paar kleinere Krokodile kreuzen meinen Weg und lassen sich schnell vom Ufer ins Wasser gleiten, als ich an deren Liegeplätzen vorbeipaddle. Zum Glück sind es keine aggressiven Salzwasserkrokodile, wie ich sie in Australien kennengelernt habe. Nur schwimmen sollte man hier besser nicht!

Endlich mündet der Fluss in die karibische See. Geschafft! Auf der rechten Seite der Flussmündung gibt es in der Nähe von Fort San Lorenzo eine Slip-Anlage für Boote. Der wilde Strand auf der linken Seite der Mündung sieht für mich jedoch verlockender und ruhiger aus für die Nacht. Das Wetter spielt noch nicht mit: Laut Vorhersage erwarten mich bis zu zwei Meter hohe Wellen und ein Gegenwind von rund 18 Knoten – grenzwertig, aber machbar. Es beginnt zwar zu regnen, doch auch das kann mich nicht abhalten. So schlimm können die Bedingungen doch nicht sein, wenn ich aus der Flussmündung in die offene See hinauspaddle? Ich hätte es besser wissen müssen …

Schon der Start beginnt mit einer fiesen Welle, die mein Cockpit mit Wasser füllt. Ich lasse das Wasser ablaufen, justiere die blockierte Steuerflosse und paddele aufs offene Meer hinaus. Doch je weiter ich mich hinauswage, desto höher und chaotischer werden die Wellen. So komme ich kaum einen Meter voran und werde zunehmend frustrierter. Der nächste akzeptable Landeplatz oder eine passende Übernachtungsmöglichkeit liegen weit hinter dem Ausgang des Panamakanals. Ich bekomme Zweifel, ob ich die Kanalmündung schnell genug queren kann und es überhaupt bei Tageslicht bis dahin werde schaffen können.

Im Pazifik lag mein grenzwertiger Level bei vier Meter Dünung. Ich muss erkennen, dass die Karibik anders ist, die vorhergesagte Wellenhöhe rollt hier nicht ruhig und langsam mit langer Amplitude wie in einem Fahrstuhl auf und ab, sondern hier bedeuten zwei Meter Höhe chaotische Wellenverhältnisse bei sehr kurzer Wellenlänge, getoppt von kleinen Windbrechern.

Es kommt alles zusammen: Die ungewohnten Wellenlängen, der immer noch starke Gegenwind, meine von den gestrigen hart erkämpften 50 Kilometern geschwächte körperliche Verfassung, zwei Nächte mit wenig Schlaf und die Aussicht auf die gefährliche Querung der Kanalausfahrt mit seinem lebhaften Schiffsverkehr – all das lässt mich zum ersten Mal seit meiner nicht erreichten Landung auf der Isla Hornos in Chile wieder umkehren – und das nach nur 1,8 Kilometern! Ich paddele zurück in den Schutz der Flussmündung und entscheide mich diesmal, auf der anderen Seite zu landen. Eigentlich müsste ich nur bis Portobelo ohne Windschutz und Wellenbrecher durchhalten, danach könnte ich meine Reise geschützt durch die zahlreichen Riffe weitaus entspannter fortsetzen.

Für morgen sind schwächere Winde und niedrigere Wellen angesagt, ich werde es einfach noch einmal probieren – diesmal besser ausgeruht und mit günstigeren Wind- und Wellenbedingungen. Die Karibik werde ich auch noch bezwingen!

Mit gestärkten Kräften und nach einer ruhigen Nacht gelingt es mir mit einiger Anstrengung, die Ausfahrt des Kanals und die Bahia Los Minos zu queren. Am Ende dieser Bucht hoffe ich, eine der kleinen Inseln zu erreichen, die dort so malerisch liegen. Ich habe zwar erst dreißig Kilometer geschafft, doch ich spüre, dass ich noch einen weiteren Ruhetag brauche, um mich vollständig zu erholen. Der winzige einsame Strand, an dem ich lande, erscheint mir dafür ideal. Hier erwarten mich wieder unzählige kleine Plagegeister: die Sandfliegen! Ich muss mich beeilen, mein Zelt aufzubauen, zu duschen und schnell mein Gepäck im Inneren zu verstauen, ohne dass die Eingänge allzu lang geöffnet sind. Ich muss dann leider noch einmal raus, um das Zelt mit einer schwarzen Decke vor allzu heftiger Sonneneinstrahlung zu schützen. Der Schweiß läuft mir schon in Sturzbächen am Körper herunter, ohne dass ich mich bewege. Doch besser im Zelt schwitzen, als millionenfach von den Fliegen gebissen zu werden!

Der nächste Tag bringt mich meinem nächsten geplanten Zwischenstopp in Portobelo immer näher. Wie ich befürchtet hatte, empfängt mich hinter den beiden Inseln, die mir bis jetzt Schutz geboten haben, wieder hoher Wellengang. Unter diesen Bedingungen werde ich heute nicht viel Strecke machen können! Über den ganzen Tag verteilt sichte ich am Horizont nur drei einzelne Segeljachten. Das ändert sich schlagartig, als ich mich Portobelo nähere. Mindestens hundert internationale Jachten ankern hier in dieser Bucht, die alle auf dem Sprung sind, die Naturschönheiten des San-Blas-Archipels zu erkunden. Genau gegenüber der Bucht von Portobelo entdecke ich einen kleinen weißen Strand, der mir ideal für eine Übernachtung scheint. Doch als ich näher komme, sehe ich »meinen« Strand bevölkert mit zahlreichen Sonntagsausflüglern, alle mit Touristenbooten herbeigeschafft. Ob das sich nach Sonnenuntergang ändern wird?

Aber bald gehört mir der Strand allein. Zum ersten Mal in der Karibik genieße ich ein Bad im lauwarmen Meer und gehe auf Schnorcheltour. Später beobachte ich fasziniert eine endlose Reihe Blattschneideameisen, die verhältnismäßig große Stücke von Blättern durch die Gegend schleppen. Ich hoffe, sie halten mein Zelt nicht auch für geeignetes Baumaterial und zerlegen es in kleine transportable Stückchen!

Falls man mich später fragen würde, welcher Abschnitt meiner Reise am anstrengendsten war, würde ich antworten: die Karibik, trotz all der wunderschönen Strände und Inseln, die für Millionen Reisende die Erfüllung ihrer Urlaubsträume wären. Warum? Weil der ständige Gegenwind meine durchschnittliche Reisegeschwindigkeit auf fast dreieinhalb Kilometer herunterbremst und ich so nur eine tägliche Strecke von vielleicht dreißig Kilometern schaffe, statt der gewohnten fünfzig Kilometer. Um mein nächstes großes Etappenziel Cartagena zu erreichen, muss ich die doppelte Zeit einrechnen und meinen Proviant bis dahin genau einteilen. Außerdem führen die Bisse der Millionen von Sandfliegen und das permanente Schwitzen bei Saunatemperaturen zu unangenehmen Hautproblemen. Ein kühlerer Wind kommt erst gegen drei Uhr nachts auf, doch richtig durchlüften kann man das Zelt wegen der Fliegen auch nicht. Und sollte der Wind tagsüber auffrischen, bedeutet das zwar etwas Abkühlung, doch gleichzeitig auch anstrengenderes Paddeln. Ich sehne mich danach, wieder einmal trockene Haut zu haben, und überlege sogar, in El Porvenir in ein Hotel mit Klimaanlage einzuchecken. Andererseits sagt die Wettervorhersage schwache Winde und niedrigere Wellen voraus. Das muss ich ausnutzen, um voranzukommen!

Und bald bessert sich auch meine Stimmung. Die Karibik und ihre Bewohner zeigen sich doch noch von ihrer schönen Seite, zuerst während meines kurzen Zwischenstopps in Palmira mit seinen netten Menschen, und spätestens als ich die ersten Inseln des San-Blas-Archipels erreiche. Die kleinen Eilande vor El Porvenir lasse ich noch hinter mir, da sie sehr dicht besiedelt sind, und steuere direkt auf eine der San-Blas-Inseln zu. Es dauert nicht lang, bis ich den ersten Ureinwohnern dieser Region begegne: Ein paar Kunas kommen mir auf einem ihrer Einbaumboote entgegen, allerdings nicht paddelnd, sondern angetrieben von der Kraft eines kleinen Benzinmotors. Auch hier ist die Zivilisation schon eingezogen und macht die Menschen wie überall faul und bequem. »Jungs, bleibt lieber beim Paddeln, so wie ich!«

Die Inseln, Riffe und die mit Mangroven und Palmen gesäumten Ufer sind faszinierend, unter den 400 Inseln des Archipels habe ich die freie Auswahl. Ich entscheide mich für die kleinste, werde aber von einem Riff geblockt und muss zur nächsten Insel weiterfahren. Hier ist die Landung einfach. Es gibt ein paar Hütten am anderen Ende der Insel, das heißt, ich muss die Bewohner hier um Erlaubnis fragen. Rund 45.000 der Ureinwohner leben noch auf den San-Blas-Inseln. Die kleinwüchsigen Kunas sind in matriarchalischen Gesellschaften organisiert, was mir ein gutes Gefühl gibt, nicht zuletzt, weil meine erste Begegnung an Land mit einer alten Frau und einem jungen Mädchen ausgesprochen herzlich verläuft. Das Mädchen spricht Spanisch, sodass ich sie fragen kann, ob ich für eine Nacht am Strand campen darf. Beide nicken. Kurz danach taucht der Mann der Familie auf und bietet mir an, für ein paar Dollar in einer halb verfallenen Hütte in der Mitte der Insel zu übernachten. Für ein paar Dollar mehr könne ich auch gerne Fotos von ihm machen. Als ein kleines Beiboot von einer der hier ankernden Jachten zur Insel übersetzt, winkt der kleine Kuna-Mann auch sie freundlich herbei. Wir unterhalten uns kurz, und die »Jachties« laden mich zum Dinner auf ihr Boot ein. Ich habe mein Camp allerdings schon aufgebaut und möchte es ungerne für längere Zeit unbewacht zurücklassen und lehne dankend ab.

Kurz darauf erscheint der Kuna-Mann wieder, der eben noch mit einer meiner Autogrammkarten glücklich zurück zu seiner Familie gelaufen war. Nun verlangt er zehn Dollar für die Erlaubnis, hier die Nacht zu verbringen. Zehn Dollar? Ich bin nur mit einem kleinen Kajak auf Reisen, nicht mit einer Megajacht! Ich erkläre ihm, seine Frau und Tochter haben mir schon die Übernachtung erlaubt, ohne Geld dafür zu verlangen.

Die Welt um mich herum wird immer paradiesischer. Je weiter ich ins Kuna-Land hineinpaddle, desto weniger Jachten sind zu sehen und desto mehr Bilderbuchinseln und traumhaft schöne Riffe passiere ich. Direkt vor mir erhebt sich eine dieser Kleinode aus dem Wasser, eine kleine Koralleninsel mit zwei Palmen, fast so eine Klischee-Insel, wie man sie aus Witzen über Menschen, die auf einsamen Inseln gestrandet sind, sieht. Das wäre ein wunderbarer Platz zum Zelten, doch auf den zweiten Blick sehe ich, dass meine Insel doch zu nah an einer dicht besiedelten Nachbarinsel liegt. Ich paddele weiter. Das zweite Eiland, das ich ansteuere, ist ebenso idyllisch wie das erste, mit weißem Sandstrand und einem kleinen Palmenwald, der Abkühlung im Schatten verspricht. Im letzten Moment sehe ich noch eine Hütte und davor eine Wäscheleine, auf der ein einzelnes Handtuch baumelt. Es ist sehr wahrscheinlich, dass der Bewohner spätestens am Abend wieder dort auftauchen wird. Also auf zur nächsten Trauminsel! Ich habe, wie gesagt, die freie Auswahl. Auch die dritte Koralleninsel sieht aus wie aus der »Bounty«-Werbung, doch hier fehlt der Palmenwald. Es ist brütend heiß, kein Windhauch zu spüren. Kein Wunder, dass hier niemand lebt.

Es ist kurz vor drei Uhr am Nachmittag, und ich denke schon darüber nach, in den nächsten zwei Stunden noch weitere zehn Kilometer zu paddeln, da sehe ich sie: MEINE persönliche kleine Trauminsel. Sie ist nur etwa 50 mal 50 Meter groß, doch nirgendwo ist eine Hütte oder eine Siedlung zu sehen. Die nächsten bewohnten Inseln sind weit genug entfernt. Das Eiland ist umgeben von einem grandiosen Korallenriff, und der lichte Palmenwald verspricht sowohl Schatten als auch Abkühlung durch eine Brise, die zwischen den Bäumen hindurchweht. Es ist zwar noch früh am Tag, doch die weiteren Inseln am Horizont, die ich schon sichten kann, sind eher Mangroveninseln, um die herum einige Jachten ankern. Ich bleibe hier und will mir einen richtigen Robinson-Crusoe-Tag gönnen, mit Schwimmen, Schnorcheln und Entspannen.

Kaum beginne ich damit, mein Kajak zu entladen, als ein Cayoco-Boot auf meine Insel zugefahren kommt. Heraus springen drei Männer, die mir stolz ihren Fang des Tages präsentieren: ein Tintenfisch, zwei Hummer und einige riesige Concha-Muscheln. Als sie hören, warum ich hier unterwegs bin und woher ich komme, sind sie schwer beeindruckt. Wir scherzen und plaudern ein wenig, und ich unterschreibe für sie ein paar meiner Autogrammkarten. Als ich sie dafür nach ihren Namen frage und eine kleine Liste mit Wörtern aus der Kuna-Sprache aus meiner Tasche zaubere, habe ich ihre Sympathien endgültig gewonnen. Als Zeichen ihrer Anerkennung schenken sie mir eine der hübschen Conchas. Als sie wieder aufbrechen, hoffe ich nur, dass sie nun nicht überall herumerzählen, wer hier auf dieser einsamen Insel campiert. Ich möchte hier nun wirklich ganz für mich sein und das Robinson-Feeling auskosten. Mein Zeltplatz ist auch zum Schlafen einfach ideal, schattig, kühl und abseits der Kokospalmen, die ihre reifen Nüsse gerne einmal wie Bomben auf den Boden fallen lassen. Es kann gefährlich sein, von solch einer Kokosbombe getroffen zu werden!

Die Jungs, die mich besucht haben, konnten es sich natürlich nicht verkneifen, in ihrem Dorf zu erzählen, wen sie hier auf dieser Insel getroffen haben. Am nächsten Tag kommt ein weiteres Cayoca-Boot auf meine Insel zugefahren, diesmal ausgestattet mit einem Segel anstelle des Motors. Es ist Alfredo, der eigentliche Eigentümer dieser Insel, der zumindest einmal nachschauen muss, wer sich hier auf seinem Besitz herumtreibt. Diese Inseln gehören nicht der gesamten Kuna-Gemeinde, sondern immer einzelnen Besitzern, die zum Kassieren auf ihre Inseln kommen, sobald ein Tourist hier Station macht. Doch auch er ist so freundlich und höflich wie die drei jungen Männer von gestern. Als Paddler alter Schule kann er nachvollziehen, welche Leistung ich bisher schon vollbracht habe, als ich ihm von meiner Umrundung des Kontinents erzähle. Nach einem netten Schwätzchen erntet er noch ein paar Kokosnüsse und macht sich auf, um auch auf seinen anderen Inseln ein paar Nüsse zu pflücken. Als ich später ein kleines Nickerchen im Zelt mache, taucht er voll beladen wieder auf. Er öffnet mir eine frische Kokosnuss, und wir setzen unsere nette Unterhaltung mit Händen und Füßen fort. Alfredo ist 53 Jahre alt, hat fünf Töchter und einen Sohn. Er erzählt mir, dass die Kinder gut mit der modernen Gesellschaft klarkommen, dass es sogar Computer in den Schulen gibt und die Kunas schon längst keine primitiven Eingeborenen mehr sind. Ich hatte schon bemerkt, dass ich selbst auf dieser Insel einen guten Empfang für meine Telefone habe und dass es auf einer der Nachbarinseln sogar einen kleinen Flughafen gibt.

Als Alfredo zurück auf die Hauptinsel fährt, auf der er mit seiner Familie wohnt, nutze ich den Rest des Tages fürs Schnorcheln und Faulenzen. An einer Stelle der Insel entdecke ich eine alte Feuerstelle, und überall liegt mir zu viel Müll. Als typische Deutsche beginne ich, aufzuräumen und den Unrat ordentlich an einer Stelle zu stapeln, in der Hoffnung, dass sich Alfredo über diesen kleinen Gefallen freuen wird. Nun sieht seine Insel wieder so jungfräulich und paradiesisch aus, als hätte noch nie ein Mensch sie betreten. Vielleicht bringt Alfredo ja irgendwann einmal einen großen Müllsack mit und kann die Überbleibsel der Zivilisation korrekt entsorgen oder zumindest verbrennen?

Die zwei Nächte auf meiner Robinson-Insel waren sehr erholsam, kühl genug zum Schlafen, und die Palmen rauschten im Wind, als ob Regen fallen würde. Selbst meine geschundene Haut hat sich etwas regenerieren können. Heute paddle ich auf einem Kurs von 110 Grad, das heißt, der nervige Gegenwind schiebt mich nun von hinten an. Für diesen Vorteil werde ich spätestens bezahlen müssen, wenn ich mich wieder dem Festland nähere. Doch bis dahin kann ich einiges an Strecke wiedergutmachen. Ich passiere weitere Trauminseln, alle sehr verlockend, doch *meine* Insel von gestern war einfach perfekt! Am Festland sehe ich zwei Siedlungen und einen Flughafen, auf dem immer wieder neue Ladungen von Touristen ausgespuckt werden, die hier auf dem Weg zu den Hotelinseln sind. Einige davon liegen auf meiner Strecke, doch angesichts der dichten Besiedlung lockt es mich nicht wirklich an Land. Ich belasse es bei freundlichem Winken, das von den Menschen erwidert wird.

Langsam verschwinden die Inseln, und ich orientiere mich wieder am Küstenstreifen des Festlandes. Je weiter ich hier im Siedlungsgebiet der Kunas unterwegs bin, desto einfacher und primitiver werden die Hütten und Dörfer. Zwischen den Hütten aus Palmwedeln ragen nur wenige moderne Gebäude in den Himmel, wahrscheinlich Schulen, Kirchen oder Militärbasen. Auch die Cayoca-Boote werden immer primitiver, nur wenige nutzen noch einen Motor oder ein Segel. Auf der Höhe eines Dorfes ohne Satellitenschüsseln oder Sendemasten gerate ich in eine ganze Flotte dieser Kanus aus ausgehöhlten Baumstämmen, jedes davon mit zwei Teenagern besetzt. Es wirkt fast, als sei das eine Schule zur Handhabung dieser urwüchsigen Gefährte für den Fischfang, jedes Boot zieht eine Leine zum Fischen seitwärts neben sich her. Und ich als einzige »Gringa« mittendrin! Es ist fast wie ein großes Kajak-Symposium mitten auf dem Wasser – mit Einbäumen!

Zwei weitere Inseln geben mir auf meinem Weg zum Golf von Uraba Unterkunft für jeweils eine Nacht. Alles verläuft planmäßig, wenn nur meine angegriffene Haut nicht wäre: Schweiß, Salzwasser und die unzähligen Bisse der Sandfliegen haben mich in einen Alien verwandelt! Stundenlang kann ich nachts wegen des Juckreizes nicht schlafen. Meine Unterschenkel sind schon komplett wund gekratzt. Trotz der Heilsalbe, die ich auf die juckenden Stellen auftrage, haben sich Blasen gebildet. Die Kortison-Salbe, die ich normalerweise benutze, nachdem ich meine Beine mit Feuchttüchern für Babys gereinigt habe, will ich nur im Notfall einsetzen, denn Kortison ist eine Substanz mit starken Nebenwirkungen.

Ich sehne mich nach einem Klima, in dem es keine Sandfliegen gibt, und noch viel mehr nach einem Zwischenstopp mit Klimaanlage, bis ich in zwei Tagen die Grenze zu Kolumbien erreicht habe – falls es solch einen Luxus in dieser Region überhaupt gibt. Doch zuerst muss ich erst einmal einen Ort namens Puerto Obaldia finden. Dort soll ich meinen Ausreisestempel für Panama erhalten. Ein weiteres Land auf meiner Umrundung des Kontinents wäre damit abgehakt!

Ich bin mir nicht sicher, ob die Siedlung am Ende der

Bucht, die ich am Festland sehen kann, Puerto Obaldia ist oder das Dorf, an dem ich schon vor fünf Kilometern vorbeigekommen bin. Ich war zu weit vom Festland entfernt. Immer wieder checke ich meine GPS-Daten und mein Kartenmaterial und entschließe mich, den GPS-Daten zu trauen – leider. Als ich näher komme, kann ich zwei Häuser erkennen, von denen eines das »Senafront«-Gebäude mit der Passbehörde sein könnte. Falls nicht, muss ich Plan B aus der Tasche holen: Dann finde ich ein Boot, das mich zurück zum richtigen Ort fahren kann. Es gibt hier genug Angebote, die ich dafür nutzen könnte, und es ist noch früh am Tag. Und wie befürchtet, ist die letzte Siedlung vor der Grenze NICHT Puerto Obaldia. Mist!

Ich spreche einen der Soldaten an, die hier Wache schieben, und schildere ihm mein Problem. Leider könne er mir nicht helfen, da diese Station der Küstenwache über keine Boote verfüge. Ich müsse jemand anderes finden und für die Fahrt zurück regulär bezahlen. Kein Problem, für zehn Dollar hüpfe ich auf eines der verfügbaren »Wassertaxis«.

Es dauert nicht lang, und wir erreichen den gesuchten Ort mit dem Büro, in dem ich meinen Ausreisestempel bekomme. Auch das ist schnell erledigt, bis auf die Tatsache, dass der Fahrer meines Bootes hier doch noch länger aufgehalten wird und dabei ein Bier nach dem anderen konsumiert. Ich muss aber schnellstens wieder zurück zu meinem Kajak! Ich will noch heute das Kap vor Kolumbien umrunden, die dortige Küstenwache erwartet mich. Jetzt gilt es, eine andere Mitfahrgelegenheit zu organisieren, und das möglichst günstig.

In meiner Verzweiflung spreche ich einen nett aussehenden Mann am Strand an, und tatsächlich kennt dieser Mann jemanden, der ein Boot besitzt und mich für nun leider dreißig Dollar zurück zu meinem Kajak an der »Senafront«-Station bringen könnte. Wenige Stunden vorher erschien mir das ziemlich teuer, nun will ich einfach nur weg von hier. Schnell ist der Deal gemacht, und wir legen ab.

Um kurz vor fünf sind wir zurück, für die Umrundung des Kaps nach Kolumbien werde ich gut eine Stunde brauchen. Das könnte ich also noch heute schaffen – wenn nur die Bürokratie nicht wäre. Der Soldat der Küstenwache meint, ich müsse noch zu einem anderen Büro, um etwas Papierkram zu erledigen, das läge rund einen Kilometer von hier entfernt. »Papierkram? Warum?«, frage ich empört. Ich habe doch schon alles erledigt, habe alle Stempel, die ich brauche, in meinem Reisepass! Der Mann besteht darauf. Ich lasse ihn deutlich merken, dass ich das nicht richtig glaube. Auch der Mann im zweiten Büro, der diesen Papierkram erledigen soll, bekommt meinen Zorn zu spüren. Tatsächlich ist all das, was er erledigen muss, absolut überflüssig. Er checkt nur noch einmal, ob alles seine Richtigkeit hat, ob ich den benötigten Stempel wirklich in meinem Pass habe, und malt sinnlose Schnörkel auf ein Blatt Papier. Dann sagt er: »Alles klar, Sie können aber erst morgen früh los!«

Wie bitte??? Warum?

»Es ist zu spät, um heute noch aufzubrechen. Für die Umrundung des Kaps bräuchten Sie mindestens drei Stunden.«

»Ich brauche höchstens EINE Stunde«, antworte ich mit deutlicher Verärgerung und mache ihm klar, dass die kolumbianische Marine mich erwartet und ich auf jeden Fall heute, und zwar genau jetzt, aufbrechen werde. »Bisher waren die Kollegen der Senafront sehr hilfsbereite Gentlemen ...«, murmele ich noch genervt.

»Nein«, erwidert er, »Sie dürfen erst morgen weiterfahren. Sie müssen hier noch eine Mahlzeit in einem der Restaurants einnehmen und eine Nacht in einem der Hotels übernachten.«

Aha, daher weht der Wind: Wahrscheinlich betreibt sein Bruder hier ein Hotel ... Ich werde immer lauter, bis er wohl kapiert hat, wie ernst es mir damit ist, sofort weiterzufahren. Genervt knallt er mir meinen Pass auf den Tisch und entlässt mich.

Ich verliere keine Zeit, meine Sachen zu packen und mein

Kajak ins Wasser zu schieben. Gegenwind und Wellengang sind zwar wieder anstrengend, doch ich bin genau in der richtigen Laune, das anspruchsvolle Kap mit seinen reflektierenden Brechern zu besiegen und Strecke zu machen. Nichts wie raus aus Panama!

Ein Schiff der kolumbianischen Küstenwache signalisiert mir, dass ich Panama tatsächlich verlassen habe. Einige Mitglieder der Crew winken zu mir herüber. Ich komme mir fast vor wie bei einer Rückkehr »nach Hause«! Die mir wohlbekannten, höflichen Männer der kolumbianischen Marine bringen mich zu einem kleinen einfachen Hostel, wo sie selbst übernachten werden. Dieser Ort hat leider keine Navy Station mit Übernachtungsmöglichkeiten wie die vielen »Hotel Navals« zuvor, deren Gastfreundschaft ich schon zu schätzen gelernt habe.

Dieses Hostel besteht aus kleinen Hütten, die aus einzelnen Stämmen zusammengezimmert sind. Leider gibt es viele Zwischenräume zwischen den einzelnen Baumstämmen, durch die man hindurchsehen kann, doch viel schlimmer: Auch die Moskitos und Fliegen können leicht zu mir ins Innere schlüpfen, vor allem, wenn ich das Licht anschalte, was nicht ganz zu vermeiden ist. Der Windzug des Ventilators hält die Viecher zwar fern, doch als gegen zwei Uhr nachts der Strom ausfällt, läuft auch der Ventilator nicht mehr. Zumindest das Dach ist dicht, denn es regnet die ganze Nacht und den ganzen Morgen. Im Vergleich zu meinem Zelt ist dies kein wirklicher Zugewinn an Komfort. Meine zerbissene, juckende Haut kann sich unter diesen Bedingungen nicht erholen.

Wie auf der panamaischen Seite liegt auch hier das Büro, in dem ich meinen Einreisestempel für Kolumbien bekommen werde, nicht direkt an der Grenze. Am nächsten Morgen fahren mich die Männer der Marine, die auch im Hostel übernachtet haben, hinüber nach Carpurgana. Ich richte mich auf eine nasse Fahrt ein, packe Teile meiner Ausrüstung wie elektronisches Gerät und meine Papiere in wasserdichte Tüten und verstaue sie in meinem Rucksack. Ich selbst trage nur Shorts und T-Shirts, nicht nur wegen des Regens, sondern auch, weil mein Fahrer auf dem Boot wieder nur eine Geschwindigkeit kennt: die höchste! Meine Passangelegenheiten in Carpurgana sind schnell erledigt. Ich habe sogar noch Zeit, meine letzten Dollar in kolumbianische Pesos umzutauschen und meine Telefonkarte neu aufzuladen. Da ich erwarte, deutlich langsamer voranzukommen, kaufe ich vorsichtshalber auch noch ein paar zusätzliche Lebensmittel.

Ich schlage vor, hinüber zum großen Versorgungsschiff zu fahren, von dem meine Begleiter gekommen sind. Dort will ich mit dem zuständigen Kapitän Castagnera den weiteren Verlauf meiner Reise bis nach Cartagena besprechen, auch die Sicherheitsaspekte, denn auch dieser Teil Kolumbiens ist nicht ganz ungefährlich. Das Versorgungsschiff »Cartagena De Indias« ist das Schwesterschiff der »Buenaventura«, die ich auf der pazifischen Seite Kolumbiens schon begrüßen konnte. Auch dieses Schiff ist deutscher Herkunft und hieß einmal »Lüneburg«.

Als wir das Schiff erreichen, zeigt der Fahrer unseres kleinen Bootes seine Manövrierkünste. Es ist wegen des starken Seegangs nicht ganz einfach, sich dem großen Schiff zu nähern. Es gelingt uns aber, ein Tau zu befestigen, das uns nah genug an der »Cartagena« hält, um die Steigleiter in die Finger zu bekommen, und ich kann an der mächtigen grauen Stahlwand sicher hinaufklettern.

Kapitän Castagnera begrüßt mich herzlich an Bord. Auf der Brücke diskutieren wir die Optionen für die nächsten Tage. Die Bedrohung durch die Drogenschmuggler und die FARC-Rebellen sei zwar nicht ganz so hoch wie auf der pazifischen Seite, dennoch nicht zu unterschätzen. Er würde es sehr begrüßen, wenn ich die nächsten Nächte an Bord seines Schiffes verbrächte und tagsüber begleitet von seinen Männern Richtung Cartagena paddeln würde.

O.k., ich war in den letzten Wochen in Panama genug in »Freiheit« unterwegs und habe es sehr genossen. Der Preis dafür war allerdings der katastrophale Zustand meiner Haut durch den Schweiß, die permanente Feuchtigkeit und die zahlreichen Insektenbisse. Von daher ist die Aussicht, meine Freiheit gegen mehr Sicherheit, einen trockenen, klimatisierten Schlafplatz und eine richtige Dusche am Abend einzutauschen, sehr verlockend. Mehr Schlaf, mehr Kilometer, so die einfache Faustformel. Mein schweres Gepäck würde auf den Schiffen, die mich begleiten, transportiert. Das brächte noch eine zusätzliche Erleichterung im Kampf gegen Wind und Wellen.

Wie besprochen, fahren wir zurück zum Hotel in Cabo Tiburon, um meine Sachen zu packen und mit dem Kajak zurück zum Versorgungsschiff zu paddeln. Obwohl es nur fünf Kilometer Strecke sind, kämpfe ich bei 18 Knoten Gegenwind und einem konfusen Wellengang von bis zu zwei Metern um jeden Zentimeter. Wie soll ich unter diesen Bedingungen bloß vom Kajak zurück auf die »Cartagena« kommen? Auch hier draußen um das große Schiff herum herrscht noch starker Wellengang!

So langsam es geht, paddle ich von hinten an das kleine Begleitboot der Küstenwache heran. Die Wellen sind hoch, schnell muss alles gehen, damit weder ich noch das Boot an der mächtigen Schiffswand zerquetscht werden. Mit einiger Anstrengung und hilfreichen Händen gelingt es mir, auf das Boot zu springen, jetzt muss nur noch mein Kajak aus dem Wasser geholt werden. Da es nicht beladen ist, gelingt es drei Männern relativ flott, es ebenfalls unbeschadet an Bord zu hieven. Nun heißt es, mich, das Kajak und meine Gepäckstücke aufs Deck der »Cartagena« zu schaffen! Bei den Gepäckstücken gelingt das reibungslos, eine Handvoll starker Männer zieht jedes einfach die zehn Meter zu sich hoch, ohne dass eines der Packstücke ins Wasser rutscht. Als Nächstes soll ich die Steigleiter hinaufklettern, doch zuerst will ich mein Kajak in Sicherheit wissen. Dafür müssen wir auf die andere Seite des Schiffes wechseln und das Kajak an zwei Schlingen befestigen, mit dem Rumpf zur Schiffswand. Es dauert nicht lange, und mein geliebtes Baby schwebt auf dem Weg hinauf aufs hohe Deck durch die Luft. Was für eine Aktion! Oben an Deck zittern meine Beine immer noch vor Anstrengung.

Ich bekomme eine der Offizierskabinen zur Unterkunft, die ich mir mit den einzigen beiden weiblichen Offizieren Diana und Paola teile. Da beide gut Englisch sprechen, können wir viel gemeinsam lachen. Nur das Rollen des Schiffes macht mich wieder seekrank, den ganzen Nachmittag muss ich liegend in meiner Kabine verbringen. Zumindest meine Haut erholt sich in der trockenen Umgebung sehr schnell. Noch zwei Tage, und auch dieses Problem wird der Vergangenheit angehören. Ich habe sogar einige Bilder von den schlimmsten Stellen gemacht, doch mein Freund Peter »erlaubt« mir nicht, sie auf meiner Website zu posten, zu viel nackte Haut ...

Sechs Nächte bin ich VIP-Gast Nr. 1 auf dem riesigen Versorgungsschiff, achtzig Mann Besatzung stehen nur zu meiner Verfügung, bis das Schiff eine andere, wahrscheinlich sinnvollere Aufgabe bekommt und ich mich wieder mit einem kleineren begnügen muss ... Vielen Dank für die erlesene Gastfreundschaft! Zum Abschied posiert die Besatzung mit mir und meinem Kajak für ein Erinnerungsfoto auf dem Helikopterdeck, und im zweiten Gang erscheint die Fußballmannschaft des Schiffes – in deutschen Trikots! Ich lege als »Zugabe« noch einen Handstand hin ... auf Wiedersehen!

Seit der Bucht von Uraba hat sich die Landschaft stark verändert. Flache Riffe und schmale, mit Baumstämmen übersäte Strände prägen das Festland. Ich habe lange keine größeren Tiere mehr gesehen. Auch Fischerboote oder kleine Dörfer sucht man hier vergeblich. Da nehme ich die anstrengenden, langen Fahrten mit dem Beiboot zum größeren Schiff, das kilometerweit von der Küste entfernt navigiert, umso lieber in Kauf. Heute wartet das neue Schiff, das mich für heute Nacht beherbergen wird, 20 Kilometer von der Küste entfernt nahe der Isla Fuerte auf uns. An Bord der »Cabo Tiburon« soll ich meine Kabine mit dem Kapitän und seinem Stellvertreter teilen. Ich freue mich schon auf einen »flotten Dreier«, aber zu meiner Überraschung sind meine Kabinengenossen wiederum beides Frauen! Frau Kapitän Liliana und die zweite Frau Kapitän Paola begrüßen mich. Zusammen mit ihrer zwölf Mann starken Besatzung werden sie mich bis zur Grenze von Venezuela begleiten.

Je näher wir der Metropole Cartagena kommen, desto solider und komfortabler werden die Häuser am Festland. Um meinen Weg nach Cartagena noch weiter abzukürzen, fahre ich durch den Canal de Dique, das erspart mir die Umrundung der kommenden Halbinsel und rund fünfzehn Kilometer, sodass die Chancen steigen, noch vor Einbruch der Dunkelheit anzukommen. Begleitet von vielen winkenden Fischern in ihren Cayuco-Booten befahre ich das relativ flache Wasser der künstlichen Wasserstraße. Ich bin mir nicht sicher, ob ich meine Marinebegleiter unabsichtlich abgehängt habe oder sie sich nicht trauen, mir zu folgen, weil das Wasser im Kanal für ihr Boot zu flach ist. Nach einigen Kilometern sehe ich ein anderes Marineboot auf mich zukommen, das in diesem schmalen Seitenkanal fast ein wenig überdimensioniert wirkt. Ich vermute, dass aus Cartagena ein anderes Boot geschickt wurde, um mich in Empfang zu nehmen und bis in die Stadt zu eskortieren.

Apropos Kanal: Vor einigen Tagen kam dann auch endlich die negative Antwort auf meinen Antrag, den Panamakanal mit dem Kajak zu befahren, nachdem selbst die deutsche Botschaft schon wochenlang auf eine Antwort der Kanalverwaltung gewartet hatte. Der Antrag werde abgelehnt, da es »zu gefährlich« sei, mit dieser Art von Wasserfahrzeug den Kanal zu befahren, und zwar aufgrund des lebhaften Schiffsverkehrs und der Maschinen, die für die Erweiterung des Kanals eingesetzt würden. Wie beim Hase und Igel: »Ick bün all dor!«

Angesichts solcher Hindernisse wird mir wieder deutlich, dass die Unterstützung durch die kolumbianische Marine keine Selbstverständlichkeit ist, weder meine Nächte auf Schiffen der Küstenwache noch der »hochoffizielle Empfang in Cartagena, inklusive kolumbianischer Nationalhymne«. Gut, zugegeben, so weit geht die Verehrung dann doch nicht: Ich komme gerade nur zu der Zeit an, als die Flagge eingeholt und die Hymne gespielt wird und eine ganze Reihe weiß gekleideter Marineoffiziere Spalier steht und (mir) salutiert!

Auf der Marinebasis wird mir der Schlafraum des Fregattenkapitäns Hernando Mattos überlassen, der den Platz nur selten braucht, da er mit seiner Familie in der Stadt wohnt. Die Gastfreundschaft und Hilfsbereitschaft auf der Atlantikseite Kolumbiens gleicht den guten Erfahrungen auf der Pazifikseite. Kapitän Mattos ist das karibische Gegenstück zu seinem Kollegen Delgado von der Pazifikküste. Morgen werde ich ihn treffen, um den weiteren Fortgang meiner Tour zu besprechen.

Zudem freue ich mich, einen Online-Freund aus Kiel persönlich kennenzulernen, Uli Diekmann, der vor vier Jahren nach Cartagena ausgewandert ist, um im Auftrag der kolumbianischen Marine die Reparatur von U-Booten zu beaufsichtigen, die auf der HDW-Werft in Kiel gebaut wurden. An seine Adresse habe ich auch etwas Post und ein paar Pakete aus Deutschland schicken lassen.

Uli lässt sich am nächsten Morgen um zehn Uhr blicken, und es tut richtig gut, sich wieder einmal auf Deutsch unterhalten zu können. Er ist superhilfsbereit, fährt mich überall herum und ist auch als Dolmetscher dabei, als ich mich mit Kapitän Mattos treffe. Die Küstenwache hat eine großartige Präsentation vorbereitet, mit der sie mir die Topografie der kommenden Küstenabschnitte erklären und mich auf die heiklen Stellen aufmerksam machen will.

Leider könne man mir ab jetzt keine bequeme Übernachtung auf ihren Fregatten mehr anbieten, da die Schiffe nun andere Aufgaben zu erledigen hätten – wahrscheinlich die Verfolgung von Drogenschmuggelbooten?

Das heißt, ich werde die Nächte nun wieder in meinem Zelt an Land verbringen oder auf den kleineren Booten schlafen, die sie mir im Verlauf von den einzelnen Marinestationen auf meiner Strecke entgegenschicken würden. Gar kein Problem für mich!

Es stellt sich heraus, dass Mattos und seine Männer eigentlich keine Befürchtung haben, dass ich ausgeraubt oder entführt werden könnte. Die Region, die nun komme, sei relativ sicher, obwohl gerade ein paar deutsche Touristen an der Grenze zu Venezuela gekidnappt worden sind. Vielmehr sorge man sich, was mir während des Paddelns passieren könne – ich könnte kentern oder ertrinken ... aber DAS ist, ehrlich gesagt, meine geringste Sorge! Selbst vor den kommenden großen Flussmündungen habe ich zwar Respekt, aber keine Angst. Und sollte die See zu unruhig sein, würde ich einfach nicht paddeln, sondern eine Pause auf ihren Booten, an Land oder in einer der vier Marinestationen einlegen, die auf meinem Weg Richtung Venezuela liegen. Wo ist das Problem?

Zuerst will ich noch die Eindrücke genießen, die Cartagena zu bieten hat. Uli zeigt mir die Sehenswürdigkeiten und die Altstadt. Ich kann mir keinen besseren Führer wünschen, Uli macht dies nicht zum ersten Mal und kennt alle interessanten, sehenswerten Plätze, inklusive einem fünfzehn Meter hohen Schlammvulkan nördlich der Stadt. Auf dem Weg dorthin kann ich schon einmal einen Blick auf die Strände werfen, an denen ich in den nächsten Tagen vorbeikommen werde.

Doch viel wichtiger sind die Themen Einkaufen und Essen. Auch hier begleitet mich Uli und hilft mir beim Transport der zahlreichen Lebensmittel. Ich habe auch wieder unglaublichen Appetit auf die Dinge, die ich in den letzten Wochen nicht zur Verfügung hatte: Ich verschlinge ein knuspriges Baguette mit einem ganzen Camembert, dazu Blaubeeren, Physalis, Maracuja und eine Ananas. Auch finde ich meine Lieblingssüßigkeit wieder: eine hitzeresistente Art weiße »Schokolade«, die aus Kokosnuss, Milchpulver und Zucker besteht und die ich das erste Mal in Ecuador entdeckt habe.

An einem Nachmittag erlaube ich mir sogar, in der Altstadt ein paar neue Kleidchen zu kaufen. Meine sportliche Figur darf auch mal nett umhüllt werden! Uli wird so freundlich sein, sie bei seiner nächsten Reise nach Deutschland mitzunehmen. So muss ich sie nicht in meinem Gepäck mit mir herumschleppen. Am nächsten Morgen soll es schon wieder weitergehen!

Um fünf Uhr früh holt Uli mich ab, im Schlepptau einen Mann der Küstenwache. Wir müssen das Kajak nur über die Straße tragen, schon bin ich startbereit. Das Gepäck wird von der Küstenwache transportiert. An diesem Morgen ist die See ruhig, und kaum ein Wind ist zu spüren, ich komme gut voran. Im Laufe des Vormittags frischt der Wind allerdings spürbar auf, erst auf zehn, dann auf 15, später sogar auf 20 Knoten, natürlich von vorne. Es ist zwar erst elf Uhr vormittags, doch ich mag nicht mehr. Ich signalisiere den Jungs, dass sie mich an Bord holen sollen.

Punta Piedra, das nur 2,5 Kilometer entfernt liegt, hatte ich mir als nächsten Stopp ausgesucht, doch entweder haben die Männer oder ich das Briefing von gestern nicht verstanden, oder meine GPS-Daten stimmen nicht. Auf jeden Fall steuern wir stattdessen auf die offene See hinaus. Das kleine Boot hüpft heftig auf den immer größer werdenden Wellen, zwei Männer müssen mein Kajak festhalten, das nur locker auf den Benzinfässern liegt. Will der Fahrer etwa bis Ensenada Amanzaguapo fahren? Das wären 25 Kilometer, genauso viel, wie ich heute gepaddelt bin. Dann könnte man mich auch ebenso gut zurück nach Cartagena fahren. Mehrmals bin ich kurz davor, die Jungs zu stoppen und zu versuchen, allein an Land zu kommen. Doch selbst das wäre nicht möglich, die See ist zu rau. Es gibt nur eine Möglichkeit: einfach weiterzufahren. Wenn nur nicht vor einer Stunde einer der Motoren seinen Geist aufgegeben hätte ...

Der Fahrer versucht angestrengt, das Boot parallel zu den Wellen zu steuern. Das verringert zwar das Schlagen und Hüpfen, doch dafür bekommen wir regelmäßig eine kalte Dusche von der Seite. Die Wasserpumpe arbeitet ununterbrochen gegen das Wasser an, das ins Boot gespült wird. Alles an Bord ist klitschnass. Einer der Männer, die mein Boot halten, braucht dringend eine Brille, um seine Augen vor dem Salzwasser zu schützen. Der Fahrer wirft ihm eine zu, doch die landet in hohem Bogen im Wasser. Vorsichtig reiche ich ihm meine hinüber, und kaum hat er sie aufgesetzt, schläft er auch schon ein. Mein Kajak hält er dabei immer noch im Arm.

Falls jetzt noch der zweite Motor ausfiele, wären wir den Wellen hilflos ausgeliefert und würden ohne die Möglichkeit, das Boot zu steuern, in Richtung Land treiben. Wir könnten nur hoffen, rechtzeitig aus dem Boot zu kommen, bevor es an den Klippen zerschellt. Seit drei Stunden kämpfen wir nun schon gegen Wind und Wellen. Ich muss unbedingt von diesem Kahn herunter, nicht nur, weil ich das Schlagen des Bootes nicht mehr ertrage, sondern mir auch langsam Sorgen um den Zustand meines Kajaks mache. Und wenn ich daran denke, dass ich hier in diesem Boot sogar noch übernachten muss ...

Ich habe keine Lust mehr auf diese Art der Marinebegleitung, ich werde so nah an der Küste entlangpaddeln, dass ich jederzeit an Land gehen kann. An geeigneten Stränden ist hier jetzt kein Mangel mehr. Wenn nur diese konfusen, unvorhersehbaren Wetterverhältnisse nicht wären. Mit einigen Schwierigkeiten erreichen wir einen Strand, vor dem das Wasser etwas ruhiger zu sein scheint, zumindest ruhiger als draußen auf dem offenen Meer. Schnell packe ich meine Sachen und lasse mein Kajak aufs Wasser setzen. Beim Umstieg knalle ich so stark gegen die Wand des Begleitbootes, dass ich mich fast überschlage. Während meines Manövers hatte ich nicht gemerkt, dass wir uns schon wieder zur Windseite hingedreht haben. Eine fette Welle füllt mein Cockpit mit Wasser, ich habe jedoch keine Zeit und noch weniger Lust, es rauszupumpen. Hektisch arbeite ich mich die letzten 500 Meter mit vollgelaufenem Cockpit Richtung Strand – und habe es endlich geschafft: Ich bin an Land!

Ich teile meinen Begleitern mit, dass ich ab jetzt wieder jeden Abend alleine landen und zelten möchte, die Landsituation erscheint mir hier wesentlich sicherer als auf der pazifischen Seite von Kolumbien. Ich habe das Gefühl, sie sind ganz froh, das zu hören, das macht beide Seiten unabhängiger voneinander.

Der Chef der Küstenwache in Cartagena schlägt vor, nachts zu paddeln, wenn Wind und Wellen schwächer sind. Also probiere ich, die nächsten zwei Tage Richtung Barranquillo so früh wie möglich zu starten. Die ganze Nacht checke ich, ob sich der Wind legt und ob es schon hell genug zum Paddeln ist. Kein Mond ist zu sehen, nur ein paar Sterne kämpfen sich durch den morgendlichen Dunst. Oder ist das sogar Smog? Ich habe beobachtet, dass die Menschen hier ihren Müll in den frühen Morgenstunden verbrennen, und auch die Industriemetropole Barranquillo ist nicht mehr weit. Vielleicht ist die Luftverschmutzung der Grund für die schlechte Sicht? Zudem muss ich heute vom Festland von Punta de la Garita Richtung Norden starten, und auch hier um das Festland kann sich schnell eine Brandung von zwei Metern Höhe aufbauen. Ich starte schon gegen halb sechs Uhr morgens, gegen zehn Uhr hat der Wind allerdings so stark aufgefrischt, dass ich schon nach viereinhalb Stunden das Paddeln für den heutigen Tag beenden muss. Ich merke auch, wie schwer mein Kajak mit dem frischen Proviant beladen ist. Ich muss einfach mehr essen und trinken, damit es leichter wird!

Zumindest fühle ich mich in diesem Abschnitt meiner Reise an der Karibikküste Kolumbiens sicher, wenn ich wie gewohnt mein Zelt an irgendeinem Strand aufschlage. Das einzige Problem ist nur der ständige Wind, der mich und mein Zelt permanent mit Flugsand paniert. Meine Begegnungen mit den Menschen hier sind weiterhin nett und entspannt, ob mit Strandwächtern, Polizisten oder einer Horde Teenager, die an den Stränden ihre Partys feiern. Meist schlägt die Neugier der Menschen, die ich treffe, in Respekt und Bewunderung um, wenn sie auf meinen Autogrammkarten von meiner Mission lesen. Da macht es auch nichts, dass sich meine Begleiter der Marine etwas auf Abstand halten und meistens weit draußen auf dem Meer ankern und mich nicht 24 Stunden lang lückenlos bewachen.

In der letzten kurzen Nacht habe ich geträumt, dass ich die nächste Herausforderung, die Querung der Flussmündung des Rio Magdalena, schon hinter mir habe. Doch leider war dies nur ein Traum. Im Unterschied zu den letzten drei Tagen hat sich der Wind selbst in den frühen Morgenstunden nicht gelegt, sodass es wenig Sinn macht, schon vor Anbruch des Tages aufzubrechen. Um halb sieben morgens bläst er mir schon mit fünfzehn Knoten ins Gesicht und wird sich im Laufe des Tages sicherlich noch verstärken. Genau das Richtige für einen dickköpfigen Stier wie mich! Trotzig kämpfe ich mich voran und schaffe dennoch nur lächerliche siebzehn Kilometer in fünfeinhalb Stunden. Schon um elf Uhr vormittags steuere ich den nächsten Landeplatz an. Bis zur Mündung sind es noch sechs Kilometer. Die Strömung des Flusses soll so stark sein, dass man ihn am besten ganz früh morgens, wenn der Wind noch schwach ist, umfährt. Die Alternative wäre, die Kanäle im Landesinneren zu benutzen, wie es ein Paddler aus Venezuela auf seinem Weg nach Panama gemacht hat. Doch die Aussicht auf die Hitze, die dort brütet, und auf die dubiosen Gestalten, die längs den Flüssen zu wohnen pflegen, lässt mich diese Idee wieder verwerfen. Ich warte einfach einen weiteren Tag und werde dann dieses Hindernis queren. Die Marine empfiehlt einen weiten Bogen um die Mündung, die Wellen beim Aufeinandertreffen der Flussströmung mit dem Meer sollen riesig sein – ist das wirklich die richtige Entscheidung?

Wie auch am gestrigen Morgen wartet das Begleitboot schon früh auf mich. Mit einem Gegenwind von 15 Knoten paddle ich auf die offene See hinaus, weit weg von der Flussmündung. Nach vier Kilometern in immer höher werdenden konfusen Kreuzwellen glaube ich, dass ich weit genug entfernt von den Strömungen des Flusses bin, und versuche, mich wieder dem Festland zu nähern. Um mich herum türmen sich brechende Mauern aus braunem Flusswasser. Den Motor meines Begleitbootes kann ich im Brausen der brechenden Wellen kaum noch hören. Von Weitem bekomme ich mit, wie das Boot mit einem heftigen Knall immer wieder auf die Wasseroberfläche schlägt oder die Männer den Motor aufheulen lassen, um eine Welle mit besserem Timing zu überwinden. Ich ahne, wie schrecklich sie sich fühlen müssen. Sie leiden mehr als ich in meinem Kajak. Ich wickle mich nur so um die Wellen und tanze mit ihnen, finde es sogar recht reizvoll, hier draußen in diesen Konditionen herausgefordert zu werden, wohingegen die Jungs ein Spielball der Elemente sind bei diesem für das schwere Boot zu geringem Tempo. Da sie immer in meiner Nähe sein wollen, können sie nicht mit der Geschwindigkeit fahren, mit der sie die Wellen am sanftesten nehmen könnten.

Ich selbst habe noch reichlich Energie, um weiterzumachen, doch die Jungs signalisieren mir umzudrehen. Wie bitte? Wozu paddle ich denn in die richtige Richtung? Es geht doch voran? Langsam, aber sicher … Später erfahre ich, dass ich genau richtig lag mit meiner Einschätzung: Drei der vier Männer sind furchtbar seekrank geworden, alle außer dem Fahrer mussten sich übergeben. Mehr als einmal hatten sie Angst zu kentern. Im Gegensatz zu mir können sie mit solch einem Boot nicht einfach wieder hochrollen und wären dann längst schwimmen gegangen. Nun ... einmal mehr beweist diese Situation, dass die Grenzen eines erfahrenen Seekajakfahrers weit höher liegen als die der Besatzung eines kleinen Motorbootes ... Wozu also ein Begleitboot »gegen Wellengefahren« auf See? Das kann ich besser. Wenn ich in Schwierigkeiten gerate, sind »meine Retter« schon mittendrin!

Ich bin nett und erlöse die armen Buben von ihrem Schicksal ... morgen ist auch noch ein Tag! Ich signalisiere, dass ich bereit bin, das Paddeln für heute abzubrechen und mich an Bord nehmen zu lassen. Dafür müssen wir das Boot und das Kajak in eine parallele Position bringen, beide die Nase in den Wind gerichtet und mit den Brechern von vorne, damit das Umsteigen und Laden des Kajaks so schnell und sicher wie möglich geht. Hätten wir Wind und Wellen von der Seite, würde irgendwann ein Schiff auf dem anderen landen – beide möglichen Konstellationen erscheinen mir nicht sehr prickelnd. Mehrmals wird das Begleitboot von starken Wellen wieder seitlich abgedreht und von mir fortgetrieben. So funktioniert das nicht, Jungs! Wisst ihr überhaupt, wie das geht? Ich versuche schreiend und gestikulierend, das Boot parallel zu mir zu dirigieren und dabei meine Nase im Wind zu lassen. Ich wage mir gar nicht auszumalen, wie sie agieren würden, wenn ich wirklich einmal in Gefahr geriete. Sie brechen den ersten Versuch ab und ich paddele weiter auf der Stelle, den Bug im Wind. Nach fünf Minuten nähert sich das Boot wieder, und diesmal schaffen sie es, parallel an mich heranzufahren. Drei der Männer haben sich diesmal in einer Reihe auf der Seite aufgestellt, auf der sie mein Kajak aufs Boot hieven wollen. Ich werfe mein Paddel an Bord und reiche einem der Jungs die Bugleine, um das Kajak zu sichern, während ich mich schnellstens an der Bordwand hochziehe und hinüberklettere. Nun noch das Kajak: Doch zwei der Männer stehen zu weit entfernt am Heck und das Cockpit füllt sich langsam mit Wasser. Es wird immer schwerer, um es überhaupt hochheben zu können! Nun kämpfen nur noch zwei Männer und ich mit dem Kajak, der dritte hängt mal wieder über der Reling und kotzt. Im letzten Moment kann ich noch meine Bugleine greifen, die er einfach losgelassen hat. Wenn ich hier mein Kajak verlieren würde ...

Wir merken, dass wir es mit dieser Technik nicht schaffen werden. Ich hole die Jungs zu mir herüber zum Bug, und zu dritt ziehen wir das Kajak über die Kante aufs Boot, leider die schlechteste Art, ein Kajak an Bord zu holen! Der Rumpf kann dabei schwer beschädigt werden, das habe ich zu diesem Zeitpunkt noch nicht bemerkt. Das Knacken ist wohl vom Krach der Wellen verschluckt worden.

Zumindest haben wir es geschafft, die Jungs sind erledigt und steuern die Flussmündung an, an der sich die Marinestation befindet – und scheuchen dabei ein Krokodil aus dem Dickicht.

Den Jungs widerstrebt es, am nächsten Tag das gleiche Spiel noch mal zu beginnen, und pochen auf einen Start hinter der Flussmündung des Rio Magdalena. Ich muss mich mit dem Begleitboot an eine Stelle fahren lassen, von der meine Weiterfahrt möglich sein wird – und zwar mit einer ganz neuen Mannschaft auf einem anderen Boot. Meine Stammcrew ist am Morgen überraschend zu einem Noteinsatz abkommandiert worden. Auch das neue Team scheint nicht wirklich begeistert von ihrem Auftrag zu sein. Ich beobachte sogar zwei der neuen Männer, dass sie sich vor der Abfahrt bekreuzigen. Das kann ich verstehen, ich empfinde genauso, spätestens als wir mit sechzig Stundenkilometern den Fluss wieder Richtung Mündung hinunterrasen. Auf dem Meer halten wir eine Durchschnittsgeschwindigkeit von dreißig Kilometern pro Stunde, sodass auch diese Tour zum absoluten Horrortrip wird.

Ohne Brille, um meine Augen gegen das Salzwasser zu schützen, bin ich nach kurzer Zeit blind. Wir alle halten uns mit beiden Händen an den Aufbauten fest und versuchen in einer Wolke von Abgasen und Benzingestank die harten Schläge mit den Knien federnd abzufangen. Selbst als wir mit acht Kilometern Distanz die Flussmündung umrundet haben und in ruhigere Gewässer kommen, ist der Albtraum noch nicht vorbei! Der Fahrer beschleunigt wieder auf mehr als sechzig Kilometer pro Stunde, als wir die Küste wieder in der Ferne auftauchen sehen. Warum fahren die Jungs immer Höchstgeschwindigkeit? Bei jedem Schlag, den mein Kajak abbekommt, schreie ich laut auf, als ob ich selbst verletzt wäre. Wie gelähmt lasse ich den Horror über mich ergehen. Lieber Gott, bring mich hier raus, denke ich, am besten gleich nach Buenos Aires, und von dort aus direkt nach Hause!

Ich wache aus meiner Erstarrung auf, als ich meine GPS-Daten checke und sehe, dass es höchste Zeit wird, die Fahrt wieder allein mit meinem Kajak fortzusetzen. Wie auch das Aufladen gelingt auch das Abladen des Kajaks aufs Wasser nicht ohne hässlich knackende Geräusche, die so klingen, als gäbe es an Land einige Reparaturen am Rumpf zu erledigen. Hauptsache, ich entkomme der ekelhaften Benzinwolke, und meine Seekrankheit beruhigt sich wieder. Fast glücklich paddele ich in der nun viel ruhigeren See und mache endlich wieder Strecke. An Land sichte ich eine geeignete Stelle zum Landen, sogar mit einem einzelnen Baum, der mir Schatten spenden könnte. Doch schon während des Entladens ahne ich die Katastrophe: Als ich den Lukendeckel am Heck öffne, schwappen mir bestimmt zwei Liter Wasser entgegen. Ich entlade das Fach am Bug und sehe, dass auch dort Wasser eingedrungen ist. Ich drehe das Kajak und untersuche den Rumpf: Es gibt große Schäden an der Beschichtung. Sie ist auf einer Fläche von drei Handbreit bis auf das Laminatgewebe abgeplatzt und hat sich mit Wasser vollgesogen.

Viel fehlt nicht mehr, und der hintere Teil des Kajaks würde einfach so herunterhängen. Zu allem Überfluss entdecke ich noch einen langen Riss im Rumpf, schlimm genug, um einiges an Wasser ins Innere zu lassen. Nach diesem Schock schaue ich gar nicht mehr weiter, mache schnell ein Foto und wate damit durchs Wasser zum Begleitboot hinüber, das immer noch auf mich wartet. Ich erkläre den Männern anhand der Bilder, dass ich die Reparaturen, die nötig wären, nicht hier am Strand erledigen könne, sondern unbedingt mit ihnen nach Santa Marta fahren müsse. Gesagt, getan: Wir laden Kajak und Gepäck zurück aufs Boot.

In Santa Marta beginnen zwei Männer sofort mit der Reparatur meines Kajaks. Als ich am nächsten Tag checke, wie weit sie schon gekommen sind, haben sie die beschädigten Stellen schon abgeschliffen und mit einer Art Mastix aufgefüllt. Heute soll alles mit Fiberglasmatten bedeckt und mit Epoxidharz aus meinen Vorräten abgedichtet werden. Später müssen wir das ganze Kajak noch mit Wasser füllen, um zu prüfen, ob die Reparatur erfolgreich war.

Ich fülle meine Zeit mit Computerarbeit und kleineren Besorgungen. Santa Marta ist bei Weitem nicht so schick und touristisch wie noch Cartagena, doch selbst in den ärmsten Vierteln haben die modernen Zeiten Einzug gehalten: An jeder Ecke werden Mobiltelefone und -karten verkauft.

Ohne dass ich es bemerkt hätte, haben die Verantwortlichen der Küstenwache ein unglaubliches Begrüßungsprogramm für mich organisiert: Nicht nur, dass sie geschlossen zu einer Pressekonferenz mit deutschem Übersetzer, Fernsehteams und Fotografen antreten. Auch die Mädchen der örtlichen Sportclubs haben eine Flaggenchoreografie für mich eingeübt und halten Banner mit meinem Namen hoch. Dazu spielt eine Band traditionelle kolumbianische Musik, zu der sich ein junger Mann mit einem hübschen jungen Mädchen in einem weit schwingenden Kleid dreht. Als ich mich den beiden anschließen soll, fühle ich mich unwohl. Ich würde hier gerne eines meiner Kleider tragen, die ich in Cartagena gekauft habe, doch da die Küstenwache gebeten hatte, im Kajak zu dieser Veranstaltung zu paddeln, bin ich nur mit Shorts und T-Shirt angezogen.

Am nächsten Morgen lasse ich mich noch vor Sonnenaufgang die fünfundzwanzig Kilometer zurück zu der Stelle fahren, an der ich das Paddeln unterbrochen hatte. Diesmal ist das Begleitboot komfortabler, ich kann sogar etwas schlafen, bevor ich wieder aufs Wasser gesetzt werde. An diesem Tag schaffe ich eine Strecke von immerhin dreißig Kilometern. Heute Abend werde ich wieder in der Station der Küstenwache von Santa Marta übernachten und morgen sehr früh aufbrechen. Die Wettervorhersage verspricht immer schwächer werdende Windstärken und Wellen. Ob ich Glück habe und unter diesen Bedingungen um Cabo de la Vela herumkomme? Die Region von dort bis zur Grenze von Venezuela ist für seine starken Winde berüchtigt. Ob ich so überhaupt den Golf von Venezuela überqueren kann?

Mein Tag beginnt schon morgens um halb sechs, noch ist es windstill. Ich weiß, dass es sich schnell ändern wird, doch so pessimistisch wollte ich nicht denken. Mühsam kämpfe ich mich durch den schmalen Durchgang auf Höhe der Isla de la Aguja und paddle um die Ecke herum in die Bucht von Ensenada de Concho. Hier kann ich für einen Moment im Windschatten verschnaufen und sogar frühstücken. Doch selbst die tiefen Buchten geben nicht wirklich Schutz vor dem heftigen Wind, der mittlerweile auf fast zwanzig Knoten aufgefrischt hat. Punta El Vigua, Punta de Changue, Punta de Gayraca – Bucht für Bucht paddle ich voran. Um drei Uhr nachmittags habe ich tatsächlich fast sechzig Kilometer geschafft! Da es auf dieser Höhe der Küste jedoch keine Strände gibt, vor denen man gut ankern könnte, müssen wir doch noch einmal fünfundzwanzig Kilometer zurückfahren. Dort finden wir einen kleinen natürlichen Hafen, in dem es sogar möglich ist, per Boot bis zum Strand zu fahren, sodass ich mein Gepäck einfach an Land bringen kann. Ich freue mich auf meine eigenen vier Wände und bedauere meine Begleiter, die die Nacht im Benzingestank des Bootes aushalten müssen.

Um die starken Gegenwinde, gegen die ich in den letzten anstrengenden Tagen anpaddeln musste, zu vermeiden, möchte ich die relativ windstille Nacht nutzen und schon um ein Uhr nachts starten und bis gegen zehn Uhr morgens paddeln. Der Mond ist hell genug. Auch die Männer der Küstenwache halten dies für eine gute Idee. Voraussetzung ist natürlich, dass ich tagsüber genug Schlaf finde, um ausreichend Energie für die Nachtfahrten zu haben.

Doch zuvor muss ich mir noch meinen Ausreisestempel für Kolumbien in Riohacha abholen und neuen Proviant einkaufen, der dann hoffentlich bis zur nächsten größeren Stadt in Venezuela reichen wird.

Zu diesem Zeitpunkt der Reise muss ich eine schwerwiegende Entscheidung treffen. Der Plan war eigentlich, am 10. Mai 2014, meinem 50. Geburtstag, wieder in Buenos Aires anzukommen. Doch ich muss die Wind- und Wetterbedingungen so nehmen, wie sie sind, und körperlich ist nicht mehr herauszuholen, als ich sowieso schon leiste. Eigentlich wollte ich schon jetzt in Georgetown in Guyana sein, doch die widrigen Windverhältnisse auf diesem Abschnitt der Reise hier in der Karibik werden dazu führen, dass ich bis dorthin noch zwei weitere Monate bräuchte und erst im Juli ankäme. Dann blieben nur noch vier Wochen für die Regeneration in Deutschland übrig. Und diese Erholung bräuchte ich eigentlich schon jetzt.

Daher werde ich nun den Rest meiner Reise in drei Teile gliedern. In zwei bis drei Wochen werde ich diesen Abschnitt an der Grenze zu Venezuela beenden. Wie im letzten Jahr werde ich dann von Mai bis August in Deutschland sein, und dann bis Weihnachten 2013 so weit paddeln, wie ich komme. Im Sommer nächsten Jahres steht dann die letzte wetter- und klimabedingte dreimonatige Pause an.

Kaum habe ich mich zu dieser veränderten Planung durchgerungen, verspüre ich eine große Erleichterung. Was ist schon ein weiteres Jahr auf dieser Reise? Dann komme ich eben an meinem 51. Geburtstag an ... Der Zeitdruck ist von mir genommen, und ich habe die Aussicht, mich bald erholen zu können. Ich habe schon bemerkt, wie schlecht meine Laune wird, sobald etwas nicht so klappt, wie ich es geplant habe, oder etwas aus meiner Ausrüstung kaputtgeht.

Mein Proviant hängt mir zum Hals heraus, ich ernähre mich nicht mehr vernünftig. Ich habe die Hitze und die Feuchtigkeit satt, die damit verbundenen Hautprobleme und schon gar keine Lust mehr, viele Fotos zu machen.

Lust habe ich nur noch auf das Paddeln selbst und auch immer noch auf diese gesamte Reise im Allgemeinen, doch ich brauche eine längere Pause, um mich zu erholen und mich neu zu motivieren.

Meinen Flug nach Hause habe ich gebucht: Am 8. Mai geht es zurück nach Deutschland. Genau wie im Jahr zuvor werde ich am 9. Mai in der alten Heimat ankommen. Hoffentlich ein gutes Omen, wenn es auch nicht so geplant gewesen ist!

Kapitel 13
ABSTECHER NACH TRINIDAD

Venezuela → Trinidad → Guayana
16.08.–09.11.2013

Zurück zu Job Nummer drei ... Dreieinhalb Monate lang habe ich meinen Job Nummer eins, meine beiden Eiscafés, und Nummer zwei, den Weihnachtsladen, aufgefrischt, jetzt ist es Mitte August, und das Wasser ruft! Venezuela, Trinidad, Guyana, Surinam, Französisch-Guyana, Brasilien, Uruguay – das sind die nächsten Stationen meiner Reise, die mich zurück nach Buenos Aires führen soll. Im Mai hatte ich den letzten Teilabschnitt an der Grenze zwischen Kolumbien und Venezuela beendet. Von dort geht es nun wieder weiter!

Als ich am Regionalflughafen von Riohacha die Gangway hinuntergehe, trifft mich die tropische Hitze und Feuchtigkeit wie ein Keulenschlag. Das Empfangskomitee der kolumbianischen Marine wartet schon auf mich, freundlich und hilfsbereit wie schon vor drei Monaten. Vielen Dank!

Mit Höchstgeschwindigkeit fahren wir auf den löchrigen Straßen nach Puerto Bolivar, zurück zur Kohlemine, wo ich im Mai die letzten Tage verbringen durfte und mein gesamtes Equipment gelagert ist. Ich wohne in dem gleichen Haus wie damals. Schon am nächsten Morgen um fünf Uhr brechen wir auf, um mit dem Boot zu der Stelle an der Grenze zu fahren, wo ich den letzten Abschnitt meiner Reise beendet hatte. Fünf Stunden lang muss ich auf einer ruppigen Bootsfahrt über steile Wellen springen und die harten Schläge abfedern. Mein Kajak ist gut vertäut und abgepolstert, ich stehe neben dem Fahrer, schließe die Augen, um mich vor der salzigen Gischt zu schützen, und erlebe diese Fahrt, als ob ich unkontrolliert fallen würde. Irgendwann ist hoffentlich auch diese letzte, benzingeschwängerte Motorbootfahrt vorbei! Erst beim Einbiegen in den Golf von Venezuela in südlicher Richtung gelangen wir in ruhigeres Fahrwasser. Ich kann die Augen wieder öffnen, meine Beine entspannen und mich mental auf den Beginn meines Paddelns einstellen. Das Packen des Kajaks bei zwanzig Knoten Wind wird zum Balanceakt, dann sitze ich wieder in meinem schwer beladenen Boot und freue mich, in die frische, salzige Luft hineinzupaddeln – allein.

Nach drei Monaten Pause fühlen sich die ersten Paddelschläge an, als seien meine Muskeln aus Kaugummi. Auch spüre ich die sieben Kilo, die ich während des Heimaturlaubs zugelegt habe. Irgendwie passt mein Hintern nicht mehr so richtig auf den Sitz. Ich halte das Kajak halbwegs gerade und lasse mich mit dem Wind in südwestlicher Richtung in den Golf von Venezuela hineintreiben. Viel mehr als zwanzig Kilometer Strecke kann ich heute wegen des späten Starts und der anstrengenden Bootsfahrt nicht paddeln. Am Festland entdecke ich einen unbewohnten Strand mit ein paar Bäumen, die mir Schatten spenden können. Nur ein paar dürre Ziegen und Schafe grasen um ein verlassenes Fischerboot herum. Ich scheuche versehentlich zwei Wildschweine hoch, ich bin mir nicht sicher, wer sich mehr erschreckt – die Schweine oder ich. Am Nachmittag kommt ein angenehm kühler Wind auf. In spätestens vier Tagen will ich in Maracaibo ankommen, bis dahin erwarten mich noch einige anstrengende Stunden auf dem Wasser.

Ich hatte gehofft, die knapp fünfundneunzig Kilometer der engsten Stelle des Golfes von Venezuela zu queren, aber bei den hier konstant herrschenden starken östlichen Winden ist das keine gute Idee. In die andere Richtung wäre die Querung kein Problem. Der Golf von Carpentaria in Australien war fast sechsmal so breit! Da bin ich auch »so eben mal«

rübergepaddelt ... in acht Tagen und sieben Nächten alleine auf dem Wasser.

Am nächsten Tag schaffe ich weitere vierzig Kilometer in den Golf hinein, merke aber schnell, dass ich noch weit von meiner Topform entfernt bin. Das Paddeln selbst ist in dieser Badewanne nicht anspruchsvoll, doch der Jetlag schränkt meine Leistungsfähigkeit ein. In der westlichen Ecke des Golfes sammeln sich Millionen champignonförmige, blumenkohlgroße Quallen. Ich habe einige Schwierigkeiten, die dichte Biomasse zu passieren, hier möchte ich kein Fischer sein!

Die Brandung hat sich verstärkt. Ich muss durch ein Minenfeld stark brechender Wellen, von denen ein paar mich seitwärts erwischen. An dem belebten Strand, wo ich mit einiger Anstrengung nach fast zehn Stunden landen kann, erzeugt sie einen furchteinflößenden Krach. Hier scheint ein beliebter Platz für einen Sonntagnachmittag am Meer zu sein, zahlreiche junge Leute fahren mit ihren Motorrädern auf und ab. Ein Auto scheint auf mich zu warten, bevor ich überhaupt an Land angekommen bin. Erst auf den zweiten Blick erkenne ich, dass dies kein Polizeifahrzeug, sondern ein Taxi ist. Mit offener Tür sitzt der Fahrer im Wagen und winkt mich zu sich herüber. Als ich zum zweiten Mal mit einem weiteren Teil meiner Ausrüstung Richtung Dünen marschiere, bequemt er sich, mir entgegenzugehen und fragt mich: »Brauchst du einen Fahrer?« Ich zeige auf mein Kajak und teile ihm mit, dass dies mein bevorzugtes Transportmittel sei. Bevor er noch überlegen kann, drücke ich ihm meine Bugleine in die Hand. Mit gemeinsamen Kräften ziehen wir das Kajak hoch auf den Strand. Der Mann probiert später noch einmal, mir seine Fahrdienste anzubieten. Der Strand sei nicht sicher, es würden sich hier viele gefährliche, zwielichtige Typen herumtreiben. Ich sehe nur die jungen Männer auf ihren Motorrädern, und die interessieren mich herzlich wenig.

Die gleichen Jungs gehen mir im Laufe der Nacht allerdings noch gehörig auf die Nerven. Ich hatte gehofft, dass sich am Abend der Strand leeren würde und die Leute nach Hause fahren, doch gegen elf Uhr nachts brettern drei Jungs mit einem Motorrad direkt bis vor mein Zelt, richten den Scheinwerfer auf mich und fragen: »Was machst du hier?« Als ich weiterschlafen möchte und nicht antworte, beginnen sie, die Heringe meines Zeltes aus dem Boden zu ziehen. So nicht, Jungs! Nun werde ich laut. Zuerst sind sie wohl etwas überrascht, eine weibliche Stimme zu hören, lassen dennoch nicht locker. Ich nehme drei Autogrammkarten und frage sie: »Wer seid ihr, wie ist euer Name? Und was macht IHR hier?« So viel Selbstbewusstsein hatten sie wohl nicht erwartet – oder sie sind mit den Karten zufrieden und ziehen ab.

Doch der Frieden ist nur von kurzer Dauer: Gegen ein Uhr nachts höre ich zwei weitere Motorräder auf mein Camp zufahren. Diesmal ist es eine Gruppe von vier Frauen und zwei Männern, die von den drei Jungs, die mich früher besucht hatten, gehört haben müssen, wer da am Strand campiert. Auch sie verlangen lautstark: »Foto, Foto!«, und wieder will ich eigentlich nur weiterschlafen. Eine der Frauen versucht, einen Blick auf mich durch den halb geöffneten Außen-Reißverschluss meines Zeltes zu erhaschen. Zur Strafe leuchte ich ihr mit meiner starken Taschenlampe direkt in die Augen, das genügt: Kreischend ergreifen die Mädchen die Flucht, die beiden Motorrad-Buben folgen. Selbst schuld, man stört niemanden nachts um eins!

In zwei Tagen werde ich von Gabriel in Maracaibo erwartet. Unser Treffpunkt liegt tief in der Bucht, am Balneario Lago Mar. Sobald ich in die Lagune von Maracaibo einbiege, begrüßt mich die Küstenwache mit zwei eiskalten Flaschen Mineralwasser. Sie wollen mich bis nach Lago Mar begleiten: »Wegen der Piraten ...« Ist die Gefahr wirklich so groß, dass gleich sechs Boote mich wie mit einem Ring umschließen und abschirmen müssen? Ich fühle mich geehrt, solch eine Eskorte bekommt sicher sonst nur der Premierminister!

Zum Abschluss des Tages feiern wir mit Gabriels Familie und Freunden und zahlreichen Riesenpizzen meine Ankunft. Um elf Uhr nachts bin ich so geschafft, ich muss ins Bett! Es gibt viel zu erledigen in den nächsten Tagen.

Nach Einschätzung der Marine ist es unnötig, mich ständig zu begleiten. Gott sei Dank ... Für den Fall der Fälle bekomme ich eine Liste mit sicheren Stationen der Küstenwache, wo ich notfalls übernachten könne. Ein dicht gespanntes Netz von Kajakfreunden kümmert sich die weitere Zeit um mich.

In Venezuela fallen mir die vielen alten amerikanischen Autos auf, die in diesem verheerenden Zustand wohl nirgendwo auf der Welt mehr fahren dürften. Hier nehmen sie wie selbstverständlich am chaotischen Straßenverkehr teil, in dem offensichtlich das Recht des Stärkeren gilt. Und ein Liter frisches Trinkwasser kostet hier mehr als ein Liter Benzin ...

Das Aufstocken meiner Vorräte gerät zum Problem. Vieles ist nicht verfügbar, Venezuela ist ein sozialistisches Land und hat bei der Versorgung der Menschen wie früher die DDR mit einigen Engpässen zu leben. Anderes gibt es im Überfluss. Aber Gabriel kennt die Quellen, wo das erhältlich ist, was man im Supermarkt gerade nicht bekommt, und ich kann gut ausgestattet weiterpaddeln.

Ich werde von einer Eskorte von fünfzehn Paddlern zum Ausgang der Lagune begleitet. Als auch noch das Beiboot der Marine abdreht, bin ich endlich wieder allein! Es geht vorbei an langweiligen Stränden mit flachen Dünen, und das alles mit mindestens fünfzehn Knoten Gegenwind. So schaffe ich höchstens vierzig, wahrscheinlich eher dreißig Kilometer am Tag. Was für ein Vergnügen wäre es, wenn ich diese Küsten von Ost nach West paddeln könnte!

Bis auf ein paar Pelikane, Flamingos und eine kleine Delfinschule ist das Wasser leer, zumindest kreuzen aber auch keine Krokodile meinen Weg. In zwei Tagen müsste ich Punta Fijo erreicht haben. Als Zwischenstopp dient mir ein Hotel in Punta Cardon, das mir Gabriel gratis besorgt hat.

Die Begrüßung der Hotelbetreiber ist herzlich, sie haben mir sogar einen Sanitäter für einen Gesundheitscheck besorgt. Nicht nötig, eigentlich geht's mir gut, nur meine Haut ist mal wieder übersät von unzähligen Insektenbissen, Moskitostichen und Ausschlag durch Hitze und Feuchtigkeit. Eine kalte Dusche, etwas Creme und der Aufenthalt in salzfreier, trockener Luft werden schnell zur Linderung beitragen. Vielleicht sollte ich mir hier zwei Tage Pause gönnen?

Andererseits verspricht die Wettervorhersage für die nächsten drei Tage schwache Winde, das muss ich ausnutzen! Mit Blick auf einsame Strände und eine verwaiste Küstenstraße paddle ich Abschnitt für Abschnitt ohne besondere Vorkommnisse um die sonst sehr stürmische Halbinsel herum. In der Ferne schreien ein paar hungrige Esel. Auf Höhe der Spitze der Halbinsel sehe ich Aruba am Horizont, eine der karibischen Inseln, nach denen auch so viele deutsche Urlauber Sehnsucht haben. Für mich ist das nur ein Zeichen, dass ich trotz des Gegenwindes immer weiter vorankomme, um schließlich den natürlichen Hafen von Puerto Escondido auf der östlichen Seite der Halbinsel zu erreichen. Hier soll es eine Station der Küstenwache geben, in der ich übernachten möchte. Von Weitem sehe ich den Antennenmast der Sendeanlage, in der Nähe müsste sich die Station befinden. Doch als ich etwas den Hang hochklettere, sehe ich nur die Antenne, kein Haus. Eine Frau bestätigt mir, dass es hier tatsächlich keine Küstenwache gibt. Schade, dann muss ich wohl auf meine Dusche verzichten, auf die ich mich so gefreut habe! Die Dame hat eine andere Idee. Sie lädt mich ein, im Hinterhof ihres Hauses mein Lager aufzuschlagen. Die Dusche bekomme ich aus einem Wasserfass, aus dem ich das Wasser mit einer Schöpfkelle über mich gießen kann – eine herrliche Erfrischung! Auch der Platz für mein Zelt ist perfekt: trocken, schattig und ebenerdig, wenn da nur nicht diese Ameisenstraße wäre … Der Mann des Hauses empfiehlt, die Ameisen mit Benzin zu übergießen, um sie dadurch aufzuhalten, und ich habe die Wahl zwischen einem Zelt voller beißender Ameisen und dem Gestank des Benzins. Glücklicherweise finde ich noch eine Stelle abseits der Windrichtung und verbringe die Nacht umgeben von der Großfamilie und deren Ziegen und Hühnern. Ihr Angebot, das Abendessen mit ihnen zu teilen, lehne ich dankend ab mit dem Hinweis auf meine »Spezialdiät«, denn ich bin mir nicht sicher, ob mein Magen diese Speisen verträgt. Hoffentlich habe ich damit nicht die Gastfreundschaft der Familie beleidigt! Die Möglichkeit, meine Wasserkanister aus ihrem Tank aufzufüllen, nehme ich aber gerne an.

Die Familie ist so nett, das Kajak und mein Gepäck hinunter zum Wasser zu tragen, obwohl es erst kurz vor sechs Uhr morgens ist. Begleitet vom Donnergrollen des morgendlichen Gewitters gleite ich durch das Riff hindurch aufs offene Meer. Aus dunklen dichten Wolken fällt nur wenig Regen. Obwohl der Gegenwind im Laufe des Tages ein wenig nachlässt, werde ich trotzdem nicht schneller. Eine unerwartete Strömung lässt mich nur im Schneckentempo von zwei bis drei Kilometern pro Stunde vorankommen, die Strömungsverhältnisse und die Art der Wellen sind hier in der Karibik unberechenbar. Die zahlreichen Schiffswracks sprechen ihre eigene Sprache.

Ein Wrack mehr wollte ich eigentlich nicht werden, entkomme aber nur knapp einer Katastrophe, als ich bei moderaten Wind- und Wellenbedingungen ganz entspannt mit offener Spritzdecke vor mich hin paddle. Plötzlich rast ein Motorboot 500 Meter von mir entfernt vor mir her. Alle anderen Boote nehmen mich normalerweise wahr und winken freundlich herüber, dieser Fahrer scheint ganz in die Geschwindigkeit verliebt zu sein. Wenige Minuten später dreht er um und rast wieder direkt auf mich zu. Ich stoppe kurz, dann versuche ich zu beschleunigen, um den nahenden Zusammenstoß zu vermeiden. Doch der Fahrer hält weiter direkt auf mich zu, mal etwas mehr links, mal etwas nach rechts schwenkend. Der Bug steht steil in der Luft, und wahrscheinlich ob der Geschwindigkeit auch ein anderes

Teil des Fahrers. Wenn dann das Blut aus dem Gehirn weicht und in andere Körperteile dringt …! Ich bin kurz davor, aus dem Kajak ins Wasser zu springen oder zumindest kopfüber zu hängen, um meinen Oberkörper zu schützen. Ich greife zu meiner schrillen Pfeife, die ich für solche Notfälle um den Hals hängen habe, und blase panisch so laut wie möglich hinein. Die Pfiffe werden vom Heulen des Motors übertönt, das Boot kommt mit hohem Tempo näher, und mit einem letzten verzweifelten Paddelschlag kann ich mein Kajak gerade so aus der Gefahrenzone schieben … doch das Motorboot schrappt trotzdem noch über mein Heck! Mit letzter Kraft kann ich das Boot aufrecht halten, als mich die Welle von hinten erwischt. FUCK YOU! Diesem Idioten ist wohl vor lauter Testosteron und Adrenalin das ohnehin kleine Gehirn in die Hose gerutscht! Der Fahrer dreht sich um, sieht meinen erhobenen Mittelfinger und ruft etwas auf Spanisch, was auch nicht wirklich nach einer Entschuldigung klingt. Ich fluche weiter und scheuche ihn mit einer unfreundlichen Handbewegung Richtung Horizont.

Später entdecke ich am Heck die Lackspuren, die das Motorboot bei dieser Beinah-Katastrophe hinterlassen hat. Ich hatte wieder einmal einen sehr aufmerksamen Schutzengel – oder einfach Glück!

Auf dem Weg nach Puerto Cumarebo beruhige ich mich langsam und genieße die Umgebung. Statt langer, breiter Strände mit flachem Hinterland erheben sich wieder kleine grün bewachsene Berge am Horizont, vor den Stränden liegen felsige Riffe. Geeignete Plätze, tagsüber an Land zu gehen, werden immer seltener.

Meine Ausdauer wird belohnt: Wie eine Fata Morgana erhebt sich das weiße Clubhaus des Kajakvereins von Cumarebo am Strand. Rund 50 Menschen begrüßen mich, sogar ein Fernsehteam ist anwesend und filmt jeden meiner Handgriffe, als ich mein Kajak entlade. Schlafen kann ich im Haus von Noelita, in einem Zimmer mit Klimaanlage und Ventilator – Wellness für meine geschundene Haut. Richard Colina, selbst ein erfahrener und erfolgreicher Kajaker, hat zudem ein Treffen mit ein paar Jugendlichen organisiert, die ihr Land in internationalen Kajakrennen vertreten. Es ist schön, mit ihnen zu fachsimpeln und zu spüren, wie sehr sie mein Besuch motiviert. Letitia aus Surinam, die Einzige, die in diesem Dorf Englisch spricht, betreut mich als Dolmetscherin und gemeinsam mit Noelita besuchen wir den lokalen Supermarkt. Ich kaufe nur Obst und Wasser, weil ich noch genug Proviant aus Kolumbien mitgebracht habe und das Warenangebot hier sehr begrenzt ist. Auch esse ich in dieser Hitze nicht viel, was auch dazu beiträgt, dass ich langsam meine überflüssigen Pfunde verliere und wieder in Form komme.

Die nächsten Tage herrscht wenig Gegenwind, die Buchten bis Punta Zauro kann ich einigermaßen entspannt paddelnd passieren. Doch Venezuela hat leider neben Kolumbien eine der höchsten Kriminalitätsraten des südlichen Kontinentes, und ich muss wachsam sein! In den letzten Tagen habe ich einige Begegnungen mit Männern gehabt, bei denen ich mir über ihre Absichten nicht ganz klar war.

Ich sitze gegen zwölf Uhr am Strand auf meinem Kajak und esse meinen Mittagssnack, als ein Lkw stoppt, fünfzehn Männer herunterspringen und mich umzingeln. Hm ... was wollen diese dubiosen Herren von mir? Fischer sind das nicht, trotz diverser Netze und ähnlichen Utensilien auf dem LKW ... ruhig Blut bewahren! Zum Glück liegt nichts Verlockendes auf meinem Boot herum.

Ich nehme eine meiner Autogrammkarten, die ich immer griffbereit habe, gehe auf den Anführer auf dem Fahrersitz zu, lächle ihn freundlich an und starte eine gebrochene Konversation in Spanisch. Wie ich denn so heiße, wo ich herkomme, was ich mache ... und wer seid ihr? Fischer? Wie heißt du? Möchtest du ein Autogramm? Der Fahrer ist verblüfft von so viel Selbstbewusstsein, nennt mir tatsächlich einen Namen, und ich weiß, dass ich gewonnen habe ... Er nimmt die signierte Karte, pfeift seine Männer zurück und braust davon. Ich denke, diese »Herren« waren so eine Art lokale Mafiosi, die die umliegenden Fischerdörfer abkassieren und in mir eine leichte Beute gesehen haben. Mir pocht noch lange das Herz, als ich schon wieder auf dem Wasser bin.

Ein anderes Mal springt an dem einsamen Strand, den ich mir als Nachtquartier auserkoren habe, ganz unvermittelt ein Mann aus dem Gebüsch, bettelt mich um Geld für Milch für sein Baby an und warnt mich davor, dass an dieser Stelle auch gerne Drogenkuriere haltmachen, die die ABC-Inseln Aruba, Bonaire und Curaçao mit ihren Waren versorgen. Seine ganze Art macht mich nervös, ich packe lieber meine Sachen zusammen und ziehe es vor, in einem Dorf nahe einer Kirche zu übernachten.

Ein weiteres Mal, ich habe gerade einen einsamen Strand auf einer kleinen vorgelagerten Koralleninsel erreicht und freue mich schon über meinen idyllischen Übernachtungsplatz, erscheint eine Gruppe von drei jungen Männern in einem Motorboot. Offensichtlich sind sie keine Fischer. Um die Situation zu kontrollieren, gehe ich wieder offensiv auf sie zu, rede sie freundlich, aber nicht zu charmant an, beglückwünsche sie zu ihren »stylishen« Haarschnitten, verteile meine Autogrammkarten und erzähle ihnen, dass ich auch einen Sohn in ihrem Alter habe. Als ich das Zelt aufgebaut habe und gerne meine gewohnte Dusche nehmen möchte, bedeute ich ihnen mit ein paar Bewegungen, dass ich nun gerne meine Privatsphäre hätte, um mich zu entkleiden. Offensichtlich habe ich mir ihren Respekt erarbeitet, und die Jungs ziehen von dannen. Trotzdem bleibe ich die ganze Nacht in Alarmbereitschaft und lausche mit einem Ohr auf jedes Motorengeräusch, das sich dem Strand zu nähern scheint. Ich schlafe neben meinem nicht entladenen Kajak, falls doch noch unerwarteter nächtlicher Besuch erscheint.

Mit leichtem Wind unter zehn Knoten schaffe ich endlich wieder Tagesstrecken von mehr als vierzig Kilometern, die mich schließlich bis Chichirivice führen. Der Rio Tocuyo entlädt Massen an braunem Flusswasser ins Meer, das nahe der Küste sich nicht mit dem Meerwasser vermischt und eine scharf gezogene Trennlinie bildet.

Die gesamte Region ist Naturschutzgebiet, aber die Strände sind gepackt mit Urlaubern. Fasziniert bin ich vor den Läden mit den Bademoden, die Schaufensterpuppen haben Riesenbrüste von mindestens der Größe DD. Ich fühle mich angesichts dieser allgegenwärtigen XXL-Proportionen etwas unterausgestattet. Noch irritierender finde ich einige Werbeplakate auf den Dächern der Bademodenläden: Dort strecken die Frauen ihre Hinterteile auf fast pornografische Art und Weise in die Luft, dass ihr Anblick in Deutschland für ein heilloses Verkehrschaos sorgen, wenn nicht sogar als Erregung öffentlichen Ärgernisses verfolgt würde. Andere Länder, andere Geschmäcker! Venezuela gilt auch als das Land mit den meisten internationalen Schönheitsköniginnen, aber auch als das Land mit den meisten Schönheitschirurgen.

Das Netzwerk von Kajakfreunden funktioniert hier allerdings fantastisch. Ich weiß jetzt schon, wer sich bei den nächsten Zwischenstopps um mich kümmern wird: Nach Nelson und Annya in Chichirivice werden mich Christian und Cesar in Puerto Cabello und Antonio und Lucy in Caracas unter ihre Fittiche nehmen. Dort darf ich mein neues Schiff in Empfang nehmen, mein zweites Kajak dieser Reise besteht schon mehr aus Reparatur- als aus Originalmaterial. Den nächsten Stopp in Puerto Cabello werde ich in zwei Tagen erreicht haben. Die 70 Kilometer bis dahin teile ich in zwei halbe Paddeltage auf und gönne mir einige Pausen, um in den Korallenriffen zu schnorcheln.

Auf dem Weg nach Caraballeda, dem Hafen der Hauptstadt Caracas, werden die Strände wieder rustikaler, die mächtige Bergwelt im Hintergrund dominiert das Bild. Kaum noch ein Tourist ist dort zu finden. Auch die Taxiboote und Jachten werden immer weniger. Dafür treffe ich wieder auf mehr Fischer, die freundlich zu mir herüberwinken. Die letzte Nacht lande ich an einem steilen Kieselstrand, nichts für Anfänger oder Motorboote. Ich schleppe mein Gepäck den Hang zum ersten flachen Absatz hinauf und richte mich ein.

Ich liebe Kieselstrände zum Campen, sie sind üblicherweise trocken, sauber und ohne Ungeziefer. Dieser Platz hier ist besonders gut: Von der Wasserseite aus kann kein Motorboot hier landen, die Küstenstraße führt weit oben auf den Klippen entlang, und von dort aus kann niemand herunterklettern, um mich hier zu überraschen. Seit Langem ist dies wirklich wieder ein einsamer, schwer zugänglicher und menschenleerer Platz zum Übernachten. Ich fühle mich frei und genieße eine Zeit lang sogar nackt meine verdiente Pause, ohne Zuschauer, Moskitos oder anderes Viehzeug.

Ich habe es mir gerade im Zelt mit meinem E-Book gemütlich gemacht, da höre ich ein paar Steine draußen rollen. Gibt es hier Steinschlag? Nein, eine kleine, aber starke Welle hat es über die Kante der Kiesfläche geschafft, auf der ich mein Lager aufgeschlagen habe, und findet ihren Weg in mein Zelt! Hmmmm … Ich lache über den Optimismus, was den perfekten Standort für mein Zelt angeht. Meist schätze ich die Plätze doch richtig ein! Ich wische das Wasser wieder raus und suche mir eine höher gelegene Plattform auf dem steilen Strand. Wie um mich zu verhöhnen, schwappt am neuen Standort eine noch größere Überraschungswelle in mein Zelt. Und diesmal ist wirklich alles klitschnass. Die wichtigsten Dinge habe ich trocken gelagert, aber nun steht der gesamte Boden des Zeltes unter Wasser. Ich muss alles ausräumen. Und so sieht man in dieser Nacht eine nackte Frau im Mondschein an einem karibischen Strand in Venezuela zum dritten Mal ihr nasses Zelt auf den nächsthöheren Kieselhang ziehen. Ich hoffe inständig, dass sich dieses Schauspiel nicht wiederholt!

Die ersten hässlichen Industriegebäude und Fabriken mit hohen Schornsteinen tauchen auf, und ganze Reihen von schlichten hohen Wohnblöcken sozialistischer Wohnkunst, die durch einen breiten Highway vom Meer abgeschnitten sind. Regelmäßig donnern die Flugzeuge, die am nahe gelegenen internationalen Flughafen von Caracas landen und starten, über die Betonburgen. Die Häuser sind noch ohne Anschluss an die örtliche Wasserversorgung, auf vielen Dächern der kleinen schlichten Hütten, den Favelas, sieht man blaue Wassertanks. Ich möchte nicht wissen, wie die Abwasserversorgung dort aussieht ... Der stechende Gestank von diversen kleineren Flüssen zieht mir in die Nase.

Antonio und seine Frau Lucy, meine lokalen Gastgeber, wohnen in einem der besten Hochhäuser, die hoch über den Favelas in den Himmel ragen. Ihr Apartment ist ganz nach europäischen Standards schick eingerichtet. Umso mehr staune ich, als ich höre, dass dies nur ihr Ferienapartment ist, die beiden leben in Caracas. Auch im sozialistischen Venezuela ist der Unterschied zwischen arm und reich riesig, wie in ganz Südamerika!

Am nächsten Tag beim Zoll gibt es dank der tatkräftigen und finanziellen Hilfe von Wilhelm, eines paddelnden Zollagenten, keine Probleme, mein neues Kajak in Empfang zu nehmen. Schon am Abend wird es direkt zu Antonios Apartment geliefert, eingekerkert in ein solides metallenes Transportgerüst. Antonio spielt den Panzerknacker und befreit es aus seinem Käfig. Ich mache mich an die Feinausstattung und klebe meine Schriften und die bisher »erpaddelten« Flaggen auf. Sieben sind es schon, der Anzahl nach genau Halbzeit!

Der Aufenthalt in der lauten Metropole Caracas hat mir nicht gut getan. Meine Haut kann sich zwar ein wenig erholen, doch die Zugluft der Klimaanlage beschert mir eine dicke Erkältung. So muss ich auf Höhe von Fronton del Fraile nach nur einem Tag erfolgreichen Paddelns schon wieder einen Tag Pause einlegen, um mich auszukurieren. Auch die Stechmücken und Ameisen sind nach wie vor lästig. Alle meine Aktivitäten an Land finden in meinem geschlossenen Zelt statt: Waschen, Kochen, Duschen, Essen, Trinken, und – ja – auch die Toilettengänge.

Eines Nachts vergesse ich, die beiden kleinen Löcher, die die zusammenlaufenden Reißverschlüsse an meinem Innenzelt hinterlassen, wie üblich mit einer Socke zu verstopfen. Ich campe anscheinend auf einer Ameisenstraße, die dann zunächst unbemerkt direkt über meinen Pinkeltopf durch mein Zelt führt. Schlaftrunken erledige ich nachts das notwendige Geschäft, bin aber noch nie so schnell aufgesprungen, als die kleinen wehrhaften Tiere sich bissig-ätzend an mir zu schaffen machen. »Ants in the pants ...« – das englische Sprichwort für schnelles, hektisches Agieren bekommt hier eine sprichwörtliche Erfüllung!

Es geht weiter entlang endloser Strände, spätestens ab zehn Uhr morgens bläst mir der gewohnte Gegenwind von 20 Knoten ins Gesicht. Mein anstrengendes Paddelprogramm wird von einem mächtigen tropischen Gewitter unterbrochen. Ich habe mich schon an Land gerettet, konnte aber noch nicht mein Zelt aufbauen. So kauere ich am Strand neben meinem Kajak, werde komplett durchnässt und beobachte voller Sorge, wie einige kleine Fischerboote auf der unruhigen See hin und her hüpfen wie Nussschalen. Der starke Regen ist fast ein Geschenk, ich kann mehrere Kanister mit frischem Regenwasser auffüllen. Nach dem Unwetter hat es sich deutlich abgekühlt, und ich kann endlich einmal erholsam schlafen!

Das Paddeln selbst ist mit dem Wort »Ausdauertraining« treffend beschrieben – es gibt wenig zu sehen. Die Bedingungen mit bis zu vierzig Grad Luft- und fünfunddreißig Grad Wassertemperaturen an seichten Stellen sind weniger als ideal, alles garniert mit übersättigter tropischer Luftfeuchtigkeit. Ich mag noch nicht einmal meine Hände in diese Badewanne tauchen. Kein Wunder, dass es hier an der Küste so gut wie keinen Tourismus gibt. Wer möchte schon in einem Wasser baden, das absolut keine Abkühlung bringt? Meine Haut freut sich schon jetzt auf den nächsten Stadtaufenthalt in Barcelona mit Klimaanlage und einem trockenen Zimmer. Der Rezeptionist des Hotels, wo ich übernachten darf, möchte besonders freundlich sein und fragt, ob ich ein Zimmer mit Meeresblick wünsche?

Nach Barcelona müsste auch die Landschaft wieder abwechslungsreicher werden. Zahlreiche kleine Inseln liegen vor der Küste, auch die berühmte Ferieninsel Isla Margarita ist nicht mehr weit. Delfine tummeln sich in den Gewässern, die zumindest für etwas Unterhaltung sorgen. Ich komme auch an der Isla Cachicamo vorbei, auf der vor ein paar Jahren eine Gruppe von zehn Paddlern mit der Pistole am Kopf ausgeraubt worden ist. Lieber halte ich mich dort fern. Die Landzunge von Araya will ich aber auf jeden Fall bei Tageslicht umrunden. Bis nach Rio Caribe brauche ich noch zwei Tage, bis nach Trinidad noch fünf oder sechs.

Als ich die Bucht von Carupano mit den üblichen fünfzehn Knoten Gegenwind überquere, kommt mir drei Kilometer vor Rio Caribe ein Boot entgegen. Es ist die örtliche Presse, die sehen will, wie weit ich schon gepaddelt bin und wann ich in der Stadt ankommen werde. 500 Meter vor dem Ziel ist das Boot wieder da, diesmal sogar mit TV-Kameras bewaffnet. Ich hätte es bevorzugt, unerkannt und ohne viel Aufmerksamkeit zu erregen bis nach Trinidad durchzupaddeln – nicht zuletzt, weil ich immer wieder von verschiedenen Seiten bestätigt bekomme, dass diese Küsten wohl die gefährlichsten meiner gesamten Tour sind.

Mein Gastgeber Francisco in Rio Caribe überlässt mir ein Zimmer in seinem wunderschön eingerichteten Gästehaus. Im Büro der Immigrationsbehörde, wo ich mir den Ausreisestempel abholen muss, spricht der Beamte noch eine ernste Warnung aus: »Diese Region ist eine der gefährlichsten in ganz Venezuela. Piraten treiben hier ihr Unwesen, Entführungen sind an der Tagesordnung, und die Drogenschmuggler frequentieren diese Gegend, um ihre Geschäfte in Trinidad zu machen«, zählt er die zahlreichen Gefahren auf, die hier auf mich warten. »Dazu kommen noch die entlaufenen

Sträflinge, die sich bevorzugt in dieser Gegend verstecken, weil es weder Straßen noch Handy-Empfang gibt.« Internationale Segeljachten meiden Venezuela aus eben diesen Sicherheitsgründen komplett.

Aramis, einer meiner Paddelkontakte, ist die vor mir liegende Strecke schon gefahren und hat Informationen, welche Orte man unbedingt meiden sollte und welche relativ sicher sind. Er gibt mir eine Liste mit den »guten« und den »schlechten« Landemöglichkeiten, allerdings ohne jede Garantie, ob das heute immer noch so ist. Ihm selbst sei seinerzeit nichts passiert, die Situation könne sich aber täglich ändern. Ein anderer Bekannter ist diese Strecke auch schon einmal gepaddelt, allerdings mit zwei Freunden. Ich glaube nicht, dass ich als allein reisende ausländische Sportlerin mit einem »wichtig« aussehenden Kajak in größerer Gefahr als die drei einheimischen Männer sein würde. Ich setze auf meine Erfahrung mit den Menschen hier, den »Wichtig«-Bonus und auf mein Selbstbewusstsein. An sich ist der Südamerikaner ein »Caballero«, ein Gentleman gegenüber Frauen, je stärker die sich präsentieren, desto mehr fühlt er sich herausgefordert, der Gentleman zu sein. Ich hoffe, dass dies auch für die Piraten, die Drogenschmuggler und die entlaufenen Häftlinge gilt, sollte ich sie überhaupt treffen. Die Küstenwache kann und will mich hier nicht unterstützen, und ich bin froh darüber, allein verantwortlich zu bleiben.

Ich habe schon einen eigenen Plan entwickelt: Ich werde für die nächsten Tage meine Website nicht mehr mit neuen Informationen über meinen derzeitigen Aufenthalt aktualisieren und deutlich schneller als geplant durch diese Gefahrenzone paddeln. Nur meine engsten Freunde und meine Familie werden immer wissen, wo ich bin. Leider hat ja das TV-Team in Rio Caribe schon verbreitet, dass ich überhaupt in dieser Region unterwegs bin. Sechs Tage habe ich für die Überfahrt nach Trinidad angekündigt, das will ich nun mit langen Nachtpaddeleinheiten in der halben Zeit schaffen. Ich will keinen Tag länger als möglich in diesem wunderschönen, aber gefährlichen Teil der Karibik unterwegs sein.

Mit gemischten Gefühlen starte ich noch in der Dunkelheit vom Stadtstrand von Rio Caribe, leider schon mit einigen Dutzend Zuschauern. Der Ort ist schon erwacht, der Markt an der Promenade bereits belebt. In einer dunklen Ecke beginne ich mein Gepäck zu verstauen. Ich will nicht, dass die Einheimischen all mein Equipment zu sehen bekommen, um keine Begehrlichkeiten zu wecken. Das meiste habe ich schon im Haus verpackt. So schnell wie möglich gleite ich auf dem Wasser in die Dunkelheit, nicht ohne ein freundliches Winken. Ich hoffe, es ist nicht zu erkennen, in welche Richtung ich genau paddle.

Um vom Land aus nicht sofort gesehen zu werden und mich von den Motorbooten fernzuhalten, suche ich mir eine Route fernab der Küste. Hier draußen außer Landsichtweite fühle ich mich sicherer, auch wenn ich hier stärker mit dem Gegenwind und den Strömungen kämpfen muss und es nichts Interessantes zu sehen gibt. Doch wenn es jemand darauf angelegt hat, mir zu folgen und mich auszurauben, wird er mich auch hier aufspüren. Als ich dem ersten Motorboot begegne, habe ich gleich ein ungutes Gefühl. Doch die Männer signalisieren mir nur freundlich, dass es weiter an Land viel einfacher zu paddeln sei. Ich winke zurück und versuche, so wenig wie möglich zu kommunizieren.

Nach der Mittagszeit steuere ich einen einsamen Strand auf der Höhe von San Juan de las Galdonas an, einem der »guten« Orte auf meiner Liste. Der Strand entpuppt sich als doch nicht so menschenleer, wie ich gehofft hatte, solch einen Strand in Venezuela zu finden, ist wohl unmöglich. Auch in den abgelegendsten Gegenden steht bestimmt eine Hütte, oder eine Gruppe Fischer geht ihrer Arbeit nach. Und meist ist auch ein Dorf in der Nähe meines Zeltplatzes zu finden, so auch hier. Ich will mit dem Aufbau meines Camps noch warten und beobachten, was die drei Männer hier am Strand vorhaben und ob sie nicht doch noch verschwinden. Bis dahin strecke ich mich einfach in voller Länge auf meinem Kajak aus und döse entspannt vor mich hin.

Später traue ich mich doch, mein Zelt aufzubauen. Ich packe aber nur das Nötigste aus, um eventuell heute doch noch einmal aufzubrechen. Ich habe kein gutes Gefühl, seit die Männer vom Strand sich bei Einbruch der Dunkelheit einfach in Luft aufgelöst haben und ich nicht weiß, wo sie sind und ob sie noch einmal wiederkommen. Jetzt könnte ich die Gelegenheit nutzen und die »schlechten« Dörfer in der Dunkelheit passieren! Gesagt, getan: Gegen zehn Uhr abends bin ich wieder auf dem Wasser und paddle in die diesige, warme Nacht hinaus. Heute Nacht und den ganzen morgigen Tag kann ich gute Strecke machen und werde abends hoffentlich noch einmal einen menschenleeren, sicheren Strand zum Zelten finden. Am Tag darauf könnte ich dann durchaus schon Trinidad erreicht haben, wenn auch erst in der Dunkelheit. So der Plan ...

Anfangs bin ich überwiegend damit beschäftigt, nicht einzuschlafen. Wind und Wellen sind schwach, doch eine Strömung treibt mich sofort ein paar Meter zurück, sobald ich aufhöre zu paddeln. Dann rasen plötzlich zwei Motorboote mit Höchstgeschwindigkeit vor der Küste durch die Dunkelheit. Was treiben die hier, mitten in der Nacht? Die beiden »schlechten« Dörfer habe ich doch gerade hinter mir gelassen ... vielleicht kommen sie genau von dort? Gerade als ich die Landspitze bei San Juan de Unare umrundet habe, beginnt das gespenstische Schauspiel von Neuem. Es ist drei Uhr nachts, und ein Motorboot nach dem anderen prescht wie in einer Parade Richtung Osten. Bis halb fünf beobachte ich das Treiben, in dieser Zeit ziehen bestimmt 25 Boote an mir vorbei, zum Glück mit sicherem Abstand. Bei jedem neuen Motorengeräusch erstarre ich vor Schreck und hoffe, dass mich die Dunkelheit davor schützt, entdeckt und aufgehalten zu werden. Fischer auf dem Weg zur Arbeit sind das bestimmt nicht! Ich bin fast sicher, dass ich hier die berühmt-berüchtigten Drogenkuriere auf dem Weg nach Trinidad beobachten konnte. Die Schmuggler starten gerne in Massen, da die sie jagenden Marineboote nicht überall gleichzeitig sein können! In der Rückschau waren das zwei der unheimlichsten Stunden meiner gesamten Südamerika-Umrundung.

Gegen Morgen wird der Bootsverkehr wieder ruhiger, ganz im Gegenteil zu meinem Magen. Kaum habe ich mein Frühstück aus Müsli, Milchpulver und Wasser verzehrt, verspüre ich ein leichtes Unwohlsein. Ich versuche es mit Zähneputzen, um den schlechten Geschmack aus dem Mund zu kriegen, doch das Salzwasser, das ich dazu nutze, verstärkt das Gefühl noch. Es dauert nicht lang, und ich muss mich kräftig übergeben. Danach geht es mir etwas besser. Eigentlich bräuchte ich eine richtige Pause, aber die Angst davor, an einem der »schlechten Orte« anzulanden, treibt mich immer weiter. Am späten Nachmittag entspanne ich mich ein bisschen, auch weil ich laut Karte die gefährlichsten Ecken schon passiert habe. Jetzt heißt es wieder: Ausschau halten nach dem nächsten Landeplatz.

Wenig später werde ich für meine Geduld belohnt und entdecke eine weitere Bucht mit zwei schönen Stränden, an denen ich lande könnte. Auch hier steht eine einsame Hütte, doch es ist zu spät, weiterzupaddeln, ich habe keine Wahl. Plötzlich zerreißt ein ohrenbetäubendes Kreischen die Stille. Ist das ein Signal eines der entflohenen Sträflinge, der sich hier im Gebüsch versteckt? Will er seine Kollegen warnen, dass jemand am Strand ist? Oder sind meine Nerven einfach nur überreizt? Brüllaffen habe ich doch schon in Kolumbien gehört … Meine Nervosität ist nicht grundlos. Als ich lande, sehe ich ein Motorboot, mit einem kleineren im Schlepptau, an der Bucht vorbeifahren. Und gerade, als ich mein Zelt aufgebaut habe, fährt ein weiteres Boot in »meine« Bucht ein. Verdammt, gibt es hier wirklich keinen Streifen Land, an dem man keinen Menschen begegnet? Über eine Stunde fährt das Boot vor dem Strand hin und her, über eine Stunde verstecke ich mich hinter meinem Zelt und beobachte, was die Männer vorhaben. Einmal rufen sie sogar etwas wie ein »Hey« herüber, doch ich rühre mich nicht. Ich traue mich noch nicht einmal, mich meiner nassen, salzigen Kleidung zu entledigen. Noch als die Männer längst verschwunden sind, schrecke ich immer wieder zusammen, weil ich das Motorengeräusch eines näher kommenden Bootes höre – auch wenn da keines ist. Meine Nerven sind wirklich überreizt, ich brauche dringend Schlaf. Selbst mein Essen schmeckt mir nicht mehr.

Ich schaffe es tatsächlich, etwas zur Ruhe zu kommen, als ich gegen ein Uhr nachts von einem Kratzen am Zelt wach werde. Es klingt zuerst wie ein kleines Tier, das auf der Suche nach etwas Essbarem isst. Auch Krebse, die sich im Sand eingraben, machen solche Geräusche, die habe ich schon öfter unter meinem Zeltboden entdeckt. Zur Abschreckung schlage ich ein paar mal von innen an die Zeltwand, doch das Kratzen hört nicht auf. Vielleicht ist es doch ein größeres Tier? Vielleicht ein Nagetier, dass sich durchknabbern möchte? Ich greife zu meiner Taschenlampe und leuchte durch das Fliegennetz nach draußen, in der Hoffnung, so den ungebetenen Gast zu verscheuchen. Da ist es wieder ... Ich höre ein hässliches, lautes Geräusch, so als ob Stoff zerrissen wird, und bin hellwach! Schlitzt da jemand die Wände meines Zeltes auf? Mir stehen die Haare zu Berge. Eine Dinosaurierkralle ragt durch ein Loch in das Vorzelt! Ich komme mir vor wie im »Jurassic Park« ... Im Schein meiner Taschenlampe erkenne ich endlich, was da gerade mein Zelt zerlegt: eine riesige Schildkröte!

Wie der Blitz springe ich, nackt wie ich bin, heraus, ein willkommenes Ziel für unzählige Stechmücken. Ich muss die fette Kröte vom Zelt wegbekommen, bevor sie meine kostbare Stoffhütte vollständig zerfetzt! Meine Versuche, die bestimmt 150 Kilogramm schwere, im Quadrat metergroße Kreatur wegzuschieben, sind aussichtslos. Das arme Tier ist in dem engen Zwischenraum zwischen Zelt und Kajak eingeklemmt. Ist es vielleicht liebestoll und hat sich bewusst an mein Zelt herangeschoben, weil es in ihren Augen so aussieht wie ein großer attraktiver Artgenosse?

Ich ziehe mein Kajak weg, und als die Schildkröte wieder genug Platz hat, sich zu drehen, versucht sie sich an einer anderen Stelle einzugraben. Dabei schaufelt sie große Mengen von losem, feinem Sand über mich. Irgendwann sehe ich aus wie ein paniertes Schnitzel und auch mein in der Hektik offen gelassenes Innenzelt ist komplett gepudert. Später in der Nacht höre ich noch mehrmals, wie Sand auf mein Zelt rieselt, die Schildkröte scheint sich zum Aufbruch bereit zu machen. Oder ist das ihre Rache für das Blitzlicht, das ich beim Fotografieren verwendet habe? Sie verfolgt mich auf jeden Fall bis in meine Träume.

Nach den letzten wenig erholsamen Nächten will ich so schnell wie möglich Trinidad erreichen, auch wenn ich wieder bis weit in die nächste Nacht hinein paddeln muss. Dieser seltsame Bootsverkehr in der Dunkelheit ist nicht gut für meine Nerven. Auch tagsüber halte ich mich so weit wie möglich vom Land entfernt und vermeide jede Begegnung mit anderen Booten. Ich traue mich noch nicht einmal, in die Buchten hineinzupaddeln, an denen ich vorbeikomme. Schade, denn die Landschaft ist wirklich malerisch.

Auf Höhe des letzten »schlechten« Dorfes taucht plötzlich hinter mir wieder ein größeres Boot auf. Kommt jetzt der lange vorbereitete Versuch, mich zu kidnappen? Meine Fantasie schaltet wieder in den Panikmodus, auch als die acht Männer auf dem anderen Boot mir fröhlich zuwinken. Denn als sie in eine der Buchten einfahren und wenig später zurückkommen, haben sie ein Schlauchboot im Schlepptau, für mich ein weiterer Beleg dafür, dass meine Entführung kurz bevorsteht. Sie ziehen jedoch an mir vorbei, ohne mich weiter zu beachten, doch zum Fischen fahren sie bestimmt nicht. Nichts wie weg hier!

Die Meerenge zwischen Venezuela und der Guiria-Halbinsel ist unter dem Namen »Dragon's Mouth« bekannt, kein besonders einladender Name für diese zwölf Kilometer lange Passage. Ich würde bald wissen, warum. Den größten Teil der Strecke konnte ich schon bei Tageslicht hinter mich bringen, doch die Strömungen und die Tide bremsen mich wieder auf nur drei Kilometer Geschwindigkeit pro Stunde herunter. Drei Tanker kreuzen meinen Weg, ich hoffe, dass mich die starke Strömung nicht in deren Fahrwasser drückt. Danach kann ich mich langsam entspannen, es sind keine weiteren Wasserfahrzeuge in Sicht. Ich habe den wohl gefährlichsten Part dieses Abschnitts hinter mich gebracht. Ob ich da draußen auf dem Wasser wirklich Piraten und Drogenkurieren begegnet bin? Ob sie überhaupt da draußen waren? Bin ich jetzt schon in Sicherheit?

Sobald ich in die Meerenge des »Drachenmauls« einfahre, erhöht sich die Wassertemperatur wieder, dem feurigen Atem eines Drachens angemessen. Ich konzentriere mich auf mein GPS-Gerät und paddle wie eine gut geölte Maschine, obwohl mein Rücken wund gescheuert ist und ich die Schmerzen nur mit einem nassen Schwamm als Polster zwischen meinem Rücken und dem Kajak ertrage.

Die Sonne hat sich hinter einer riesigen dunklen Gewitterwand über Venezuela versteckt, bevor sie untergeht. In der Ferne sehe ich zwei der Leuchttürme am Festland, nur Trinidad ist weiterhin in Dunkelheit gehüllt, obwohl hier laut Karte sogar vier Leuchttürme strahlen müssten. Sind die ausgestellt worden, um den Drogenkurieren die Navigation in der Nacht zu erschweren? Plötzlich schaut mich ein leuchtendes Auge aus dem Wasser an! Ist das der Drachen? Gibt es ihn wirklich? Nein, es ist nur eine Schule von Delfinen, die um mich herumschwimmt, verspielt aus dem Wasser hüpft und mich mehr als eine Stunde begleitet. Sie hinterlassen ihre Spuren im von Biolumineszenz leuchtenden Wasser, tauchen auf wie Sternschnuppen unter Wasser und verschwinden wieder – ein faszinierend schöner und gleichzeitig unheimlicher Anblick! Einmal kommt einer der Meeressäuger so nah an mein Kajak heran, dass ich ihm aus Versehen kräftig mit meinem Paddel eins überziehe. Sorry, ich hoffe, er sinnt nicht auf Rache und bringt mich zum Kentern. Zumindest halten die Delfine mich während meines mühsamen Paddelns durch die Nacht wach.

Um zehn Uhr abends erschüttert plötzlich eine heftige Vibration das Wasser. Ich denke zuerst an eine überraschende, heftige Brandung oder Strömung zwischen den Inseln, doch später erfahre ich, dass dies ein veritables Erdbeben von der Stärke 6 gewesen ist. Hier gibt sich scheinbar auch die Natur alle Mühe, mich zu erschrecken, genauso wie die beiden Boote, die sich auf einmal still und langsam durch die Dunkelheit auf mich zu bewegen. Mittlerweile habe ich schon meine »Warnblinklichter« um den Hals hängen, denn mehr als entführt, fürchte ich, von den Schiffen überfahren oder gerammt zu werden. Immer wieder leuchte ich mit meiner starken Taschenlampe in ihre Richtung, um ihre Aufmerksamkeit auf mich zu ziehen. Als sie mit einem Suchscheinwerfer zurückleuchten, der sogar die Felswand 500 Meter hinter mir erhellt, weiß ich: Das kann nur die Küstenwache sein! Solange sie mich nicht für einen Drogenkurier halten, der sich mit dem Kajak voller Stoff von Venezuela aus herüberschleicht, soll mir das recht sein. Offensichtlich haben sie erkannt, dass ich harmlos bin, und drehen ab. Auch wenn ich die Küstenwache sonst immer lieber in sicherer Entfernung von meinem Boot weiß – jetzt hätte ich gegen ein Schwätzchen auf dem Wasser nichts einzuwenden gehabt. Das hätte mich noch einmal auf den letzten Metern motiviert.

Die kann ich trotzdem genießen. Meine Nase füllt sich mit tropischen Düften, die vom Land herüberwehen, unter Wasser sehe ich gewaltige Schwärme von Fischen mit glühenden Spuren von Biolumineszenz, und eine Art von Glühwürmchen an Land knipst immer wieder seine Beleuchtung an und aus. Das könnten natürlich auch wieder Menschen sein, die sich in den dunklen Felswänden verstecken und sich gegenseitig Lichtsignale geben und gerade auf mich warten, um mich zu kidnappen, doch so langsam bin ich über diesen Punkt hinweg. Dazu bin ich schon zu nah am Ziel, in akzeptablen sicheren Gewässern! Ich muss nur noch in den Hafen hineinpaddeln und den GPS-Treffpunkt finden, an dem mein Kajakfreund Glenn mich erwartet. Bald erhebt sich ein ganzer Wald von Bootsmasten vor mir. Unzählige Jachten schaukeln auf den karibischen Wellen, die Millionen wert sind. Auch wenn sie nicht mir gehören, so tut es doch gut, so einen Luxus nach der Armut in Venezuela wieder zu Gesicht zu bekommen. Selbst der Bootssteg, an dem ich lande, ist aus Teakholz.

Doch mit dem Geld kommt wohl auch die Arroganz und Überheblichkeit, selbst bei den einfachen Angestellten. Der Empfang nachts um eins auf dem öffentlichen Steg nahe eines schicken Hotels ist alles andere als freundlich. Ich werde behandelt wie eine Landstreicherin. Glenn ist leider um diese Zeit nicht erreichbar, die beiden Nachtwächter bitten mich, an der Rezeption zu fragen, ob ich überhaupt hier warten darf. Ich habe das Gefühl, dass sie mich einfach nur drängen wollen, hier ein Zimmer zu buchen. Ich lehne dankend ab und erkläre, dass ich lieber auf diesem Steg auf Glenn warten möchte, da ich mein Kajak und mein Gepäck nicht unbeaufsichtigt lassen möchte. Das akzeptieren sie nicht. Einer der Wächter droht mir sogar mit der Polizei. Das kann ich nur begrüßen, denke ich, ich würde gerne mit einer wirklichen Autoritätsperson mein Problem besprechen. In einer dunklen Ecke wechsle ich meine Kleidung und nehme eine kurze Dusche. Ein älterer Angestellter des Hotels schaut vorbei und ist weitaus entspannter als seine beiden Kollegen, als er erkennt, dass ich keine mittellose Landstreicherin bin, die hier Ärger machen wird. Ich könne gerne hier warten, er würde alle Stunde nach mir sehen.

Ich mache es mir auf dem Steg neben meinem Kajak auf meiner Isomatte bequem und versuche etwas zu schlafen. Ohne Zelt fühle ich mich ausgeliefert und frage mich, was wohl echte Obdachlose empfinden, wenn sie so ungeschützt irgendwo unter freiem Himmel nächtigen müssen. Gegen

Morgen kann ich Glenn endlich telefonisch erreichen, und wenige Minuten später werde ich von seinem französischen Freund Michel abgeholt, bei ihm darf ich die nächsten Tage wohnen. Seine Frau Nevine bereitet mir ein wunderbares Frühstück mit Toast und Eiern, eine Delikatesse, die ich seit Wochen nicht mehr hatte. Nach einer erfrischenden Dusche fühle ich mich nicht mehr ganz so müde und bin bereit für die Aufgaben des Tages: das Kajak abholen, bei der Immigrationsbehörde vorbeischauen, um mir meinen Einreisestempel abzuholen, und die Zollangelegenheiten erledigen.

Wie schon auf dem Bootssteg des Hotels ist auch hier die Begrüßung in der Amtsstube nicht sehr freundlich. Ein bulliger, dunkelhäutiger Beamter wischt sich nur die Brotkrümel vom Mund, als wir sein Zimmer betreten, und schickt uns unwirsch wieder aus dem Büro: Ich sei nicht angemessen gekleidet. Draußen gebe es ein großes Schild, auf dem alle Kleidersünden in dreizehn Punkten präzise aufgelistet seien. Ich finde heraus, dass das Problem meiner Bekleidung darin besteht, dass ich mein T-Shirt in Bauchnabelhöhe verknotet habe und dadurch einen schmalen Streifen nackter Haut zeige. Außerdem seien nackte Füße in Flipflops nicht erlaubt. Bin ich hier in einem streng muslimischen Land gelandet? Der Knoten im T-Shirt ist einfach gelöst, doch andere Schuhe habe ich nicht im Gepäck. Ich setze mein liebstes Lächeln auf und erkläre, ich sei in der Nacht per Kajak angekommen, daher mein legerer Aufzug ... Widerwillig lässt der Beamte mich nun vor.

Es scheint mir, die Bürohengste haben sich diese Unfreundlichkeit zugelegt, um der Arroganz der wohlhabenden Jachtbesitzer etwas entgegenzu setzen. Als der erste bemerkt, dass ich nicht zu dieser elitären geldschwangeren Gruppe gehöre, sondern eine renommierte Sportlerin bin, wird er etwas freundlicher und studiert beeindruckt meine Autogrammkarte. Beim Ausfüllen der Formulare mache ich einige Witze über die Fragen nach meiner »Crew«, nach eventuellen »blinden Passagieren«, meinem »Motor« und meiner »Tonnage«, wie in den Standardpapieren für alle

Schiffsgrößen abgefragt wird. Der Papierkram ist schnell erledigt, doch am heutigen Samstag muss ich eine Feiertagsgebühr von 100 Trinidad-Dollar zahlen. Das ist ungewöhnlich, doch soll ich mich auf eine Diskussion einlassen? Ich bin froh, alles erledigt zu haben. Im Zollbüro läuft alles glatt. Mein Kajak ist in Merryls Kajakladen gut aufgehoben. Und dann kommt auch endlich Glenn!

Wir werden zu einem ungewöhnlichen Sonntags-Barbecue eingeladen: Graham und Russell aus Vancouver Island sind auf dem Weg von Belem in Brasilien nach Florida. Die beiden Brüder haben gerade die gleiche Strecke hinter sich wie die, die mir noch bevorsteht, allerdings konnten sie in der anderen Richtung mit dem Wind und der Strömung paddeln: Guyana, Surinam und Französisch-Guayana via dem Amazonas-Delta nach Nordbrasilien. Während Russell damit beschäftigt ist, die hübschen jungen Frauen um ihn herum zu bespaßen, frage ich Graham nach einigen Tipps für die nächsten Teilabschnitte meiner Tour. »Es wird ziemlich rau und wild werden!«, lautet sein trockener Kommentar...

Die fünf Tage in Trinidad haben mir nach den nervlichen Anspannungen in den Tagen und Wochen davor sehr gut getan. Ich kam mir fast schon ein bisschen paranoid vor. Auch meiner wund gescheuerten, offenen Stelle auf meinem Rücken geht es besser. Nun bin ich einfach nur froh, dass ich wieder auf dem Wasser bin! In meinem Gepäck befindet sich jetzt eine Hängematte, um auf die schlammigen Küsten vorbereitet zu sein.

An der Südküste Trinidads muss ich durch die Columbus Bay, in der einige Ölfirmen und Förderanlagen ansässig sind. Als ich bemerke, dass die ganze Bucht mit einem riesigen Ölteppich verschmutzt ist, bin ich schon mittendrin. Eine klebrige Schicht legt sich über das gesamte Kajak, mein Paddel und teilweise auch auf meine Klamotten. Absolut widerlich! Ich habe nichts bei mir, womit ich diesen schwarzen Film wieder loswerden kann, kein Abreiben mit dem Schwamm oder Sand hilft. Ich versuche mein Glück mit einer kleinen Flasche Waschbenzin, doch für diese Menge an Öl reicht das Fläschchen bei Weitem nicht.

Als ein Fischerboot vorbeikommt, ergreife ich die Gelegenheit und bitte die Männer um Hilfe. Ich muss wohl so verzweifelt schauen wie ein Vogel mit verklebtem Gefieder, der nicht mehr fliegen kann, jedenfalls sie sind sofort bereit, mir mit einem ganzen Kanister Benzin von ihrem Boot aus zu helfen, das Kajak und auch mich notdürftig zu reinigen. Einer der Männer ist so freundlich, meine ausgestreckten nackten Beine abzureiben, bevor ich weiterpaddle. »Wenn meine Frau das sähe, würde ich eine Menge Schwierigkeiten bekommen«, sagt er grinsend. Trotzdem gehe ich im nächsten Dorf noch an Land, um auch den Rest loszuwerden. Was für ein ekliges Zeug! Mitten im Busch, ohne ausreichend Benzin zur Verfügung, hätte das nach und nach meine gesamte Ausrüstung verdorben.

Über Nacht kreuze ich zurück zur venezolanischen Küste. Schon von Weitem ist das satte Grün des undurchdringlichen Dschungels zu sehen. Zu spät bemerke ich, wie flach das Wasser geworden ist, und es ist noch nicht einmal Niedrigwasser-Zeit! Die Brühe ist lauwarm, der Boden besteht aus trittfestem Sand. Ich kann sogar von Zeit zu Zeit aus dem Kajak springen und es zu Fuß neben mir her treideln. So komme ich bei dem Gegenwind und -strom fast schneller voran, als mit nur wenigen Handbreit Wasser unterm Kiel zu paddeln. Mit der einsetzenden Flut kann ich mich später wieder dem Festland nähern, halte aber immer noch einen Abstand von gut drei Kilometern. Hier sind gute Plätze zum Landen und Campen selten, und Dutzende von aufdringlichen Pferdebremsen gieren nach meinem Blut.

Die Küste ab hier bis zum Amazonas ist durch die Sedimentablagerung des mächtigen Stromes kilometerbreit, extrem flach und teilweise sehr schlammig. Kein Wunder, dass es mich nach ein paar Tagen geschickter Navigation durch die matschigen Untiefen dieser Region erwischt: Ich fahre mich fest, zum Glück auf einer relativ festen Sandbank und nicht im endlosen, weichen Schlamm. Da ich bis nach dem Einsetzen der Flut nun ungefähr fünf Stunden warten müsste, um mich wieder freipaddeln zu können, richte ich mein Nachtlager auf dem Kajak ein: Ich entrolle meine Schlafmatte und strecke mich auf dem Boot aus, ein Wassersack dient mir als Kopfkissen. Ich muss warm bleiben! Eingewickelt in mehrere Lagen Rettungsfolie gelingt mir das – bis es heftig zu regnen beginnt. Doch auch das Problem kann ich mithilfe einer Zeltplane lösen. Nach fünf Stunden bemerke ich, dass die Flut mich langsam wieder von der Sandbank hebt. Ich habe schon schlechter geschlafen!

Langsam nähere ich mich dem breiten Orinoco-Delta. Die Strömung aus den einzelnen Flussmündungen ist nicht sehr stark, ich muss aber manchmal doch weit hinauspaddeln, um nicht in den teilweise sehr schlammigen Flächen stecken zu bleiben. Im Delta hangele ich mich von Insel zu Insel, ganz bewusst fahre ich an den Dörfern der Eingeborenen, die fröhlich zu mir hinüberwinken, vorbei. Als Europäerin fühle ich mir hier etwas deplatziert, meinen anthropologischen Ambitionen sind auf dieser Reise leider Grenzen gesetzt.

Die Natur des Deltas ist aber so schön, dass ich meine geplante Strecke bis nach Boca Grande, dem Hauptstrom des Flusses, von zwei auf drei Tage ausdehne und nur 30 Kilometer am Tag paddele. Es gibt so viel zu sehen, und genug Frischwasser direkt aus dem Fluss habe ich hier auch zur Verfügung. Wenn nur nicht mein Hautausschlag wiederkommen würde! Nach wie vor ist es jeden Tag und auch nachts so feucht und heiß wie in einer Dampfsauna. Dazu noch die zahlreichen Insektenstiche – die zwei Nächte mit Klimaanlage auf der Lotsenstation von Rio Barima bringen etwas Erholung, nach sieben Tagen auf dem Wasser mit konstantem Gegenwind. Von hier aus sind es noch 350 Kilometer bis nach Georgetown, der Hauptstadt Guayanas. Das müsste ich in höchstens zehn Tagen geschafft haben!

Die nächsten zwei Tage hole ich alles aus mir heraus, auch wenn das Paddeln selbst kein rechtes Vergnügen ist:

schlammige, flache Gewässer mit sehr wenigen, einigermaßen einladenden Landeplätzen. Ich überlege, diesen Teil der Reise schon jetzt zu beenden und zur Weihnachtspause nach Hause zu fliegen. Doch es ist erst Ende Oktober, und bis Georgetown sind es nur noch gute 250 Kilometer. Also kämpfe ich mich weiter durch das endlose trübbraune Flachwasser. Der aufkommende Wind von mehr als 20 Knoten, natürlich von vorn, mischt das Wasser so auf, dass es sich in flüssigen Schlamm verwandelt. Pausen kann ich nur an den gelegentlich im Wattenmeer auftauchenden Resten von Fischernetzen machen, an die ich mein Kajak anbinden kann, ohne zurückgetrieben zu werden.

Apropos Schlamm: Da ich nun auch noch unter Durchfall leide, wird mein Plan, meine Reise jetzt schon in Georgetown vorübergehend zu beenden und nach Deutschland zurückzufliegen, immer konkreter. Ab Mitte Januar will ich dann von Guyana aus weiter, dann wieder mit meinem Freund Peter als Begleitung. Wenn er wüsste, auf was er sich da einlassen will! Dieser Teilabschnitt der Tour wird wegen der entgegengesetzten Winde und Strömungen nicht so angenehm wie unsere gemeinsame Tour in Chile und Peru. Der Schlamm, die Hitze und die Moskitos machen die Sache nicht gerade freundlicher.

In der Flussmündung von Georgetown gerate ich in ernsthafte Schwierigkeiten: Ich nehme die Anfahrt zur Landung in eine Lücke zwischen zwei großen Booten zu eng, die Strömung drückt mich direkt unter den Bug des vertäuten Schiffes, ich kann meinen Kopf kaum noch länger über Wasser halten! Nur durch den schnellen Wurf eines Rettungsringes von oben kann ich mich aus der gefährlichen Verklemmung befreien. Geschockt begrüße ich mein freundliches Empfangskomitee der Guyanischen Marine, Vertretern der Stadt Georgetown und des Tourismusbüros. Ist dieses Missgeschick ein schlechtes Omen für den nächsten Teilabschnitt?

Kapitel 14
MANGROVEN, MATSCH UND MONSTERWELLEN

Georgetown/Guayana → Cayenne → Belem
07.01.–23.03.14

Es ist Anfang Januar, und schon ist mein zweimonatiger Weihnachtsurlaub in der Heimat vorbei. Das Umschalten fällt mir nicht schwer, es gab auch so viel zu tun! Ich musste mich um meinen Weihnachtsladen kümmern und die Wiedereröffnung meiner zwei Janny's Eiscafés vorbereiten. Ohne meine fantastischen, zuverlässigen Mitarbeiter könnte ich gar nicht so lange wegbleiben. Auch Helges Vater Werner hat sich großartig um mein Haus gekümmert, bei dem einige Stürme ein paar kleinere Schäden angerichtet haben. Die Windstärken waren aber wohl doch nicht mit dem vergleichbar, was ich seinerzeit am Kap Hoorn erlebt habe!

Leider war es Peter nicht möglich, sich von seiner Arbeit für sein IT-Unternehmen freizumachen, und trotz längerer Vorplanung kommt er nun doch nicht mit mir. Sehr schade … Dennoch begleitet er mich wie immer aus der Ferne, hält alle elektronischen Geräte unter Kontrolle und wird mich wieder als Ratgeber und Motivator auf meinem nächsten Teilabschnitt unterstützen – ein gutes Gefühl.

Ich plane, nun an Surinam und Französisch-Guyana vorbei über die Amazonasmündung nach Sao Luis zu paddeln. Diese Strecke wird auch weiterhin bestimmt von starken Gegenwinden und -strömungen, schrecklicher Hitze und schlammigen Küsten – zumindest, bis ich den östlichsten Punkt der Atlantikküste erreicht habe. Auch im Nachhinein bestätigt sich: Dieser Abschnitt wird der schwerste der ganzen Umrundung werden – und der gefährlichste ...

Mit Unterstützung von Ben ter Welle, dem holländischen Honorarkonsul für Deutschland, und den netten Mitarbeitern der Tourismusbehörde, gelingt es mir, die Vorbereitungen meiner Reise schnell zu erledigen: den Ausreisestempel für Guayana und das Visum für Surinam zu besorgen und den Einkauf des frischen Proviants zu erledigen, den ich diesmal in den traditionellen bunten Markthallen tätige und nicht im örtlichen Supermarkt.

Eigentlich will ich schon am nächsten Tag aufbrechen, aber ausgerechnet jetzt kriecht mir eine Erkältung in die Knochen. Schlechtes Timing! Sobald ich auf dem Wasser bin, wird es mir bestimmt besser gehen, auch wenn ein Gegenwind von mehr als 15 Knoten erwartet wird, und der Rhythmus der Gezeiten gegen mich arbeitet. Zügig lasse ich Georgetown hinter mir und versuche so schnell wie möglich die schlammige Lagune zu durchqueren, bis zur Mündung des Mahacai.

Als ich zum ersten Mal seit zwei Monaten wieder am Strand eines kleinen Dorfes lande und dort mein Lager aufbaue, ist mir die ungeteilte Aufmerksamkeit der gesamten Dorfgemeinschaft sicher. Was am Anfang noch nett und fröhlich abläuft, wird nach kurzer Zeit richtig unangenehm. Alle wollen schauen und ihren Kommentar zu mir und meinem Zelt abgeben. Auch als ich mich schon längst zurückgezogen habe und meine Ruhe und Privatsphäre haben möchte, wird mein Zelt weiter belagert. Stundenlang ist es in Blitzlichtgewitter getaucht, und das Lachen und Grölen wird nicht weniger. Einige besonders aufdringliche Scherzkekse versuchen sogar, mein Zelt wieder zu öffnen, um einen Blick ins Innere zu erhaschen. Vielleicht reagiere ich etwas zu unfreundlich, aber was zu viel ist, ist zu viel!

In den nächsten Tagen und Wochen gibt es nur ein Thema: Schlamm. Unmengen von Schlamm. Schon bei meiner zweiten Landung verschmutze ich mir mein Boot und

Equipment gründlich mit dem Morast, der den festen Sandboden 20 bis 30 Zentimeter bedeckt. Es ist leicht, mit den Sandalen stecken zu bleiben. Auch die morgendlichen Starts kann ich nur auf dem Höhepunkt der Flut schaffen, ohne irgendwo im Schlamm zu versinken. Doch Hochwasser ist zurzeit gegen halb zwei Uhr nachts.

So oder so habe ich nur die Wahl zwischen dem klebrigen Schlamm und der unruhigen Brandungszone, die dort weit außerhalb auf die Flachwasserzonen prallt. Allzu weit darf ich mich nicht hinauswagen, dann bleibe ich lieber ab und zu im Schlamm stecken, so wie es mir nochmals hinter der Flussmündung des New Amsterdam passiert. Es laugt einen schnell aus, so früh aufzustehen, mit dem Paddel im Schlamm herumzuwühlen, auf die Brecher zu achten und noch gegen den Wind anzupaddeln. Ich frage mich, warum ich für meine Umrundung des Kontinents die Uhrzeigerrichtung gewählt habe, auch wenn das auf der Pazifikseite von Vorteil war. Hier ist es die absolute Hölle.

Viel zu sehen gibt es auf diesem Küstenabschnitt auch nicht, nur vereinzelte Büsche und etwas Gras. Auch die Begegnungen mit anderen Wasserfahrzeugen sind selten, es gibt viel zu viele Untiefen! Vor Venezuela wäre mir das sehr recht gewesen, hier ist es einfach nur langweilig. Einmal begegnet mir eine kleine Fischereiflotte in der Nacht, deren ausgelegte Netze ich prompt übersehe und in die ich mit meinem Kajak ein fettes Loch hineinfahre, nachdem ich vom ersten Netz noch zurückgeworfen werde wie von einem aufrecht stehenden Trampolin. Tut mir sehr leid, liebe Fischer ... Ich bin in Gedanken schon in Nickerie, wo ich dringend meine Wasservorräte auffüllen muss für die Woche, die ich wohl noch bis Paramaribo brauchen werde.

Und so geht es vier weitere Tage durch Schlamm und Gewitter. Der Gegenwind von rund 20 Knoten wird noch mit zahlreichen heftigen Regenfällen garniert. Es wird teilweise so kühl, dass ich einen dünnen Windschutz überziehe. Bevor ich den Endspurt bis Paramaribo starte, gönne ich mir daher nach sieben Tagen zwei Tage Pause an dem letzten Strand für längere Zeit, auf dem ich gut landen und campieren kann. Ein Vergnügen ist auch das nicht, nur im Zelt zu hocken, vom starken Wind durchgeschüttelt, während draußen Millionen von Stechmücken darauf warten, mich bis auf den letzten Tropfen Blut auszusaugen. Gott sei Dank habe ich meine elektronische Bücherei gut aufgefüllt und aufgeladen bei mir. Doch nur zu lesen und zu schlafen ist mir zu langweilig. Ich nutze die Zeit, um meine Beine zu rasieren, meine Fußnägel zu lackieren und meine heimliche Luxusausrüstung aufzupolieren – mein altes silbernes Kinder-Essbesteck, welches perfekt in meinen einzigen Topf passt.

Die Schlammschlacht geht am nächsten Tag weiter, es wird nicht besser. Ich finde keinen geeigneten Platz zum Landen und Zelten. Ich muss das erste Mal in meiner Hängematte in einer Waldlichtung übernachten, die ich wegen des Schlammes nur bei Hochwasser erreichen kann. So bin ich zumindest vor den gierigen Stechmücken geschützt. Ohne Ohrstöpsel kann ich ihr Summen lauter hören, als mir lieb ist. Ich bin ein Hängematten-Neuling und habe einige Schwierigkeiten, sie in der richtigen Höhe und Spannung aufzuknüpfen. Die Schlafmatte innen drin hält nur notdürftig die Kälte ab und verrutscht bei der geringsten Bewegung, ich kann mich weder der Länge nach noch meine Beine nach oben ausstrecken.

Ich kann auch nur wenige Nachtutensilien mit hineinnehmen, kochen muss ich, wenn ich es denn überhaupt mache, noch vorher außerhalb in den Moskitoschwärmen. Pinkeln kann ich nur mit Verrenkungen in dieser schwankenden Schaukel, und der Ablass der im Beutel gesammelten Flüssigkeit geht nur durch den Klettverschluss im Boden unter dem Einlass von weiteren Moskitos. Es regnet zudem, und die Regenplane hält die Hängematte darunter bei Wind alles andere als trocken. Bequem geht anders. Ich liebe mein Zelt! Doch besser EINE Hängematte als KEINE Hängematte: Die nächste Nacht darf ich dann auf dem Kajak liegend verbringen, als ich mal wieder im Schlamm feststecke und keinen Landeplatz finden kann. Das bringt auch nicht die wahre Nachtruhe!

Nur einmal begegne ich einem einsamen Fischerboot. Die fragen sich bestimmt, was ich hier mache und wohin ich will. Das würde ich – ehrlich gesagt – auch gerne wissen! Ich komme auf den Gedanken, die noch fehlenden sechzig Kilometer bis Paramaribo ohne Unterbrechung durchzupaddeln, wenn ich keinen Platz zum Landen und Übernachten mehr finde. Doch das kann ich bei diesem Gegenwind vergessen. Einmal habe ich sogar die Vision, ich würde einen hell leuchtenden Sandstrand am Ufer sehen. Bei näherer Betrachtung stellt sich heraus, dies ist nur eine Gruppe schlafender hellrosa Flamingos, die vor dem Küstenstreifen aufgereiht im Schlamm stehen. Ich kann mich auch nicht einfach dort trockenfallen lassen, wo ich gerade bin, in der Hoffnung, mit einsetzender Flut wieder weiterpaddeln zu können. Weiß der Geier, ob die Flut auch sicher den Platz wieder überspült? Nur ein Helikopter könnte mich dann noch aus der Luft retten.

Doch was für einen Kontrast erlebe ich, als ich in Paramaribo ankomme: Ich darf im pinkfarbenen Prinzessinnenzimmer der Töchter meiner hiesigen Gastgeber Pieter und Nancy übernachten. Stärker könnte der Unterschied zu den letzten Tagen kaum sein! Diesmal kommt mir Cees, der Honorarkonsul für Deutschland, schon mit einem kleinen Boot voller Paddler entgegen. Anders als noch in Georgetown verläuft die Landung reibungslos, viele helfende Hände ziehen mein schweres Kajak auf den Bootssteg. Leider bin ich nach den Nächten in der Hängematte körperlich und mental so erschöpft, dass ich bei der Landung in der Dunkelheit nicht sehr offen und gesprächig bin. Das werde ich während meines Aufenthaltes nachholen, doch im Moment bin nur froh, dass ich mich in die weiche Bettwäsche mit dem Aufdruck »Royal Princess« kuscheln darf.

Schon nach einer Nacht fühle ich mich spürbar erholt,

auch wenn mir noch alle Knochen wehtun und mein Körper nach wie vor von juckenden Mückenstichen übersät ist. Ich bin bereit für all das, was zu erledigen ist: Online-Updates, kleinere Bootsreparaturen, etwas Shopping und die Vorbereitung auf den nächsten Streckenabschnitt bis Cayenne in Französisch-Guyana.

Auf den Karten sieht es so aus, als ob es einige Strände zum Landen und Übernachten gäbe, vielleicht muss ich nur noch einmal für eine Nacht in den Mangroven hängend schlafen. Von der Entfernung her dürfte ich die Strecke in gut zwei Wochen geschafft haben. Hinter Cayenne, auf dem Weg nach Belem in Brasilien, erwartet mich dann der wohl schwierigste Abschnitt meiner gesamten Umrundung: Auf über 1.000 Kilometern wird es nur drei oder vier vernünftige Anlaufstellen zum Landen und Erholen geben. Der Rest ist Schlamm, Mangroven und Mücken. Ich freue mich jetzt schon darauf...

Umso mehr genieße ich hier in Paramaribo die Freuden der Zivilisation: Beim Einkaufen fällt mir auf, dass Surinam als ehemaliges Holländisch-Guyana deutlich wohlhabender zu sein scheint als sein Nachbar British-Guyana. Auch das Nebeneinander von Kirchen, Moscheen und Synagogen im Stadtbild gefällt mir sehr. Ich bin von diesem Land wirklich angetan: überall freundliche Menschen, alles ist sauber und einladend. Zur Krönung meines Aufenthaltes gibt es eine noble Party des Rotary-Clubs am Pool eines wohlhabenden Mitgliedes, mit reichhaltigen Büffets und einer gut sortierten Bar. Dafür gehe ich extra noch zum Friseur. Ein gemischtes internationales Publikum feiert hier bis weit in die Nacht – ein extremer Kontrast zu meinen letzten Nächten und denen, die noch vor mir liegen. Schon am nächsten Morgen in aller Frühe will ich mich wieder auf den Weg machen. Obwohl: Von »Wollen« kann nicht wirklich die Rede sein...

Nachdem ich meinen inneren Schweinehund überwunden habe, bin ich schon um halb vier morgens wieder auf dem Wasser. Es ist noch stockdunkel, und die Augen müssen sich erst wieder an die Lichtverhältnisse um diese Uhrzeit gewöhnen. Ich will die bequeme Zeit mit dem Strom, bis die Tide wieder dreht, ausnutzen. Hinter mir sehe ich noch den Lichtschein Paramaribos, um mich herum spielen ein paar rosa Flussdelfine. Vor mir liegt ein Küstenstreifen, wie ich ihn schon kenne: Matsch und Mangroven bestimmen das Bild. Ich freue mich darauf, meinen neuen kleinen Mini-Anker zu benutzen, mit dem ich auch auf dem Wasser die eine oder andere Pause einlegen kann. Ich fühle mich etwas krank, habe mir wohl in der Stadt eine Erkältung eingefangen. Umso wichtiger wäre es jetzt, jede Nacht etwas erholsamen Schlaf in einem bequemen Camp zu bekommen, doch dafür muss ich lange paddeln und suchen. Der häufige Regen macht die Situation auch nicht besser. Nach wenigen Tagen unter diesen Bedingungen sehne ich mich schon wieder nach der nächsten Ruhepause, nicht nur, weil ich dringend meine Frischwasservorräte auffüllen muss. So nähere ich mich langsam – zu langsam – der Grenze zu Französisch-Guyana. Es trennt mich nur noch ein breiter Fluss von dem elften Land auf meiner Umrundung des Kontinents.

Meine Ankunft in Les Hattes, auch Awala-Yalimapo genannt, bleibt nicht unbemerkt. Kein Wunder, ich lande direkt am Stadtstrand, wo auch die örtlichen Fischer kurz zuvor ihr Boot an Land gezogen haben. Die Begrüßung ist freundlich, der Aufbau meines Camps unkompliziert. Ich solle mein Lager einfach im Park des Stadtstrandes aufbauen, eine Dusche und frisches Trinkwasser könne ich im Haus von Käpt'n Williams bekommen.

Das kleine Städtchen ist bei Touristen bekannt für seine Schildkrötengelege, dennoch verirren sich nicht sehr viele Fremde in den äußersten Westen des Landes. Sollte ich hier wegen einer ungünstigen Wettervorhersage oder meiner immer stärker werdenden Erkältung länger als einen Tag bleiben müssen, wird das ein sehr entspannter Aufenthalt. Vielleicht hätte ich ja sogar Zeit, die Schildkröten beim Eierlegen zu beobachten. Bisher habe ich nur die leeren Eischalen am Strand gesehen, wie sie vom Wind getrieben über den Sand fliegen wie kaputte Tischtennisbälle. Nachts oder in der Dämmerung Ausschau zu halten, davon haben mich die Wolken hungriger Stechmücken abgehalten. Auf jeden Fall plane ich, in acht Tagen in Cayenne anzukommen.

Und die verbringe ich wie erwartet – oder besser befürchtet – mal auf einem halbwegs akzeptablen, erreichbaren Strand oder wahlweise in meiner Hängematte an Rande eines Mangrovenwaldes. Den letzten Strand musste ich mir sogar mit Bienen und einer Herde Kühe teilen, die nachts neugierig um mein Zelt herumstehen. Der Leitbulle trägt ein paar Respekt einflößende Hörner spazieren, ich traue mich nicht, sie durch Schreien oder Schlagen vom Zelt fernzuhalten. Vielleicht würden sie sogar angreifen und mein Zelt niedertrampeln? Ich versuche es stattdessen mit einem lang gezogenen Zischen, das wie eine Raubkatze klingt. Das treibt sie schnell zum anderen Ende des Strandes.

Auf der nächsten Etappe sehe ich am Festland nur eine dichte grüne Mauer aus Wald und Gebüsch, davor flaches, schlammiges Wasser. Das, was ich auf den Satellitenkarten noch für weiße Sandstrände gehalten habe, entpuppt sich als Kolonien Tausender weißer Vögel. Mindestens eine weitere Nacht in der Hängematte wird unvermeidlich sein – und das in strömendem Regen und belagert von unzähligen Stechmücken. Als ich tagsüber eines der in dieser Gegend seltenen Fischerboote am Horizont vorbeigleiten sehe, denke ich sogar kurz darüber nach, sie zu fragen, ob ich eine Nacht auf ihrem Boot verbringen könnte. Doch so ganz traue ich mich nicht: Die Vorstellung, auch hier könnten noch Piraten unterwegs ein, hält mich davon ab. Da kämpfe ich mich lieber weiter durch die schlammigen Untiefen. Meine größte Angst ist, mich um die Hochwasserzeit auf einer Schlammbank so festzufahren, dass ich mich auch beim nächsten Höchststand nicht wieder freipaddeln könnte.

Daher ziehe ich es auch vor, nachdem ich mich gegen Abend und Niedrigwasser der schlammigen Küste genähert, aber doch kein trockenes Fleckchen gefunden habe, wieder auf die tieferen Meeresregionen zurückzupaddeln, wohl wissend, dass ich nun über Nacht unterwegs sein muss.

Leider hatte ich die größere Flussmündung von Sinnamary nicht auf meinem Radarschirm, als ich so leichten Herzens weiter durch die Nacht paddle! Größere Flussmündungen haben die unangenehme Eigenschaft, bei auflaufender Tide riesige stehende, brechende Wellen zu entwickeln. So auch diese. Wellenberg nach Wellenberg türmt sich vor mir auf, es bricht schäumend hier und da, die weißen Schaumkronen kann ich gerade so im Mondlicht erkennen. Mit Start- und Stopptechnik und Slalom mal hier und mal dorthin versuche ich verzweifelt, den drohenden, zerstörenden Duschen zu entkommen. Mehrfach muss ich mich mit voller Kraft in die Brecher hineinwerfen, um nicht in der Dunkelheit zu kentern. Ob mir in diesen Verhältnissen die Eskimorolle gelänge, will ich gar nicht erst testen! Ich kann auf meinem GPS kaum erkennen, ob und in welche Richtung ich Strecke mache, und versuche verzweifelt, aus dieser verminten Zone herauszukommen.

Irgendwann nach gefühlt endloser Zeit habe ich das nächtliche, schäumende Inferno überlebt, das Wasser beruhigt sich, und ich kämpfe erschöpft nur noch mit der Müdigkeit. Ich kann meine GPS-Karte wieder lesen und weiß, dass kurz vor Kourou wieder Riffe und Felsen mit festem, trockenem Land vor der Küste auftauchen. Bei Sonnenaufgang fühle ich mich wie auf einem anderen Planeten! Endlich keine schlammige Küste mehr! Manche dieser Felsen sind so groß, dass man darauf campen könnte.

Und dann kommt er, am Morgen nach anstrengend und lange durchpaddelter Nacht: der erhoffte, leicht zugängliche, einsame Sandstrand, um meine müden Knochen zu erholen. Ich bin so glücklich, dass ich bei der sanften Landung sogar singe. Ich lasse mich in den Sand fallen und danke den Göttern und Göttinnen der See, dass sie meine Gebete erhört haben. Die Hölle aus meterhohen Wänden aus Wasser liegt hinter mir, ich bin im Paradies gelandet. Oder doch nicht? Was ich wenige Stunden später höre, klingt eher, als hätten sich die Tore zur Hölle wieder geöffnet!

Ein tiefes, endlos langes, unglaublich lautes Grummeln ertönt, der Boden um mich herum vibriert wie bei einem Erdbeben. Vom Weltraumbahnhof in Kourou, nur wenige Kilometer entfernt, startet genau jetzt eine Rakete ins All! Leider kann ich sie am späten Nachmittag in trüben, regnerischen Verhältnissen nicht erspähen. Ich hoffe nur, dass der Start geglückt ist und kein brennender Schrott auf mein Zelt fällt. Kein Wunder, dass den ganzen Tag Helikopter die Gegend abgesucht haben, um alle Fischerboote aus dem Gefahrengebiet hinauszukomplimentieren. Mich konnten sie wohl nicht erreichen ...

Bei einem Strandspaziergang am nächsten Ruhetag entdecke ich ein großes Schiffswrack hundert Meter hoch im Inland. Wie ist es da nur hingekommen? Ist der Strand »gewachsen«, oder gab es hier irgendwann einmal einen infernalischen Tsunami, der das arme Schiff so weit hinauftrug?

Mein geplanter halber Paddeltag entlang der Felsenküste der Hauptstadt Cayenne entpuppt sich leider als die dreistündige Tagesversion des nächtlichen Minenfeldes vor Kourou, inklusive fast zwanzig Knoten Gegenwind. Ich bin bei der Landung im Paddelclub so ausgelaugt, dass ich das Barbecue am Ankunftsabend nur kurz genießen kann und nur noch ins Bett fallen möchte. Wunderbarer, europäischer Luxus inklusive Klimaanlage und freundlicher Gastgeber erwartet mich. Balsam für Haut und Seele!

Ich nutze den kurzen Zwischenstopp für die Vorbereitung der nächsten einsamen Teilstrecke bis Belem in Brasilien. Mein Proviant dürfte für die geplanten vier Wochen nach Belem reichen, meine Wasservorräte – elf Säcke à vier Liter – für die nächsten knapp vierzehn Tage.

Mein Kajak ist gestrichen voll beladen und kann schon fast als U-Boot durchgehen, als ich die erste raue Flussmündung hinter Cayenne passiere. Wann immer ich nun eine

Übernachtungsmöglichkeit suche, muss ich genau auf die Gezeiten achten.

Schon in der ersten Nacht muss ich mich mangels eines besseren Platzes im Schilf trockenfallen lassen und hoffe nur, mit der nächsten Flut wieder freizuschwimmen. Die Nacht auf dem Kajak ist nicht wirklich erholsam, fröstelnde Nässe und Moskitos halten mich mehr oder weniger wach.

In der zweiten Nacht kommt in einem lichten Hochwald nach der Einfahrt bei Hochwasser die Hängematte zum Einsatz, und ich werde fast von einem morschen Riesenbaum erschlagen, als dieser gegen Mitternacht krachend beschließt, von der stabilen Vertikalen in die labile Horizontale überzugehen.

In der dritten Nacht hänge ich die verfluchte und gleichzeitig gesegnete Matte zu früh und zu tief auf, bei der immer noch steigenden Flut in den frühen Nachtstunden streben kleine freche Surfwellen bis zur Hochwasserzeit in meinem Mangrovenwald im Sekundentakt danach, mein Hinterteil zu durchnässen. Das ist immer noch besser als der Ausstieg in der Dunkelheit in das inzwischen bis zu hüfttiefe, matschige Wasser, nur um umschwirrt von Tausenden Moskitos das schwebende Bett höher zu knüpfen.

Eine weitere Nacht hoffe ich, an einer trittfesten Schlammküste zu verbringen, trittfest ist sie dann doch nur überwiegend ab Knietiefe ... Der Transport von Material, Kajak und Mensch zu einem vier Quadratmeter großen, halbwegs trockenen Fleck entpuppt sich als Härtetest für Geist und Körper.

Dann die Annäherung an die Küste von den Sandbänken einer breiten Flussmündung – kann ich hier wirklich auf überwiegend festem Sand bis zum Ufer waten? Am Ende kommt dann doch wieder die Hängebehausung zum Einsatz mangels trockenem Ufers im Mangrovenwald.

Nochmals durchstehe ich eine Schlammschlacht zu einem niedrigen Gebüsch, welches mit Ach und Krach im wahrsten Sinne des letzten Wortes meine Hängematte mehr schlecht als recht aufnimmt, um mir eine Unterkunft à la »Dschungelcamp« zu bieten, garniert mit Tausenden von Moskitos.

Dann der Lichtblick: der erste, richtig trockene Sandstrand! Überglücklich lande ich schon gegen Mittag, hier kann ich nicht widerstehen, und meine Ausrüstung und Körper kann ich endlich notdürftig reinigen. Zum Glück haben mich noch keine Wasserbüffel über Nacht besucht, ihre Spuren konnte ich schon öfter im Schlamm sehen. Nach diesen letzten Tagen sehe ich fast selbst schon aus wie einer dieser Urviecher, und ein bisschen rieche ich auch so.

Auf dem letzten Teilabschnitt vor Brasiliens Grenze treiben mich die Gezeiten mit mehr als acht Kilometern pro Stunde voran, bis ein heftiges tropisches Gewitter über mich hereinbricht, mit einem Wind von fünfundzwanzig Knoten Stärke und Regen wie aus Eimern, der mir das Gefühl gibt, über Wasser ertrinken zu müssen. Die Wellen in der Flussmündung des Rio Lamute kommen kreuzweise von allen Seiten, ich sehe so gut wie nichts mehr. Ich stütze nach allen Richtungen, werde zwei Mal umgeschmissen, zwei Mal kann ich wieder hochrollen und bin doch nur vom Regen halb ertrunken.

Irgendwann am Ende der Flussmündung des Rio Lamute sehe ich wasserfreien Untergrund. Dort stehen zwei Fischer im Watt, die sich genau dort, wo ich landen will, um ihre Netze kümmern – die ersten Menschen, denen ich hier in Brasilien begegne! Bekleidet mit einem alten Motorradhelm gegen den Regensturm und nur noch Fetzen von Kleidung leben sie hier draußen mit den Elementen. Sie haben einen Schubkarren dabei, mit dem man mein Gepäck und mein Kajak 800 m hoch auf das trockene Ufer bringen kann, und zögern nicht, mir mithilfe ihres zweirädrigen Primitivgefährtes behilflich zu sein. Am nächsten Morgen kommen sie mit einem noch größeren Karren, der sonst von Wasserbüffeln gezogen wird. Zu dritt schaffen wir es, mein schweres Gepäck zur nun wegen der Ebbe fast zwei Kilometer entfernten Wasserkante zu transportieren. Als

Dank überlasse ich ihnen meine einfache Machete, die sowieso schon eine ganze Zeit zu den Ausrüstungsgegenständen gehörte, für die ich keine wirkliche Verwendung hatte. Die beiden hilfsbereiten Männer können sie bestimmt gut gebrauchen. Ich später auch – doch das wusste ich noch nicht ...

Die Landung am darauffolgenden Strand bei Starkwind verläuft reibungslos. Doch dieser Strand ist auch nicht menschenleer! Nachmittags kommen zwei Jäger an meinem Zelt vorbei, bewaffnet mit Macheten und Gewehren. Wir grüßen uns freundlich, ich gebe ihnen meine Karte, die meinen Trip auf Portugiesisch erklärt, und ich frage sie, was sie hier jagen. Einer warnt mich auch noch vor den Wasserbüffeln, die in der Nähe grasen sollen, außerdem seien auch noch andere Jäger in der Nähe, der andere springt schon mit der Waffe im Anschlag hinter einem Kaninchen her, das er gesichtet hat. Kurze Zeit später kommen sie nochmals vorbei, winken freundlich und verschwinden im Busch.

Gegen halb neun, kurz nach Einbruch der Dunkelheit, sehe ich die Lichter von mehreren Taschenlampen durch die Wand meines Zeltes scheinen. Drei weitere bewaffnete Jäger statten mir einen Besuch ab. Sie sehen aus wie ein Vater mit seinen beiden Teenagersöhnen. Auch sie studieren meine portugiesische Karte ausgiebig, scheinen meinen Job zu bewundern und verschwinden im dunklen Busch. Findet hier und heute eine Treibjagd statt?

Eine Stunde später, ich bin schon am Schlafen, werde ich von einem Geräusch geweckt. »Klick ... klick ... klick ...!« Was ist das? Ein Tier? Ich setze mich auf und lausche weiter, höre Schritte und Rascheln. Sind da draußen noch mehr Jäger? Und dann bricht das Inferno über mich herein ...

Offensichtlich ist jemand über meine Zeltschnüre gestolpert, jedenfalls höre ich wilde Flüche, und dann schlitzt eine riesige Machete von außen die Zeltwand auf.

»Heyheyhey!«, rufe ich laut, um zu signalisieren, dass hier jemand im Zelt sitzt und dass sie da draußen doch bitte etwas besser aufpassen mögen! Noch glaube ich an einen »Unfall«, und dass jemand nur gestolpert ist und unbeabsichtigt meine Stoffhütte beschädigt.

Der Kerl mit der Machete scheint unbeeindruckt, Schlag um Schlag saust auf die Zeltwand nieder, und voller Panik ziehe ich meine Füße aus der Reichweite der scharfen Klinge. Plötzlich macht der gleißende Strahl einer starken Taschenlampe das Zelt taghell, und im nächsten Augenblick sehe ich ein langes, dünnes Rohr, das durch das hässliche Loch in der Zeltwand auf mich zeigt – richtet da jemand tatsächlich seinen rostigen Flintenlauf auf mich?

Wütend schreit der Mann auf Portugiesisch auf mich ein, ich verstehe leider kein Wort. Einigermaßen ruhig halte ich ihm meine Autogrammkarte hin, in der Hoffnung, dass er merkt, wen er vor sich hat. Nicht, um ihn zu beeindrucken, sondern um ihm klarzumachen, dass ich kein namenloses Opfer bin. Ich glaube immer noch, dass das hier ein Missverständnis ist, MICH kann er doch wohl nicht überfallen wollen? Doch nichts davon: Er nimmt die Karte nicht mal zur Kenntnis, die ich ihm am Gewehrlauf vorbei hinhalte.

»Señor, por favor ... Señor, por favor ... no entiendo ...«, sage ich immer wieder, mit einer Stimme, mit der man einen wütenden Hund zu beruhigen versucht. Doch er schreit nur noch lauter und stochert mit dem Gewehrlauf noch tiefer in mein privates Reich hinein. Ich sitze im aufgeschlitzten Zelt und im Scheinwerferlicht wie ein Tier in der Falle. Er zeigt mir eine seiner Patronen und fragt mich wohl, ob ich wisse, was das sei. Sicher weiß ich das ... Ich glaube ja auch so, dass dein Gewehr geladen ist! Oder möchtest du von mir genau solche Patronen haben? Habe ich nicht ... »Disculpe, no entiendo ...«

Er winkt mich aus dem Zelt, ich muss durch die zerfetzte Doppelwand kriechen, und schreit weiter auf mich ein. Ich denke, ich sollte ihm doch einmal den Reißverschluss des Zeltes zeigen und ihm erklären, dass man selbigen in Europa zum Öffnen eines Zeltes benutzt, und keine Machete! Durch das riesige Loch kommen nun Hunderte von Mücken ins Zelt! Wie soll ich das denn nun flicken?

Ich bin ganz ruhig, instinktiv weiß ich, dass man sich vor einem vorgehaltenen Gewehr besser zu keiner unüberlegten Aktion hinreißen lässt. Der Mann ist nicht allein. Ich muss mich neben dem Zelt auf mein Kajak setzen und bemerke im Augenwinkel, dass mein Reservepaddel mitsamt schwarzer Tasche vom Deck verschwunden ist. Klick ... klick ... klick ... das war wohl das Geräusch von vorhin. Das Paddel wollten sie also stehlen und sind dabei leider über meine Zeltschnüre gestolpert! Schweigend versuche ich nur, mit meinem langen Strandrock meine nackten Beine vor den Moskitos zu schützen.

Ist das hier nun das Ende meiner Reise – und vielleicht meines Lebens? Der Mann schreit immer noch auf mich ein und fuchtelt mit dem Gewehr samt Scheinwerferlicht vor meiner Nase herum. Plötzlich dreht er sich seitwärts und schießt. Hoffentlich hat er nicht das Heck meines Kajaks durchsiebt ...? Das wäre eine lästige Flickerei, neben der Reparatur des zerfetzten Zeltes ... wenn ich dann das hier überlebe!

Der Mann mit dem Gewehr bedeutet seinem Begleiter, in mein Zelt zu kriechen und alles zu durchsuchen. Was werden sie mitnehmen? Der Mann im Zelt benimmt sich irgendwie seltsam. Statt meine Sachen genau zu begutachten und auszuwählen, was sie stehlen wollen, schmeißt er alles nur durcheinander. Sucht er etwas Bestimmtes? Nur mein Lieblings-Klappmesser verschwindet in seiner Tasche, kein einziges meiner elektronischen Geräte oder sonstigen Wertgegenstände. Ist das alles? War es das endlich?

Der zweite Mann kriecht wieder aus dem Zelt, und ich beginne im Geiste schon, wieder aufzuräumen. Ich hoffe, er hat nicht allzu viel Unordnung und Dreck hinterlassen oder irgendeine Art von üblem Geruch. Können sie mich nicht jetzt einfach in Ruhe lassen?

Der Mann mit dem Gewehr hat offensichtlich Spaß daran, die klarsichtige, wasserdichte Tüte mit der Machete aufzuschlitzen, in der ich meine Autogrammkarten aufbewahre. Ich hoffe immer noch, er würde sie lesen, doch er ist nur an dem dicken, wasserfesten Filzschreiber interessiert. Oder denkt er, das sei etwas anderes, eine Patrone vielleicht? Ich beeile mich, ihm den Stift in die Hand zu drücken. Werde glücklich damit, aber lass mich am Leben und verschwinde endlich – jetzt!

Der Mann befiehlt mir, wieder ins Zelt zurückzukriechen. Ich verstehe zwar nichts, doch deute seinen aggressiven Wortschwall als eine ganze Reihe von Warnungen, wie die, dass es nicht sinnvoll sei, die Polizei einzuschalten. Und dann, ganz plötzlich, sind sie in der Dunkelheit wieder verschwunden. Oder doch noch nicht? Einer kommt zurück und wirft mir mein schon vermisstes Ersatzpaddel vor mein Zelt. Herzlichen Dank auch! Wie aufmerksam!

Der erste Gedanke, als ich wieder alleine bin, ist: Ich muss das Zelt reparieren, um mich vor den Moskitos zu schützen! Und dann beginne ich tatsächlich, die vielen langen Schnitte zusammenzunähen, was in der Dunkelheit ein ziemlich sinnfreies Unterfangen ist. Ich stehe wohl unter Schock ...

Langsam kann ich wieder klar denken, ich fühle mich hier nicht mehr sicher und will eigentlich nur noch weg von diesem Ort. Es ist zwei Uhr nachts, es ist Hochwasser. Ich kann auch jetzt schon aufbrechen, der Weg zum Wasser ist nun schön kurz! Ruhe habe ich sowieso keine mehr, und auf dem Wasser fühle ich mich sicher vor diesen Landjägern. Also los! Im Schutze totaler Dunkelheit packe ich und schleppe alles zur Wasserkante hundert Meter weiter. Als ich schon im Kajak sitze und paddle, sehe ich an Land wieder einige Taschenlampen leuchten. Zu spät, Jungs, euer »Wild« ist euch entkommen! Ein bisschen verschreckt, aber mit heiler Haut. In einer flachen Bucht am Ende einer Flussmündung werfe ich meinen kleinen Anker aus und nicke bis zum Sonnenaufgang ein.

Bisher habe ich mir alle unerfreulichen Begegnungen

mit dubiosen Gestalten dieser Art erfolgreich vom Leib halten können, mit selbstbewusstem, offensivem Auftreten, einer ungewöhnlichen Erfolgsstory, weiblichem Charme und Menschenkenntnis. Nur gegen Heimtücke, dumme Zufälle und eine vorgehaltene Waffe ist man macht- und wehrlos. Alles in allem hätte diese Nacht aber viel, viel schlimmer enden können!

Meine Nachtruhe ist verständlicherweise etwas weniger tief die nächsten Wochen, mein inneres Alarmsystem schreckt bei den kleinsten dubiosen Geräuschen hoch. Ich habe aber weder Albträume noch denke ich jemals ans Aufgeben. Wie vor Kap Hoorn – man kann einen »Unfall« haben, und fährt dann doch wieder Auto ... nur vielleicht noch etwas aufmerksamer. Die meisten Menschen begegnen mir freundlich, und mein Glückspotenzial ist noch lange nicht ausgeschöpft! Ich weiß auch, dass jede Idee von polizeilicher Verfolgung absolut sinnlos ist. Und – ich möchte keine Schlagzeilen in der Presse, die mit meiner sportlichen Leistung nichts zu tun haben!

Ich spüre nur noch Ärger über diese cholerischen Idioten und Ärger über mich selbst und meine Harmlosigkeit, mit der ich in den Augen eines schlichten Betrachters eine komplette attraktive »Kampfausrüstung« an Deck spazieren fahre: meinen optisch leicht verwechselbaren »Gewehrkoffer« (das Reservepaddel in der schwarzen Tasche), meinen »Kampfhelm« (wer braucht denn zum harmlosen Spazierenpaddeln einen Helm?), meine »kugelsichere Combat-Weste« (die Schwimmweste mit ihren diversen Utensilien daran) ... In Zukunft werde ich jeden Abend mein Deck komplett abräumen und alle »verdächtigen« beziehungsweise verlockenden Utensilien im Cockpit übernachten lassen!

Zwei weitere Hängemattennächte entheben mich des Problems des zerfetzten Zeltes, bevor ich nach hartem Kampf mit der Gegenströmung der Mündung des großen Amazonas schließlich zur richtigen Tidenzeit in die kleine Nebenflussmündung des Rio Sucuriju einbiegen kann. Ich freue mich auf einige Nächte in geordneter Zivilisation, in einem kleinen, aber mit Satellitenschüsseln, Stromgeneratoren und Trinkwassertanks recht modernen Dorf auf Stelzen. Ich steuere den größten der Bootsstege an, und sofort werde ich wie immer freundlich von den Bewohnern begrüßt. In dem einzigen zweistöckigen Gebäude unter den rund fünfzig Häusern, der Station der Militärpolizei und der Naturschutzbehörde, sei ich am besten aufgehoben. In der oberen Etage ihres Gebäudes bekomme ich ein Zimmer, zwar ohne Klimaanlage, doch mit Strom für einen Ventilator für ein paar Stunden am Abend und »sichere« Gesellschaft.

Einige Reparaturen stehen an, mein zerschnittenes Zelt und Decksleinen müssen geflickt werden. Keiner fragt hier, warum ... Ich hätte sowieso nicht ehrlich geantwortet. Meine Fußsohlen sind wund, aber die physischen Anstrengungen der letzten Tage auf dem Wasser schenken mir einen traumlosen Schlaf.

Ich sollte mindestens drei Tage hierbleiben, bis die gefährliche Gezeitenwelle »Pororoca« in der Amazonasmündung nach Neumond wieder abflaut. Dieses ominöse Phänomen lässt die Flut nicht wie üblich langsam, sondern mit einer stark strömenden, mehr oder weniger hohen und brechenden Welle steigen. Es soll zwar wagemutige Surfer geben, die diese Welle freiwillig abreiten, aber mit meinem schwer beladenen Kajak möchte ich das nicht versuchen!

Ich integriere mich mit Besuchen und Besichtigungen so gut es geht ins Dorfleben. Einmal laden mich die jungen Männer ein, sie zu ihrem Fußballturnier bei Niedrigwasser auf einer trockenen Sandbank auf der anderen Flussseite zu begleiten. Mit mehr als dreißig Mann (und einer Frau) macht sich eine Flotte kleiner Boote auf den Weg zum Spielfeld. Die Begrenzungen des Feldes werden mit Treibholz markiert, mitgebrachte Pfosten bilden die Tore. Aus der Ferne sieht es aus, als würden die Spieler wie Eiskunstläufer über die Fata Morgana einer nassen Fläche rutschen. Eine Mannschaft trägt wahlweise die Trikots des »Sao Paulo Football Club« oder von »Bayern München«, die gegnerische Mannschaft spielt »oben ohne«, alle sind barfuß – wegen der Gleichberechtigung. Nicht jeder kann sich hier feste Schuhe leisten, ganz zu schweigen von Fußballschuhen.

Bis die Pororoca kommt ... Die Jungs wissen genau, was passieren wird, für mich ist es ein sehr spannendes Phänomen! Es rauscht minutenlang vorher wie bei einem Wasserfall, und innerhalb weniger Sekunden steigt mit einer gewaltigen Welle der Pegel in dem Sucuriju-Fluss um mehr als einen Meter an. Die am Ufer liegenden Boote werden trotz haltender Hände kräftig durchgeschüttelt, und alle Spieler werden von oben bis unten durchnässt.

Ich möchte nach vier Tagen wieder aufbrechen. Die Monsterwelle müsste durch sein! Ich habe im Internet nur wenige Informationen gefunden, außer dass sie »zweimal« kommt ... Ich werde das weite Delta des mächtigen Amazonasflusses im Schutze der vorgelagerten Inseln queren. Bis zu meinem nächsten Stopp in Chavéz werde ich um die zehn Tage brauchen. Je weiter ich in die Amazonasmündung vordringen werde, desto schwächer werden die Winde. Wie um mich auf eine harte Zeit vorzubereiten, schüttet es in der Nacht vor meinem Aufbruch wie aus Eimern, und ein heftiger Sturm pfeift um das Haus.

Ich paddle munter am nächsten Tag aus Sucuriju in das große Delta hinein. Alles läuft gut, zuerst ein Zickzackpaddeln hinter Baumstämmen, um der Gegenströmung zu entgehen, dann läuft die Tide auf und es geht leichter. Als die Tide wieder kippt, habe ich Sorgen, einen der kleinen Nebenflüsse zu queren, ohne weit hinausgewaschen zu werden. Ich steige aus und kontrolliere lieber mein Kajak mit Treideln den Fluss hinauf, bis ich den Arm gefahrlos schräg queren kann. Das Wasser wird mit ablaufender Tide immer flacher, schließlich bin ich weit vom Land entfernt, um gerade noch so paddeln zu können. Trockenes Ufer erreiche ich so nicht mehr bei Tageslicht ... Aber dann bleibe ich eben draußen und warte, bis das Wasser wieder hoch genug ist zum Paddeln!

Das Niedrigwasser erwischt mich früher als erwartet. Für mehr als eine Stunde mache ich es mir im Kajak bequem, esse mein Abendbrot und kann sogar nach vorne übergebeugt ein kleines Nickerchen einlegen, bis das Wasser wieder steigen wird.

Und das tut es – und wie! Das Rauschen höre ich schon einige Zeit vorher, halte es aber für einen herannahenden tropischen Regenguss. An eine weitere Pororoca-Welle denke ich nicht, die soll ja nach »zweimal« rund um Neu- oder Vollmond schon beendet sein? Das liegt nun schon zwei Tage zurück! Dass mit »zweimal« natürlich »zweimal am Tag, im Tidenverlauf« gemeint war, war mir zu diesem Zeitpunkt nicht klar ...

Und dann die Erkenntnis in letzter Sekunde: »SCHEISSE, da kommt doch noch eine Welle! Greif dein Paddel, Mädchen!«

Ich sitze sechs Kilometer vom Festland entfernt auf einer trockenen Sandbank fest und bin hilflos dem ausgeliefert, was da in der Dunkelheit auf mich zugerollt kommt. Ich schmeiße mich voll seitlich in den Brecher hinein, um nicht schon jetzt umgeworfen zu werden, und stütze und stütze um mein Leben! Wohin führt dieser Höllenritt? Etwa die Mündung des Rio Araguari hinauf? Ich habe gehört, je enger der Fluss, desto steiler die Welle ...

An dieser Ecke steht ein Leuchtturm und zeigt mir an, dass ich südlich und nicht westlich getrieben werde. Mein Kajak läuft trotz geschlossener Spritzdecke und Jacke bei dem starken Wasserdruck voll, und Sand, Geröll und zahlreiche Holzteile fliegen mir um und in die Ohren, Nase und Mund. Irgendwann werde ich zwangsläufig an Land gespült! Doch wie hart wird die Landung sein? Gibt es hier eine Steilküste? Ich stütze und stütze immer noch, sehe nichts und schreie sinnlos um Hilfe.

An einer flacheren Stelle werde ich abgebremst, umgeschmissen, kann mit einer Hand wieder hochrollen und stütze weiter, stütze, stütze .... Wie lange habe ich noch

Kraft? Wieder werde ich umgeschmissen, diesmal stecke ich unter dem schweren Kajak mit meinem quer gelegten Paddel fest, muss mich freistrampeln und die Spritzdecke öffnen. Dabei wird das Kajak blitzschnell von mir fortgetrieben.

Zum Glück – zum großen Glück! – bin ich mit der Bugleine des Bootes an meiner Spritzdecke verbunden, sonst wäre mir mein Kajak mitsamt meiner Ausrüstung in der Dunkelheit weggeschwommen! Mit einiger Anstrengung kann ich das Boot an mich heranziehen und schließlich den Buggriff mit einer Hand erfassen. Doch ich habe keine Chance, im zwar nur knietiefen Wasser in dieser starken Strömung einfach aufzustehen. Meine Beine stecken rechts und links vom Bug, ich liege flach auf dem Rücken, halte mit der anderen Hand mein Paddel krampfhaft umklammert, hebe meinen Hintern an und werde weiter über den flachen Grund gespült.

Das Ufer kommt immer näher ... Krache ich bald irgendwo ungebremst an Land? Komme ich auf einer Sandbank zum Stehen? Endlich wird der Ritt langsamer, in einem kleinen tiefen Wasserbecken komme ich zum Halten und kann mich mühsam aufrichten. Gibt es hier Piranhas? Eine Sandale wird mir noch weggerissen, meine wärmende Rettungsdecke und meine Trinkflasche von der Pause sind schon längst verschwunden. GPS-Gerät und Taschenlampe sind noch da, aber meine Hose hängt auf Halbmast. Mir selbst fehlt nichts, ich habe eher was dazugewonnen – Sand und Dreck in allen Körperöffnungen! Ich wate zum buschigen Ufer und prüfe mein Boot auf Schäden. Alles scheint in Ordnung, ich muss das Kajak nur entleeren! Doch den durch den Wasserdruck jetzt hochkomprimierten, feinen Amazonasschlamm kann ich nur mühsam mit einem Metalllöffel aus dem Cockpit kratzen. Meine Hände oder ein Plastikgefäß nützen hier gar nichts.

Notdürftig versuche ich mich und meine Bekleidung in einem der tieferen Wasserbecken zu reinigen. Weit nach Mitternacht schmeiße ich Peter in Europa aus dem Bett: »Du glaubst es nicht, aber es ist wahr ...« Mein Höllenritt hat ungefähr fünfzehn Minuten gedauert, ging über acht Kilometer, mit GPS-gestoppter Höchstgeschwindigkeit von fast dreißig Kilometern pro Stunde! Und das alles bei Nacht, ohne wesentliche Verluste oder Schäden ... das toppt der beste Surfer nicht! Aber diese Art der Fortbewegung ist definitiv nicht zur Nachahmung empfohlen ...

Ich krieche in mein Kajak, lege mir meine letzte Rettungsdecke um und warte darauf, was der nächste Tag bringen wird. Sanft umspielen die Wellen den Bug meines Bootes. Ist die Pororoca nun Vergangenheit?

Von Peter erfahre ich per Satelliten-Telefon, dass die Monsterwelle noch drei bis fünf Tage nach ihrem Höhepunkt immer schwächer werdend auftreten kann. Hätte ich das nur früher gewusst! Heute ist erst der zweite Tag, die nächste morgendliche Welle ging im Tageslicht in den tieferen Tümpeln hier recht schnell verloren. Ich werde eine weitere Nacht in der Hängematte am Buschwaldufer überstehen! Mein schmerzender Körper schreit dringend nach einer Pause. Mein Kajak ist fest vertäut und hochgezogen, von dieser Position aus kann ich dem unheimlichen Rauschen der nächsten Welle relativ entspannt entgegensehen. Ich muss schon erschöpft geschlafen haben, denn die nächste Welle bekomme ich nicht mehr mit.

Am nächsten Tag lasse ich eine schon recht flache Welle durchlaufen, bevor ich in noch starker Strömung starte. Über weit überflutete Wiesen und Zäune erreiche ich ein einsames Farmhaus mit sieben freundlichen Arbeitern und kann mich dort für zwei Nächte von den Strapazen der letzten Tage erholen. Pferde, Wasserbüffel, Schweine und Kühe grasen ruhig auf ihren bei Hochwasser überfluteten Wiesen. Ich stelle mein Zelt innerhalb des recht offenen Hauses auf und habe so etwas Privatsphäre und einen Ruhetag, an dem ich am Leben der Farmarbeiter hier teilnehme.

Von der nächsten Pororoca-Welle ist kaum noch etwas zu spüren, es wird Zeit, wieder aufzubrechen und mich neuen

Herausforderungen zu stellen: Starke Strömungen, flache Sandbänke, unruhige Gewässer, wo sich zwei Strömungen treffen, riesige Bäume und Baumstämme, die als Hindernis über und unter der Wasseroberfläche lauern. In diesem riesigen Delta kann ich nicht wirklich auf Erfahrungen bauen, sondern nur meinem eigenen Instinkt folgen.

Die Querung des Hauptarmes des Amazonas zu einer Insel im Mündungsdelta wird zum Navigationstest, ich werde in der Strömung mehr als 10 Kilometer abgetrieben. Dann wieder reite ich mit dem Strom und mehr als zwölf Kilometern pro Stunde entlang. Wasserbüffel grasen auf halbwegs zugänglichen, aber meist nassen Wiesen und versperren mir die wenigen freien Zeltmöglichkeiten.

Übernachten muss ich bei einfachen, sehr gastfreundlichen Familien, die äußerst froh sind über die willkommene Abwechslung ihres harten Farmer- oder Fischer-Alltages. Sie leben auf Stelzenhäusern am Rande der Flussarme. Alles ist nur erreichbar per Boot, die Schulbusse sind hier gelbe »Schulboote«. Der Dschungel zieht als endlose, undurchdringliche grüne Wand an mir vorbei, es gibt so viele Kleinigkeiten zu entdecken. Wie und wovon kann man hier leben? Es ist eine Welt für sich!

Kurz vor Chavez überquere ich auf dem östlichen Amazonas-Hauptarm zum zweiten Mal den Äquator. Aufmerksam beobachte ich, wann das GPS-Gerät nur noch Nullen zeigt, und ich rufe meine Familie zur Feier des Ereignisses an. Ob sie sich vorstellen können, wie anstrengend das hier alles ist?

Meine malträtierten Füße wollen nicht heilen, die Sohlen sind eine großflächige, offene Wunde, ich kann kaum noch ohne Schmerzen laufen. Ich habe mir mit dem täglichen Tragen der feuchtwarmen Neoprensocken einen riesigen offenen Fußpilz eingehandelt. Ohne den Schutz der Socken wären meine Füße an den Sandalenriemen ebenfalls überall aufgescheuert und hätten noch mehr Schürfwunden. Die Füße sind unter Deck den ganzen Tag nass, genau wie der Rest meiner Haut. Das Süßwasser der letzten Tage machte das Problem eher schlimmer. Keine meiner Salben will richtig helfen. Die Klimaanlage in meinem Zimmer in Chavez bringt nur wenig Linderung.

Ich paddle mit viel Strömung, Kreuzwellen, Gegenströmung und Regen schließlich aus der großen Amazonas-Mündung heraus und in den Rio Para Richtung Belém hinein. Ich übernachte wieder bei Eingeborenenfamilien in kleinen Stelzen- oder Farmhäusern, paddle durch wunderschöne Seitenkanäle und finde hilfreiche Gauchos am Strand, die mein Kajak am Pferd im Schlepp nehmen, um es zur Hochwasserlinie zu ziehen.

Gut gelaunt steuere ich Punta Pesqueiro an, den ersten richtigen Urlaubsstrand in Brasilien. Gelderson und Priscilla, Freunde aus der Paddel-Community Belems, holen mich ab und bringen mich in ihrem neuen eigenen Hotel unter. Glücklich beziehe ich mein kühles, sauberes Zimmer. Meine erste Mahlzeit ist ein Wasserbüffelsteak, was für ein Genuss nach all dem Reis und der Pasta der letzten Wochen!

Den ersten Tag muss ich wegen meiner lädierten Füße im Hotelzimmer verbringen. Ich nutze die Gelegenheit, um Pläne für die nächste Teilstrecke zu machen. Leider habe ich kein Internet, und es sieht so aus, als ob ich die nächsten Wochen ohne Laptop im Gepäck paddeln muss. Das ist ziemlich unangenehm, denn vor mir liegt ein Gebiet voller Inseln und Kanäle, und der Gezeitenunterschied liegt bei knapp sieben Metern. Es gibt keine Papierkarten, meine Satellitenbilder sind ohne Laptop nicht zugänglich, und die GPS-Seekarte ist nur von moderater Genauigkeit. Zum Glück habe ich wenigstens drei funktionsfähige GPS dabei! Ich werde sehr genau aufpassen müssen, wann ich wo und wohin paddle, um meinen Weg in diesem Insel- und Kanallabyrinth überhaupt zu finden und nicht trockenzufallen!

Die Nächte verbringe ich auf Stelzenhäusern zu Gast bei Familien oder Fischergruppen. Die starken Gezeiten beeinflussen meine Planung der einfachsten Route. Ich suche die Verbindungskanäle zwischen den Fjorden, um nicht um die ungeschützten Landspitzen paddeln zu müssen, fahre aber mehrfach in die Irre, weil meine Karten ungenau sind. Bei Niedrigwasser versperren riesige Sandbänke den direkten Weg quer über einen Fjordarm, bei Hochwasser strömt es teilweise so stark, dass ich Mühe habe, dort anzukommen, wo ich möchte.

Zu allem Überfluss haue ich mir ein großes Loch in meinen Kajakrumpf, als ich in starker Strömung mit unangenehmen Kreuzwellen auf einen Dorfstrand surfe, seitlich stützend lande und gerade dort ein abgebrochener Stab eines Fischernetzes im Sand steckt. Mithilfe der Dorfbewohner bringe ich das Kajak in den Garten eines einfachen Hauses, repariere das Loch mit Epoxidharz und Glasmatten und spiele die Attraktion des Dorfes.

Es ist eine Vollmondnacht Mitte April, als ich Sao Luis nach einer aufregenden stark strömenden Querung des Rio Mearim erreiche. Meine Gastgeber Jadiel und seine Freundin Sandra stellen mir ein eigenes Zimmer mit Bad zur Verfügung, hier kann ich mich von der Irrfahrt durch die Kanäle und um die Landzungen herum zumindest ein paar Tage erholen.

Ich entscheide mich spontan, meinen 50. Geburtstag am 10. Mai nicht in Deutschland zu feiern, sondern mindestens bis Fortaleza weiterzupaddeln. Das wird ungefähr drei bis vier Wochen dauern, mit einem Zwischenstopp in Jericocuara. Die relativ günstigen Wind- und Wetterverhältnisse bis Juni muss ich einfach ausnutzen. Danach ist bis September oder Oktober eine Windgeschwindigkeit von durchschnittlich 20 Knoten normal. Erst danach könnte ich nach meiner Sommerpause weiterpaddeln, dann hoffentlich auf dem letzten Teilabschnitt meiner Umrundung, dem Endspurt. Mit frischen Kräften werde ich die wegen ihrer Winde und Strömungen östliche Landmasse Brasiliens besser in Angriff nehmen können.

In Sao Luis finde ich einen Arzt, der mir Antibiotika gegen meine massiven Hautinfektionen verschreiben kann.

Viele Stellen am ganzen Körper wollen einfach nicht mehr heilen unter dem ständigen Einfluss von Hitze, Salzwasser, Schweiß und Reibung. An diesem Ostermontag fühle ich mich zwar noch nicht richtig fit, doch ich will wieder aufbrechen. Der Arzt hatte empfohlen, ich solle meinem Körper eine längere Pause gönnen, um sich besser an die Antibiotika gewöhnen zu können, aber ich brauche jeden einzelnen Tag, um meinen von den Gezeiten abhängigen Plan einzuhalten. Unter großer Anteilnahme der Strandbesucher starte ich gegen 11 Uhr mit dem Wechsel der Gezeiten auf den nächsten Abschnitt meiner Reise. Bald werden die Strände am Ufer wieder leerer, die bunten Schirme und Hütten werden weniger, und es ist kaum noch Musik zu hören, ohne die ein brasilianischer Urlauberstrand nicht denkbar ist. Nun sehe ich an den Stränden nur noch Fischer und ihre Boote und ein paar vereinzelte Kühe und Esel.

Der Plan für den heutigen Tag sieht vor, um die große Halbinsel herumzupaddeln und die kommende Flussmündung bei mittlerer Flut zu überqueren. Dort zeigen sich schon einige trockengefallene Sandbänke. Die Irrfahrt durch die Kanäle und Inseln geht also weiter – und das immer noch mit ungenauem Kartenmaterial. Doch zumindest ist es an vielen Stellen möglich, ohne größere Schwierigkeiten Strände zum Übernachten anzulaufen.

In Itapera, eine Tagesstrecke hinter Sao Luis, stoße ich auf einen Steg aus Beton, dessen Treppe selbst bei Niedrigwasser bis hinunter zum Boden reicht. Ein Mann kommt über den Anleger gelaufen, lässt seine Hosen fallen und springt nackt, wie Gott ihn schuf, ins knietiefe Wasser, um sein Boot an die Seite zu ziehen und mir so Platz für die Landung zu schaffen. Das ist sehr nett, er hätte aber gerne seine Hosen anbehalten können! Als er bemerkt, dass hier eine Frau angefahren kommt, versteckt er sich peinlich berührt hinter dem Boot. Ich lächle und ziehe das Kajak hinauf. Als ich einen Teil meines Gepäcks zu einem Haus in der Nähe hinauftrage, nutzt er die Gelegenheit und sprintet hinter dem Boot hervor zu der

Stelle, an der er seine Hosen hat fallen lassen. Später hilft er mir sogar, das Kajak vom Steg auf den Strand zu schleppen. Vielen Dank!

Mir bereiten die Wind- und Strömungsverhältnisse viel Kopfzerbrechen: Während meiner Slalomfahrt um die Landspitzen und Flussmündungen herum steht mir der Gegenwind konstant mit 15 Knoten im Gesicht. Auch die Gezeiten sind diese Tage ungünstig, die Strömungen laufen von morgens bis nachmittags gegen mich. Auch nach dem Wechsel der Tide ist keine Besserung zu spüren: Der Wind frischt so stark auf, dass ich vorher fast schneller war. »Schnell« heißt in diesem Fall: zwei bis drei Kilometer pro Stunde. Ich bin zutiefst frustriert. Offensichtlich haben auch die Medikamente einen negativen Einfluss auf mein Energielevel. Ein S…tag reiht sich an den anderen – und das wird sich wohl bis nach Fortaleza nicht ändern. Und das kann man sogar wörtlich nehmen. Zur allgemeinen Erschöpfung gesellt sich noch ein hässlicher Durchfall. An einem Tag muss ich mich bis zu sechsmal entleeren. Ich habe ein Gläschen Pesto-Sauce in Verdacht, das komisch gerochen hat. Wenn die Antibiotika der Grund für die Verdauungsprobleme wären, hätte ich das wohl schon früher gemerkt.

Ich stehe vor einer schweren Entscheidung: Soll ich diesen Teil meiner Reise hier abbrechen und schon jetzt zurück nach Hause fliegen, obwohl noch ein paar Wochen relativ erträgliche Wetterbedingungen herrschen mögen? Wenn ich Revue passieren lasse, was hinter mir liegt, dann ist meine neue Entscheidung einfach: Ich brauche JETZT eine längere Pause! Ich bin so ziemlich am Ende meiner Kräfte. Die permanente tropische Hitze und Feuchtigkeit, die zahlreichen, tief entzündeten Mückenstiche, der nicht verheilende Hautausschlag, wund gescheuerte offene Fußsohlen, heftig brechende Monsterwellen, die sich aus dem Nichts aufbauen und mich mehrere Male zum Rollen gezwungen haben, das unfreiwillige Reiten der Pororoca-Welle und die starken Gegenströmungen des Amazonas, das flache, schlammige

Wasser und die damit verbundene ständige Gefahr, stecken zu bleiben, der Mangel an geeigneten Landeplätzen und das Übernachten im Kajak oder in der Hängematte, kaputte elektronische Geräte und dazu noch der Überfall der Jäger. Ich werde tatsächlich ein paar Kilometer in die Zivilisation zurückpaddeln und mich von Jadiel in Humberto do Campos abholen und zurück nach Sao Luis bringen lassen.

Dort angekommen, verliere ich keine Zeit, alles für meine Rückreise nach Deutschland zu organisieren: Ich kaufe online ein Flugticket, reinige meine Ausrüstung, repariere noch ein paar Stellen an meinem Kajak mit Epoxydharz und sortiere aus, was ich wegwerfe oder mit nach Deutschland nehme. Das Boot und der größte Teil meiner Ausrüstung bleibt bei Jadiel in Sao Luis. Von hier aus will ich im Oktober meine Reise fortsetzen. Der Flug zurück nach Brasilien ist schon gebucht: Am 16. Oktober geht es weiter. Ich bin gespannt, wie mein Freund Peter auf meine Erscheinung reagiert: Ich habe elf Kilo abgenommen und fühle mich um Jahre gealtert.

Kapitel 15
VON RECIFE NACH NORDEN – UND SÜDEN

Recife → Sao Luis – 19.10.–26.11.14
Recife → Salvador 27.11.–22.12.14
Salvador → Rio de Janeiro 23.12–04.02.15

Die Pause in Deutschland hat durch den verfrühten Abbruch des vorherigen Abschnittes länger gedauert als geplant – aber ich habe mich körperlich und mental gut erholt. Ich habe ein neues Zelt und muss nicht ständig auf die geflickten Risse der Machetenschnitte schauen. Ich rechne für meinen Endspurt fünf bis sechs Monate, bevor ich wieder in Buenos Aires ankommen werde. Zu Weihnachten will ich Recife erreicht haben. Ich hoffe, dass meine Mutter bis zu meiner Rückkehr fit bleiben wird, sie hat uns im Laufe des Sommers einige Sorgen gemacht. Auch das habe ich im Hinterkopf, als ich nach der fast fünfmonatigen Sommerpause Mitte Oktober wieder in Sao Luis ankomme und herzlich von meinen treuen Helfern Jadiel und seinem Freund Lucas begrüßt werde. Der Plan ist, mich mit dem Auto wieder zu dem Strand zurückzufahren, an dem ich Anfang Mai umgekehrt bin. Es ist mit weit über dreißig Grad feucht und heiß, vom starken Wind ganz zu schweigen.

Als wir nach einer abenteuerlichen Fahrt bis kurz vor die Dünen an meiner neuen, alten Startposition ankommen, verspüre ich einen Knoten im Magen. Ich habe nur einen Gedanken im Kopf: Ich will das hier eigentlich gar nicht! Der Anblick des Meeres vom Strand aus ist furchterregender als noch vor ein paar Monaten. Auf den nächsten 1.000 Kilometern wird mich ein permanenter Gegenwind von rund zwanzig Knoten erwarten und eine endlos weite Brandungszone, die ich vielleicht nur bei ablaufender Flut durchbrechen kann. Sichere Plätze zum Landen wären rar gesät – Bedingungen, die man auf jeder Paddeltour vermeiden will. Aber es gibt keine Alternative. Ich mag die Aussicht nicht, höchstens drei bis vier Stunden am Tag paddeln zu können, mit einer Geschwindigkeit von vielleicht drei Kilometern pro Stunde. Und dann noch zweimal am Tag den wirklich grauenhaften Brandungsgürtel zu durchqueren: Auf dieser kommenden Strecke wären das hundert, wahrscheinlich eher zweihundert gefährliche Landungen, bei denen ich jedes Mal meine Unversehrtheit und die Ausrüstung riskiere und mich tagsüber stundenlang am heißen Strand mit Moskitos oder im Saunazelt quäle.

Nicht, dass ich all das nicht schon vorher geahnt hätte. Und nicht, dass ich diesen letzten Teil meiner Umrundung nicht mehr machen will. Doch wofür das alles? Nur damit ich die erste und einzige Person bin, die diese Strecke gepaddelt ist? Und das auch noch gegen den Wind?

Ich finde eine andere Lösung: Meine Umrundung wird keine Lücke, aber einen kleinen »Schönheitsfehler« aufweisen. Auf diesem kommenden Teilabschnitt werde ich die Paddelrichtung umdrehen, mich nach Recife 1.500 Kilometer südlich von Sao Luis fahren lassen und mit Wind und Strömung Richtung Norden bis nach Humberto do Campo zurückpaddeln. Das ist die wohl härteste, schwierigste Entscheidung meiner gesamten Tour, aber mit Sicherheit auch die vernünftigste. Ich will diesen Sport nicht irgendwann hassen! Und das würde ich, wenn ich nur ein paar Kilometer länger gegen diesen Wind arbeiten müsste. Ich denke, ich muss niemandem mehr etwas beweisen. Aber mit 50 Jahren auf dem Buckel bin ich auch reif genug, solch eine Entscheidung zu treffen.

Am Strand und auf der gesamten Fahrt grübele ich darüber nach, ob meine Entscheidung richtig ist. Zurück im Apartment von Jadiel und Sandra, fühle ich mich alles andere als heldenhaft. Als ich noch einmal die Gelegenheit habe, mit Jadiel zu sprechen, verfestigt sich mein Entschluss: Ich lasse mich wirklich nach Recife fahren und paddele die Küste hinauf Richtung Humberto do Campo!

Die Fahrt über Nacht nach Recife ist abenteuerlich. Drei Freunde begleiten mich, wir wechseln uns mit dem Fahren ab. Noch ein schneller Zahnarztbesuch, mir ist eine Füllung rausgefallen. Als ich am nächsten Morgen mit meinem Kajak am Strand stehe, fühle ich mich noch nicht wirklich fit. Ich muss erst wieder meinen Rhythmus finden und meine Muskulatur an die Strapazen gewöhnen. Zum Glück treffe ich heute auf Anfängerbedingungen, und als Anfänger fühle ich mich auch. Richtig glücklich bin ich erst, als ich die Kaimauer des Hafens hinter mir lasse und wieder einen direkten Blick auf die malerischen Strände habe. Viele Urlauber sind zu sehen, brasilianisches Strandleben wie aus dem Bilderbuch. Ich muss nur bedenken, dass ich nun auch wieder auf den einen oder anderen durchgeknallten Jetski- oder Motorbootfahrer treffen werde, der durch die Brandung jagt, und nicht nur auf langsame, harmlose Fischerboote. Zumindest finde ich für die erste Übernachtung am Strand einen Platz, der etwas abseits des Urlaubsbetriebs und des Partylärms liegt – ein vielversprechender Anfang. Doch selbst daran muss ich mich erst wieder gewöhnen. Mehrmals im Laufe der Nacht schaue ich aus dem Zelt, ob ich auch wirklich allein bin. Jedes seltsame, ungewohnte Geräusch schreckt mich auf.

Auf dem Wasser hat sich die Umkehrung der Paddelrichtung noch nicht richtig ausgezahlt. Nun kommt der Wind nicht direkt von vorne, sondern trifft mich seitwärts – nicht sehr hilfreich. Doch dann kreuze ich die erste Bucht und spüre, dass ich von allein vorwärts geschoben werde. An der Skyline von Joao Pessoa mit ihren hundert Wolkenkratzern paddele ich schnell vorbei. Die Windbedingungen sind schlechter als erwartet. Mehr als zwanzig Knoten sind anstrengend, auch wenn der Wind von hinten kommt. Die ganze Zeit muss ich höllisch auf die überraschenden Brecher aufpassen und fühle mich zeitweise wie bei einem Ritt auf der Kanonenkugel. Es lässt sich nicht vermeiden, dass mich eine dieser Wellen umwirft. Meine Rolle im schäumendbrechenden Wasser misslingt, und ich muss mich neben dem Kajak schwimmend an Land treiben lassen. Hätte ich diese gesamte Passage doch komplett streichen sollen? So schaffe ich meine geplanten fünfzig Kilometer Tagespensum nie! An einem Morgen brauche ich sogar drei Anläufe inklusive Kentern und Rollen, bis ich meine Fahrt Richtung Natal fortsetzen kann.

Es läuft nicht wirklich alles rund. Ich kann mich noch nicht einmal mehr darauf verlassen, in jedem Ort hilfsbereite Menschen zu treffen, die mir einen Platz für die Übernachtung zur Verfügung stellen könnten. In Pipa, wo ich eigentlich meinen Tag beenden will, treffe ich nur auf die Besitzerin einer Posada, deren Zimmerpreise mir einfach zu teuer sind. Für die eintägige Pause, die ich plane, wähle ich lieber einen einsamen Strand acht Kilometer hinter dem belebten Ferienort.

Was für ein herrliches Gefühl, als gegen vier Uhr morgens starker Regen auf mein Zelt prasselt und ich mich einfach noch einmal umdrehen und weiterschlafen kann. Schon nach zehn Tagen auf dem Wasser tun mir alle Knochen weh vom ständigen Kampf mit den Brechern und der Brandung. Wenn der Wind auf mehr als 20 Knoten auffrischt, dann sollte ich nicht mehr draußen sein, auch wenn er von hinten kommt. Wirklich schnell bin ich auch nicht bei der Auf- und Abfahrt über die Wellenberge. Wenn ich die östlichste Landmasse des Kontinents umrundet habe und von dort aus wieder westwärts paddeln werde, müsste es besser werden. Dennoch fühle ich mich auf dieser gesamten umgedrehten Strecke wie eine Schülerin, die nachsitzen muss. Zumindest muss ich nicht mehr so schwitzen wie noch im Mai. Dennoch bilden sich schon wieder die ersten Hautausschläge. Morgen werde ich erst einmal in Natal ankommen und mich wieder um Körper und Kajak kümmern können.

Nach einer holprigen Einfahrt in den Hafen der großen Stadt, bei der ich fast seekrank werde, erreiche ich den örtlichen Jachtclub. Alles sieht hier sehr schick und vielversprechend aus – genau der richtige Platz, um sich etwas zu erholen! Mir steigt schon der verlockende Geruch eines Asado, eines brasilianischen Barbecues, in die Nase, zu dem ich spontan eingeladen werde, doch zuerst kommen die üblichen Erledigungen, um mich häuslich einzurichten. Auch steht noch ein Interview mit einer lokalen Tageszeitung an. Beeil dich mit deinen Fragen, denke ich, ich habe Hunger!

Morgen steuere ich Torou an, danach beschreibt die Küste einen Bogen, und ich werde in westlicher Himmelsrichtung paddeln. Meine Begleiter sind zahlreiche Schildkröten aller Größen und ein paar Delfine. Der Wind gefällt nur den scheinbar endlosen Ketten von Windrädern am Ufer und zahlreichen Kite- und Windsurfern. Zum Glück scheinen diese Surfer aufmerksam genug, um mich nicht über den Haufen zu fahren, doch allein das Geräusch, das sie verursachen, wenn sie an einem vorbeizischen, ist schon angsteinflößend. Zur Sicherheit erhebe ich mein Paddel, wenn mal wieder einer neugierig zu nahe kommt! Weiß ich, ob der Surfer sein Sportgerät so sicher handhaben kann wie ich meins …?

Wie mir der Wind auf die Nerven geht! Man sollte meinen, ein starker Wind von hinten, der einen schnell vorantreibt, muss doch ein Vergnügen sein, doch ein fast hundert Kilogramm schweres Boot bei diesen Rückenwindverhältnissen stundenlang zu kontrollieren, das ist Stress pur. »Genusspaddeln« geht anders, »Genusscampen« übrigens auch: Ich finde kaum einen Strand, an dem nicht eine laute Partymeute bis in die Nacht feiert.

Die Küsten in dieser Region sind nicht wirklich aufregend, die Windräder dominieren die Sicht und erinnern mich jederzeit daran, hier in einem Starkwindgebiet zu sein.

Ein Zwischenstopp dieses zähen Abschnitts meiner Reise kommt in Sicht: Nach sechzehn anstrengenden Tagen ohne Pause erreiche ich den Jachtclub von Fortaleza. Ein erholsamer Aufenthalt bei Freunden, und es geht frisch und mit neuen Kräften weiter auf den letzten Teil der umgekehrten Strecke. Leider muss ich ein weiteres Mal ohne Laptop paddeln, der bleibt zur Reparatur in der Stadt. Noch zwei bis drei Wochen entlang dieser unfreundlichen, stürmischen Küste, und ich habe es geschafft!

Dazwischen liegen noch endlose Strände und Dünen. Ich bin fast froh, dass die Wellen mich so durchschütteln, sonst würde ich wahrscheinlich mehr als einmal vor lauter Langeweile und Übermüdung aus dem Kajak fallen. Das einzig Unterhaltsame um mich herum sind die Schwärme hüpfender Fische. Je weiter ich gen Westen paddle, desto ruhiger werden die See und die Brandung.

Immer öfter sieht die Küste wieder so aus, wie ich sie schon kenne: grün, von einem dichten Mangrovenwald umsäumt, unterbrochen von zahlreichen Flussmündungen. Statt der unzähligen Surfer sind mehr rustikale Fischerboote zu sehen, die aber hier den Surfbrettern ähneln. Eine Jangada, der schwimmende Untersatz der brasilianischen Fischer hier im Norden, hat ein großes, auf der Spitze stehendes dreieckiges Segel, eine simple Sitzbank und ist unten eine Mischung aus Stand-up-Paddleboard, Surfbrett und flachem, offenem Boot. Drei Mann Besatzung bedienen das pfeilschnelle Gefährt. Die Jungs veranstalten Rennen mit ihren Arbeitsgeräten und haben sichtlich Spaß in ihrem windigen, nassen Element.

Das Wasser wird wieder flacher. Ich lasse den belebten Ferienort Jericocoara mit seinen Hunderten von mir gefährlichen Windsurfern hinter mir, kurz vor Pedra do Sal wird es noch mal richtig ungemütlich! Bei über fünfundzwanzig Knoten Wind reite ich quer über eine weite Bucht um eine felsige Landspitze in den von mächtigen Granitbrocken und einem beeindruckenden Leuchtturm dekorierten Ort ein.

Ich habe Spaß, wie die Teenager die riesigen Felsen zu erklimmen, und erkunde den ländlichen Urlaubsort.

Ein letzter heftiger Tag mit Monsterbrandung und dreimal rollen, dann paddle ich wieder in ein Labyrinth aus von Mangroven umsäumten Kanälen und Inseln ein, das ich schon auf meiner Route Richtung Süden erlebt habe. Nur diesmal schieben mich die Strömung und der Wind fast von allein voran. Es ist wieder wie in einer anderen Paddelwelt! Ich habe die Muße, den Geräuschen des Urwalds zu lauschen. Trotzdem bin ich heilfroh, als ich in Tutoia ankomme und ich diesen umgekehrten Abschnitt mit einem ruhigen Paddeltag hier beende.

Um Jadiel in Sao Luis wieder zu erreichen, nehme ich den Bus. Von dort will ich mit einem Mietwagen ein weiteres Mal nach Recife fahren. Das Kajak und Teile des Gepäcks bleiben hier, das will ich auf dem Rückweg wieder einsammeln. So kommt es, dass ich zum fünften Mal in Sao Luis willkommen geheißen werde!

Es ist Ende November, noch knapp vier Wochen bis Weihnachten. Dann will ich bis Salvador gekommen sein. 700 Tage Paddeln liegen hinter mir. In den nächsten Tagen ist allerdings erst mal Stress pur angesagt, diesmal aber trocken! Ich muss drei Tage über Tutoia und Fortaleza fahren, um dort meine zurückgelassenen Sachen wieder einzusammeln. Das Navigieren an Land entpuppt sich als ungleich schwieriger, trotz gemietetem Straßen-GPS. Das Gerät kann nur so gut sein wie seine Karte, und weil viele Straßen bestenfalls Schotterpisten und nicht ordentlich verzeichnet sind, stecke ich mehrfach im losen Sand fest. Ich habe Sorgen um mein Kajak, es ist auf dem Autodach nur auf einem provisorischen Dachträger befestigt, und der Verkehr ist in den Städten für europäische Verhältnisse haarsträubend! Wenn nur mein Baby und ich diesen Straßen-Trip überleben ... Knapp 1.500 Euro kostet mich nochmals die Rücktour, bis ich endlich wieder da bin, wo ich schon vor fast fünf Wochen einmal war.

Der Jachtclub von Recife ist schick und gut organisiert. Als wir dort am nächsten Tag ein Pressetreffen veranstalten, werkeln überall um uns herum Mitarbeiter des Clubs, basteln und reparieren in der Werkstatt und im ganzen Clubgebäude. Ich habe in dieser Region schon einige Jachtclubs kennengelernt, dieser hier gehört eindeutig zu den besseren. Ich bekomme qualifizierte Hilfe bei der Reparatur und Auffrischung meines Kajaks. Der Club beschäftigt einen PR-Manager, der mir bei den Presseterminen hilft, und den ganzen Tag treffe ich Dutzende von sympathischen, neugierigen Paddlern und genieße die Aufmerksamkeit. Sie motivieren mich mit ihrer Begeisterung, nun den letzten Teil meiner Reise anzutreten. Vielen Dank!

Trotz VIP-Behandlung im Jachtklub von Recife mache ich mich schon am nächsten Tag auf den Weg Richtung Süden. Mein Endziel Buenos Aires habe ich ständig vor Augen. Als große Zwischenstationen in Brasilien stehen nun »nur noch« Salvador, Rio de Janeiro und Florianópolis auf der Liste. Das Paddeln entlang und innerhalb vieler Riffe ist wieder interessant, der Wind wird hoffentlich moderat werden!

Vor dem langen Strand von Boa Viagem muss ich mich nochmals mit dem Thema »Haie« beschäftigen. In Australien waren diese langzahnigen Ungeheuer vor allem an der nördlichen Küste intensiv präsent, Zusammenstöße fanden täglich statt. Die Viecher schwimmen neugierig und von mir unbemerkt hinter meinem Kajak her und entschließen sich dann irgendwann, mit einem kräftigen Rammstoß zu testen, was ich denn wohl für ein Meeressäugetier bin. Normalerweise halten sie das Maul geschlossen, nur der letzte, stärkste, hinterließ Riesen-Bissspuren und ein Loch, in dem noch ein Zahn steckte. Auch in Südamerika waren sie überall, nur konnte ich zum Glück nähere Begegnungen vermeiden.

Die Küste in und hinter Recife zählt zu den haiverseuchtesten Gebieten der Erde. Paddler, die ich gefragt habe, wie sie die Situation für einen Kajakfahrer einschätzen, meinten: »Es müsse schon gehen ...«, aber auf meine Frage, ob sie selbst schon dort gepaddelt wären, antworteten sie: »Nein, das ist für kleine Wasserfahrzeuge verboten!«

Aha, aber mich lasst ihr trotzdem dort starten und paddeln? Ich erinnere mich an meine australischen Erfahrungen und denke, so schlimm kann »das hier« auch nicht mehr sein ... Trotzdem wäre ich froh, diese Passage so schnell wie möglich zu überwinden, ohne dass ich eine dreieckige Flosse aus dem Wasser ragen sehe – es sei denn, es ist ein Delfin!

Ich bin gut 800 Meter vom Festland entfernt, da sehe ich, wie am Strand zwei Jet Skis starten und auf mich zuhalten, Vertreter der Küstenwache, die mich vom Wasser holen wollen. Paddeln ist hier strengstens verboten! Einer der Männer hat sein Jet Ski im welligen Wasser so schlecht im Griff, dass er ein paar mal heftig damit an mein Boot kracht. Oder ist das Absicht, um seinem Befehl Nachdruck zu verleihen? Ich bin ärgerlich, bis jetzt waren die Haie so freundlich, mich in Ruhe zu lassen, da brauche ich diese Art Zusammenstöße nicht auch noch! Mit einiger Mühe fummele ich eine meiner Autogrammkarten aus dem Gepäck, reiche sie ihm herüber und versuche zu erklären, warum ich diesen Strand unbedingt lückenlos entlangpaddeln müsse. Es sind ja auch nur läppische acht bis zehn Kilometer!

Einer der Männer rast mit meinen Angaben und der Karte zurück an den Strand, wenig später kommt ein netter Leutnant zurück, der gut Englisch spricht. Er ist schwer beeindruckt von meiner Leistung und meinem Mut und will mir nicht im Wege stehen. Er beschließt, dass ich auf dem gefährlichsten Abschnitt einfach von den Jet Skis eskortiert werde. Dagegen habe ich nichts einzuwenden, dann ist die Chance größer, dass ein aggressiver Hai seine Zähne vielleicht eher in den Jet Ski hauen würde.

Es ist windig, und es regnet. Ich sehe, wie meine nur spärlich bekleideten Begleiter zu frieren beginnen, so ganz ohne Helm, Jacke, Weste und Windschutz. Zu dritt durchfahren wir das Haigebiet. Als ich die meisten der Riffe passiert habe und der Strand flacher wird, steuere ich in eine ruhige Flussmündung mit der Wolkenkratzer-Skyline von Recife im Rücken. Ich denke, ich tue meinen durchgefrorenen Begleitern einen Riesengefallen, wenn ich das Paddeln für heute einstelle. Meine Einladung, sich am nächsten Morgen um fünf Uhr früh wieder zu treffen und dann wieder gemeinsam weiterzufahren, lehnen sie dankend ab. Das sei zu früh am Tag für sie, und außerdem läge der gefährlichste Teil des Küstenabschnitts schon hinter uns. Das war genau das, was ich wollte! Eine spaßige Ehrenrunde auf einem der Jet Skis beendet diese kurze Eskorte. Gab es hier wirklich so viele Haie?

Wann immer ich mich geschützt zwischen Festland und den vorgelagerten Riffen bewegen kann, genieße ich das Paddeln wieder uneingeschränkt. Hier ist das flache Wasser ruhig und klar, ein leichter Nordostwind schiebt mich vorwärts. Diesen Küstenabschnitt im Bundesstaat Pernambuco von Tamandare und bis Sao Jose do Coroa Grande und weiter kann man nur als Paddler-Paradies bezeichnen: ein schützendes Riff auf der linken Seite, ruhige Strände auf der rechten, viel zu sehen und zu entdecken, leichter Rückenwind, nicht zu heiß, leichte Landungen und traumhaft schöne Plätze zum Übernachten. Ich denke, das habe ich mir nach all den Strapazen der Reise verdient!

In Maragogi hat sich aufgrund der Schönheit der Riffe ein richtiger Schnorchel- und Tauchtourismus etabliert. Und überall eine Farbenpracht, wie ich sie lange nicht mehr gesehen habe, in Schattierungen von Grün und Blau. Die Auswahl an Traumstränden ist so groß, dass es mir schwerfällt, an all diesen Plätzen vorbeizupaddeln, wenn ich mein Tagespensum noch nicht erfüllt habe. Diese Strände sind meist gepflegt und sauber: Alle paar Hundert Meter stehen Mülleimer, die auch genutzt werden.

Auf der Höhe von Maceio erlebe ich die brasilianische Lebensfreude pur: Vom Strand wummern die Bässe herüber, Familien sitzen unter Sonnenschirmen, die im flachen Wasser stehen. Auf der Promenade vor der Häuserfront, die hier nur noch halb so hoch wie in Recife sind, sehe ich Jogger, Power Walker und Radfahrer – hier scheint Fitness sehr großgeschrieben zu werden. Strandwächter stellen Sonnenschirme und Liegen auf und harken sogar den Sand. Ich kann eine exotische Hindu-Hochzeit am Strand beobachten, das Wasser ist danach von Blumen übersät – leider die meisten davon in einer Blumenfolie aus Kunststoff.

Auf dem Strand spielen zwei Gruppen Fußball, sie unterscheiden sich nur dadurch, dass die eine Mannschaft T-Shirts trägt und die andere nicht. Das mag ein Grund sein, warum Frauenfußball hier nicht so verbreitet ist ... Die Damen führen lieber ihre Bikinis mit Stringtanga spazieren, man zeigt, was man hat, und das ist manchmal sehr viel – nicht nur im ästhetisch positiven Sinne. Doch oben ohne wie bei uns sieht man hier keine Frau herumlaufen. Ich selbst bevorzuge als Bekleidung am Strand Shorts und T-Shirt, ich errege schon so genug Aufmerksamkeit ... Die Temperaturen sind mittlerweile zum Glück auch von »Unerträglich« auf »Auszuhalten« zurückgegangen, meine Hautschäden halten sich in Grenzen.

Es ist Mitte Dezember, und ich bin gut vorangekommen. Das Paddeln ist kräftezehrend, denn trotz schwachen Windes sind die Wellen wegen der Riffe sehr unruhig. Kurz hinter Macaio paddle ich entlang rotweißer Klippen, die so schön sind, dass ich am liebsten in jeden einzelnen Canyon hineingucken würde. Doch ich muss weiter. Noch bin ich im Zeitplan. Ich will diesen letzten Abschnitt ohne Weihnachtspause durchpaddeln. Ich beginne daran zu denken, wie es werden wird, wenn ich über die Feiertage irgendwo in einer Stadt an Land gehe. Dann platzen die Orte bestimmt aus allen Nähten, so viele Erholung suchende, lärmende Urlauber werden während der Weihnachtstage dort unterwegs sein. Das Einzige, was mich selbst gerade an Weihnachten erinnert, ist der Zimtgeschmack meines Kaugummis. Ich paddle einfach weiter, blende »Weihnachtsstimmung« einfach aus und versuche dann, wenn es so weit ist, nicht an meine Lieben zu Hause zu denken.

Schon bald heißt das nächste Thema: Wie kreuze ich die vielen aufkommenden großen Flussmündungen? Beim Riacho Breiao ist es noch relativ einfach, ich erwische gerade noch so die Einfahrt hinter ein langes Barriere-Riff, und ich paddle für einige Kilometer wie in der längsten Badewanne der Welt entlang Francis Beach. Hier fühle ich mich wie in einem Vergnügungspark am Meer, alle möglichen schwimmenden Untersätze sind auf dem Wasser. Es ist gepackt voll mit Touristen, ein Sonnenschirm klebt am anderen.

Die Lagoa de Roteiro ist auch mit einem Barriere-Riff verschlossen, nur sehe ich aber leider keine sichere Einfahrt im Norden. Ich paddle unruhig an der ungeschützten, heftig brechenden äußeren Seite entlang, in der Hoffnung, irgendwann in die ruhige Lagune hineinpaddeln zu können. Am letzten Ende sehe ich einige Fischerboote hinausfahren, trotzdem fühlt sich die enge Einfahrt durch das rechts und links stark brechende Riff für einen Nicht-Ortskundigen gefährlich und unheimlich an. Zum Glück finde ich dann eine Ecke, wo es wenige Touristen gibt, aber auf eine bequeme Unterkunft in einem Zimmer mit Strom und Klimaanlage muss ich hier leider verzichten.

Beim Rio Couripe wird es schon sportlicher, ich vermeide es, in der geschützten, aber übervölkerten Bucht hinter dem Ort zu stoppen, kann mich aber nicht dazu durchringen, in die von Sandbänken durchsetzte, stark brechende Mündung des Flusses einzufahren. Der Strand dahinter scheint mir gerade eben bei Niedrigwasser machbar, und ich lande sicher an einer Schatten spendenden Palmengruppe an dem ruhigen Lagunenstrand. Die Bässe des feiernden Partyvolkes in der Stadt wummern trotzdem zu mir herüber!

Die Küsten zwischen den nächsten Flussmündungen Rio San Francisco, Rio Mosqueiro und Rio Mangue Seco bieten keine sicheren Landungen. Das letzte schützende Riff an der Landspitze von Pontal de Peba lasse ich leider rechts liegen, die Entfernung ist mir für einen Paddeltag zu kurz. Es bleibt keine andere Wahl, als die Brandungszone der Flussmündungen zu durchbrechen, um einen ruhigen Strand anzulaufen. Ich bin etwas ungeduldig und wage es, einmal durch die breite, heftige Brandung an den Strand zu surfen, schaffe es tatsächlich aufrecht und versuche mein Paddelglück mehr schlecht als recht innerhalb des Brandungsgürtels. Leider tut sich hier kein richtig ruhiger Wasserstreifen auf, ich werde zu oft an Land geschwemmt. Ich habe die Sache hier satt und schaffe es tatsächlich, auch wieder aufrecht hinauszupaddeln. Eine völlig überflüssige, riskante Aktion!

Das Durchbrechen des Brandungsgürtels an der Mündung des Rio San Francisco ist nicht minder sportlich, mein Herz pocht, und ich muss mehrfach hohe Brecher abstützen. Danach bin ich in ruhigem Wasser, kann den Fluss queren und sicher landen. Nur muss ich morgen hier auch wieder raus!

In Pirambu das gleiche Spiel, wieder lande ich zu früh durch einen breiten, zerstörerischen Surfgürtel, treidle aber diesmal mein Kajak an der Leine bis zur ruhigen Flussmündung. Treideln im Surfgürtel ist ein riskantes Unterfangen, wenn das schwere Boot auf einer höheren Brandungswelle unkontrolliert den Strand hochgewaschen wird und mich trifft, kann ich mir schnell die Beine brechen. Das Kajak schlägt häufig um, und trotz geschlossenem Cockpit ist es harte Arbeit, das schwere Boot wieder aufzudrehen.

Es sieht vom Kajak unmöglich aus, die großen Flussmündungen außen zu umfahren, um die riskante Einfahrt durch den Brandungsgürtel zu umgehen. Das wäre ein Umweg von endlosen Kilometern, und ob das Wasser weit draußen wirklich irgendwann ruhiger wird? Ein einheimischer Fischer mit Ausblick vom hohen Boot aus und mit bewährten GPS-Punkten, um die ungebrochene Hauptströmung zu finden, mag das einfacher haben, nur ist hier weit und breit draußen kein Boot zu sehen, dem ich winken und folgen könnte. Den Rio Aracaju versuche ich tatsächlich zu umpaddeln, was aber nur in einem Minenfeld von Brechern endet. Schnell weg hier!

Also beim Rio Mosqueiro nochmals ab durch die Brandung. Ein grauenhaftes Minenfeld, und irgendwann erwischt es einen! »Glücklich« komme ich trotzdem durch, aber mit zwei sauberen Rollen kurz hintereinander, bis ich wortwörtlich an Land gespült werde, zumindest wieder stolz aufrecht sitzend und nicht schwimmend ... Das Camp an der anderen Flussseite ist ruhig, nur ist der Sand hier so puderfein wie Mehl, dass er an der ganzen Ausrüstung kleben bleibt.

Beim vorerst letzten großen Fluss seiner Gattung, dem Rio Mangue Seco, behalte ich wirklich die Nerven, eine Schneise zwischen stark brechenden Wellen zu finden, und paddle endlos lang zwischen Wänden von weiß schäumendem Wasser, aber schließlich sicher in das ruhige Wasser der Mündung.

Bis Sitio sehe ich keine sichere Landung, der Strand wird von einem felsigen Riff umsäumt. Es ist schwer zu erkennen, ob es irgendwo eine sichere Lücke gibt. Aber Fischerboote liegen am Strand – sind das schwarze Zeugs am Strand etwa keine harten Felsen? Ich nähere mich zögerlich und vorsichtig bei niedrigeren Brandungswellen, als mir die Entscheidung abgenommen wird. Eine höhere Welle erfasst und surft mich direkt auf die schwarze Masse. Ich erwarte ein hässliches Knirschen und splitternde Bootshaut, aber zum Glück entpuppt sich der schwarze Belag als eine Schule von Tausenden von kleinen, weichen Miesmuscheln auf dem Sand! Glück gehabt ... für heute!

Als ich in der Nähe von Subauma abends landen will, kostet es meine Nase ... Ich suche die richtige Riffeinfahrt und denke, sie bei einer Markierung gefunden zu haben, zögere einem Moment zu lang, werde wieder von einer unerwarteten Brandungswelle erfasst und über das gefährliche Riff gesurft. Leider war da irgendwo noch so ein Riffbrocken unter Wasser im Weg ... Ich krache mit dem Bug voll drauf, mein Heck steht senkrecht in der Luft, ich kentere, beuge mich unter Wasser weit aufs Vordeck und hoffe so, meinen zum Glück behelmten Kopf vor weiteren Felskontakten schützen zu können. Ich schaffe es, wieder hochzurollen und treibe in ruhiges Wasser. Als ich nach vorne schaue, sehe ich, wie die Nase des Kajaks in einem hässlichen 45-Grad-Winkel nach links zur Seite zeigt. Super-Gau! Ich fluche wie ein Rohrspatz und lege schnell am Strand an, um schleunigst meine Sachen aus dem vorderen Stauraum zu holen, der Wassereinbruch vorn ist unübersehbar. Mit einem Ruck biege ich den Bug zumindest wieder in seine korrekte Position, habe aber leider versäumt, ein Foto zu machen. Zum Glück sind meine eigene Nase und alle Knochen heil! Vielleicht hat es mir Glück gebracht, dass ich heute von ein paar Delfinen begleitet worden bin?

Mein bisher größter Kajak-Crash ist zum Glück noch kein »Totalschaden«. Aber selbst am Kap Hoorn war die Sache leichter zu reparieren! Hier am Strand wird das schlecht gehen, obwohl sich einige einheimische Fischer schon hilfreich dazu anbieten. Ich hoffe, meine Kontakte in Salvador können mich abholen. Sie wollen in ein paar Stunden kommen und wissen auch schon, wer die aufwendige Reparatur machen könnte.

Wieder einmal zeigen mir diese Menschen, dass solch eine Reise ohne die Unterstützung von Freunden schwer möglich ist. Paulo, Daniel und seine Frau Jessica sind gekommen, sie wollen mich in das Haus ihres Freundes Emiliano in Lauro de Freitas, einem Ort auf der anderen Seite der Bucht von Salvador, bringen. Ich wundere mich auf der Fahrt über die vielen filigranen Bogenbrücken über die Straße, die einen Menschen niemals tragen könnten. Diese Brücken sind für die Affen, die so unbeschadet die gefährliche Fahrbahn von einem Teil des Dschungels in den anderen überqueren können! Ich stelle mir vor, wie einer der Affen sich beim Überqueren von der Brücke hängen lässt und einem LKW-Fahrer direkt ins Gesicht grinst ...

Ich bewohne das ehemalige Haus der Familie, sehr groß

und geräumig, fast ein Palast, mit Pool und großem Hof, Klimaanlage und schnellem Internet. Was für ein Luxus! Gustavo, mein genialer Kajakdoktor, schafft es, mein arg ramponiertes Gefährt wieder fit zu machen. Ich möchte aber über Weihnachten hier keiner der Familien zur Last fallen und lieber weiterpaddeln. Meine Freunde fahren mich zurück nach Subauma, wo ich vor drei Tagen gestrandet bin. Der Ausblick auf die nächste Woche macht mir gute Laune: leichter Rückenwind, flache Wellen, sichere Landungen und eine schöne, abwechslungsreiche Landschaft am Festland. Die Küste Brasiliens macht mir damit das schönste Weihnachtsgeschenk!

Über die Feiertage habe ich keinen besonderen Aufenthalt in einer der nächsten Ortschaften geplant, ich versuche, einfach zu ignorieren, dass heute der vierundzwanzigste Dezember ist. Doch ausgerechnet an Heiligabend an meinem Strand hinter der Mündung des Rio Jequirica wachsen nicht nur exotische Palmen und Mangroven, sondern ich zelte unter einer großen Kiefer, die weihnachtliche Gefühle in mir auslöst. Ich stelle mir die brennenden Kerzen am Nadelbaum vor und nasche meine halb geschmolzenen Pralinen aus weißer Schokolade, die ich mir extra für diesen Anlass aufgehoben habe. Ich telefoniere mit meiner Familie und finde es insgeheim sehr unpassend, ihnen »Frohe Weihnachten« zu wünschen, während ich hier an einem Tropenstrand in der Hitze sitze. Mein Weihnachtsgeschenk ist die Schönheit der Riffe, die ich auf dem Weg nach Morro de Sao Paulo durchquere.

Auch am Silvestertag gibt es nicht viel zu feiern, außer, dass ich zügig vorankomme – und mir noch ein paar meiner Pralinen für mein Festmahl aufgespart habe. Und während ich in sechsundzwanzig Grad warmem Wasser paddele, nimmt mein Freund Peter auf seiner Silvesterparty in Dänemark ein heldenhaftes Bad in der eisigen Ostsee.

Hier an den Stränden im Bundesstaat Bahia ist es weitaus sommerlicher. An einem der Strände hinter Porto Seguro, die alle bis auf den letzten Quadratmeter mit Urlaubern voll gepackt sind, animiert die Hitze ein Pärchen etwas abseits der Menschenmassen, den weltberühmten Cocktail »Sex on the Beach« allzu wörtlich zu nehmen ... Fast bin ich versucht, meinen kleinen Anker auszuwerfen und etwas länger die Aussicht in das weit geöffnete Auge des Tigers zu genießen! Die beiden sind so vertieft, dass sie meine lautlose Annäherung nicht bemerken. Leider treiben mich Wind und Strömung hier viel zu schnell vorwärts! Als ich mich noch einmal umdrehe, sehe ich, wie der Mann sich nun vollends in den süffigen Cocktail vertieft hat ...

Es ist keine gute Idee, hier in dem Zentrum der Urlaubsmetropolen ohne vorherige Kontakte nach einer Unterkunft zu suchen. Mir ist das zu viel Trubel! Auch wenn meine Haut nach einer Klimaanlage verlangt, die Hotels und Pensionen sehen schick und teuer aus, das ist nicht meine Preisklasse. Ich steuere nur ein kleines Strandrestaurant an, lasse meine Wasserkanister auffüllen und gönne mir etwas gegrillten Käse und köstliche Kokosnuss-Eiscreme. Zum Übernachten paddle ich um das nächste Cliff herum an einen ruhigeren Strandabschnitt. Hier schweben nur ein paar Paraglider von den Klippen über mein Zelt hinweg. Ich hoffe, jeder, der von dort startet, beherrscht dieses Sportgerät! Die Geier kreisen um sie herum. Für mich als ehemalige Fallschirmspringerin ist das nicht ganz so aufregend. Viel interessanter wäre für mich das kleine Ultraleichtflugzeug, in das man sich für Rundflüge über den Strand einmieten kann, aber trotz interessierter Blicke des Piloten auf mich und mein Kajak ist ihm die zahlende Kundschaft leider wichtiger.

Viel schöner ist es wieder draußen auf »meinen« Riffen, hier feiern die Schildkröten und Delfine ihre eigene Party mit einem Stachelrochen, der aus dem Wasser schießt. Auf Höhe eines kleinen Dorfes gehe ich noch einmal an Land und lasse mein Kajak direkt neben einem Plastikkanuverleih im Sand liegen. Ich hoffe nicht, dass es inzwischen zu Höchstpreisen an die Touristen vermietet wird, während ich hinauf ins Dorf gehe! Vom Wasser aus hatte ich einige kleine Läden gesehen, dort hoffe ich meinen Proviant wieder auffüllen zu können. Ich habe kein frisches Obst mehr und bin hellauf begeistert, dass ich hier Maracujas, Karotten, Bananen und Äpfel kaufen kann, die meinen Vorrat an Vitaminen wieder vervollständigen. Ohne diese Obstrationen wäre ich sicherlich öfter krank gewesen. Haferflocken oder Müsli gibt es nicht, nur eine Art Getreide-Babybrei, den ich mit den Resten meiner Flocken mischen kann. Nudeln und Wasser vervollständigen meine Einkäufe. Davon kann ich wieder einige Tage angenehm leben! Gutes Essen auf so einer Reise trägt sehr zur guten Stimmung bei, und es ist so einfach, etwas leid zu werden!

Eines Abends hat mein Kajak einen urtümlichen »Nachbarn« – ein elf Meter langer, bereits fünfundzwanzig Jahre alter Einbaum wird von einheimischen Fischern für das Auslaufen am nächsten Tag vorbereitet. Sechs Mann bewegen den ausgehöhlten Risenbaumstamm vorwärts, mit zweieinhalb Meter langen und zweieinhalb Kilogramm schweren Paddeln mit nur einem Blatt. Zum Vergleich: Mein High-Tech-Carbon-Doppelblattpaddel wiegt nur sechshundertdreißig Gramm und ist zweihundertfünf Zentimeter lang! Dabei wird ein zweihundert Meter langes, meterbreites Netz ausgebracht, das an der unteren Seite mit Steinen, an der oberen mit Schwimmkörpern besetzt ist. Echte »Männerarbeit«, bei der ich eingeladen werde, zumindest bei den Vorbereitungen des Netzentwirrens zu helfen! Ich fühle mich geehrt und würde tatsächlich gerne morgen mit ihnen auslaufen! Aber ich muss weiter!

In dieser Riffzone scheint es so, als würde der »Endspurt« unerwartet doch einfacher werden als gedacht. Ich habe auf den mehr als 20.000 Kilometern, die schon hinter mir liegen, viele strapaziöse und gefährliche Strecken erlebt, die den jetzigen Teilabschnitt der Reise im Vergleich sehr harmlos erscheinen lassen. So angenehm wie hier war es eher selten: ruhige See, schwache Winde, eine beherrschbare Brandung, Flussmündungen, die einfach zu überqueren sind, Strände, an denen man einfach und sicher landen kann, Schlafplätze, die leicht zu finden sind, wenige Stechmücken, erträgliche Temperaturen, keine kalten Füße und Hände, kein Hautausschlag und keine offenen, entzündeten Wunden, keine gefährlichen Tiere und überall nur nette Menschen – es könnte kaum besser laufen. Ich habe schon alle möglichen Probleme und Gefahren überstanden, nichts kann mich mehr schocken, aber auch nichts mehr wirklich begeistern. Vielleicht bin ich einfach schon satt von all den Eindrücken und Erlebnissen? Manchmal paddele ich sogar wie in Trance mit geschlossenen Augen.

Man sollte den Tag nicht vor dem Abend loben. Kaum habe ich diese Gedanken formuliert, schon ändern sich die Bedingungen. Hinter Conceicao muss ich wieder mit starken Winden und einer unberechenbaren Brandung kämpfen. Vor den geraden, endlosen Stränden entwickeln sich ohne die Riffe und Felsen wieder hässliche Brecher und ein breiter Wellengürtel. Die Landungen sind wieder alles andere als einfach. Zu allem Überfluss versagen auch noch fast sämtliche elektronischen Geräte auf einmal ihren Dienst. Ich muss unbedingt in Regencia einen Stopp einlegen und finde meinen Weg durch heftige Brecher in die Flusseinfahrt nach fast achtzig Kilometern flottem, aber hoch konzentriertem Rückenwindpaddeln.

Felipe überzeugt mich, gleich drei Tage zu bleiben, und nicht einen Tag später, wie eigentlich geplant, meine Pause in Vitoria einzulegen. Hier kann er mich mit allem versorgen, was ich brauche: mit einem Zimmer in der Pension eines Freundes, mit Internet in einer Forschungs- und Pflegestation für Meeresschildkröten, und mit Hilfe bei der Reparatur meiner elektronischen Geräte. Es spricht nichts dagegen, hierzubleiben. Ich muss mich erholen, in den letzten drei Wochen habe ich nur zwei Ruhetage am Strand eingelegt. Es dauert keinen Tag, dass Felipe mit meiner frisch gewaschenen Wäsche und meinem reparierten Laptop aus Linhares wieder zurück nach Regencia kommt. Vielen Dank!

Die Schildkröten begleiten mich auch die nächsten Tage, in dieser Region legen sie bevorzugt ihre Eier an den Stränden ab. Das Wasser ist mit zweiundzwanzig Grad relativ kühl, die Surfer tragen sogar Neoprenanzüge. Ich paddle schnell am hässlichen Hafen von Vitoria und seiner Front aus Wolkenkratzern vorbei, danach wird die Landschaft wieder reizvoller. Hohe Berge erheben sich an Land, überall ist der Küstenstreifen durchbrochen von Riffs und Klippen. Und der kräftige Wind ist wieder da, manchmal liegt die Windstärke bei fast 30 Knoten. Das lässt mein zeitweilig hundert Kilogramm schweres Kajak erscheinen wie ein U-Boot, wenn von hinten eine Welle über das Kajak schwappt. Hatte ich mir das nicht gewünscht? Waren mir nicht die Bedingungen, wie sie zuletzt herrschten, zu einfach und zu langweilig?

Ich finde leider nur noch wenige menschenleere Strände. Selbst wenn ich auf dem Weg zum Land noch glaube, ich hätte einen stillen, einsamen Landeplatz gefunden, dauert es nicht lange, und zahlreiche Fischer kommen von ihren Touren zurück und richten sich ganz in meiner Nähe häuslich ein. Mehr als einmal stolpern sie nachts über die Leinen meines Zeltes. Einmal wagt es ein junger Fischer sogar, in mein Zelt hineinzuschauen, während ich schon versuche zu schlafen. Mit einem Zischen, mit dem ich sonst immer streunende Hunde vertrieben habe, jage ich auch ihn davon. Er rennt, als ob er einem Geist begegnet wäre. Oder brasilianische Großfamilien tauchen auf, mitsamt einer Musikanlage, die den ganzen Küstenabschnitt beschallt. Die Musik ist großartig, doch in dieser Lautstärke? Mehr als einmal muss ich aus meinem Zelt fliehen und mich durch Spaziergänge ablenken. Als auf meinem Weg nach Cabo Frio die Insel Ilha do Santana am Horizont auftaucht, die ich anhand meines Kartenmaterials gar nicht als möglichen Landeplatz eingeplant hatte, fällt mir die Wahl nicht schwer, ob ich in der Großstadt Macaé an Land gehen soll oder lieber auf der Insel. Ich entscheide mich für Letzteres und paddle die 30 Kilometer hinüber, mit Rückenwind und günstiger Strömung. Die erste sandige Bucht, die ich erreiche, sieht gut aus, keine Menschen, keine Häuser, nur eine riesige Kolonie von Seevögeln, ein paar Geier – und leider auch eine Menge Müll. Die Einsamkeit hat sich schnell erledigt: Vor der Bucht ankern bald fünf Fischtrawler für die Nacht. Einer davon parkt nah an der Stelle, an der ich mich niedergelassen habe, und dreht seine Musikanlage auf. Die Discohits aus den 80ern erinnern mich an meine Teenagerzeit, hier finde ich sie komplett fehl am Platz. Andere Länder, andere Sitten …

Das gleiche Pech habe ich auch am nächsten Tag. Ich paddle zurück zur Küste und erlebe über sechs Kilometer einen der schönsten felsigen Küstenabschnitte in ganz Brasilien. Als die Küste danach wieder langweiliger wird, paddle ich noch einmal aufs Meer hinaus. Dort drüben auf der Höhe von Rio das Ostras entdecke ich eine weitere kleinere Insel, die vielsprechend aussieht. Sollte ich hier vielleicht die Ruhe finden, die ich brauche, ohne Musik und ohne Menschen, wie Robinson einfach die Einsamkeit genießen? Die 72 Kilometer vom gestrigen Tag stecken mir noch in den Knochen, also gönne ich mir diese Insel heute schon nach nur dreißig Kilometern. Die Landung zwischen den vielen Felsen hindurch auf den Miniatur-Korallenstrand ist nicht ganz einfach, sie garantiert aber hoffentlich, dass hier keine großen Boote landen können. Glücklich und zufrieden baue ich in absoluter Naturidylle mein Zelt auf. Endlich kann ich mein heiß ersehntes Bad im Meer nehmen, mir sogar die Haare waschen und mich nackt von der Sonne trocknen lassen – bis dieses große Segelschiff auftaucht, ein wunderschöner Zweimaster, der allerdings eine ganze Ladung von mindestens 70 Touristen ausspuckt. Natürlich dröhnt auch von diesem Schiff laute Musik herüber. Doch ich habe Glück im Unglück: Die Touristen schwimmen und schnorcheln nur um das ankernde Schiff herum, anscheinend dürfen sie hier nicht anlanden. Gott sei Dank! Barfuß kann man hier auch gar nicht herumlaufen. Nach einer Stunde ist der Spuk vorbei, und das

Schiff fährt wieder davon. Wieder kehrt himmlische Ruhe ein auf meiner »privaten« idyllischen Felseninsel!

Der schneeweiße perfekte Strand von Cabo Frio ist mein nächstes Ziel. Schon an der Felsenküste beim Kap Armacao dos Buzios mit ihren kleinen Sandbuchten kann ich mich nicht sattsehen. Aber die Strände rund Cabo Frio toppen noch alles! Auf den Satellitenkarten leuchtet der schneeweiße Sand durch das kristallklare Wasser hindurch. Es sind die perfektesten Strände Brasiliens. »Meinen« Strand direkt am windigen Kap habe ich abends für mich allein, nachdem die vielen Boote die Tagestouristen weggekarrt haben und die beiden Soldaten von mir überzeugt wurden, dass ich harmlos und morgen wieder weg bin. Ihr Angebot, auf der Station zu übernachten, schlage ich aus Bequemlichkeit aus – später bereue ich es, da starke Fallwinde die ganze Nacht schrecklich an meinem Zelt zerren.

Nach dem herrlichen, riffgeschützten Strand in Saquarema und der felsigen Landspitze von Punta Negra bleibt mir auf halber Strecke für die letzten achtzig Kilometer Richtung Rio de Janeiro nur noch die offene Küste. Der Gegenwind frischt auf wie vorhergesagt, höchste Zeit, irgendwo zu landen! Die restlichen 40 Kilometer bis nach Rio paddle ich eben morgen. Der gerade, steile Strand mit kleinem Dumper ist hier und jetzt an sich kein großes Problem, auch wenn ich den Dumper schlecht abgepasst habe, sich mein Cockpit voll Wasser füllt und Boot und Paddler eine Weile unkontrolliert den Strand hoch und runter gespült werden. Wie sich die Küste am nächsten Morgen verändern würde, hätte mir anhand des großen, umgedreht liegenden Wracks am Punta Negra eigentlich bildhaft vor Augen sein können!

Die Nacht scheint hell, alle paar Sekunden gibt es ein kräftiges Wetterleuchten, dann bricht ein Gewitter über mich herein, wie ich es lange nicht erlebt habe. Ich lausche den Geräuschen der Brecher, die See geht hoch, also bleibe ich liegen ...

Gegen Morgen checke ich die neue Lage: Ich sitze hier in

der Falle! Rio kann ich mir abschminken für heute und leider auch wohl für die nächsten vier Tage! Waren gestern noch laue sechzig Zentimeter Wellenhöhe vorhergesagt, sind es heute schon eins achtzig und bis Sonntag zwei dreißig Meter! Das bedeutet, dass sich bis zu hundert Meter vor der Küste bis zu vier Meter hohe Brecher auftürmen, die krachend in einer einzigen Welle ihre gesamte Energie auf den steilen Strand entladen, über fünfzig Meter hoch waschen und fast an mein Zelt auf der dritten Stufe reichen. Solche Brecher habe ich in meiner ganzen Seekajakkarriere nur einmal in Neuseeland gesehen. Hier treten sie anscheinend auch nicht jeden Tag auf, am Vormittag sammeln sich viele Menschen am Strand, um das Naturschauspiel zu beobachten. Ich kann mich nicht sattsehen an dem aufgepeitschten Meer und knipse meine Finger wund, obwohl ich weiß, dass kein Bild die wahren Dimensionen und die zerstörerische Kraft wiedergeben kann.

Bis Mittwoch vier Tage hier so kurz vor dem wichtigen Zwischenziel Rio de Janeiro festzusitzen, ist nicht nach meinem Geschmack, also entscheide ich mich für Plan B: Eine Kajakfreundin, die mich in Rio unterbringen und betreuen möchte, könnte mich abholen. Flavia und ihre Freundin Carla kommen am Nachmittag, und gemeinsam fahren wir zum Jachtclub. Dort darf ich mein Kajak für die paar Tage, die ich in Rio bleiben will, lagern. Meine Unterkunft ist diesmal ein kleines Apartment in Urca, einem schönen alten Stadtteil südlich der Innenstadt. Es gehört Rafael und Catharina, die die Wohnung extra für mich freimachen.

Ich bin wirklich reif für ein wenig Zivilisation: Frisch geduscht und im einzigen Kleid, das ich dabeihabe, besuche ich mit Flavia eine typische Churrasceria. Ich bin hungrig auf alles außer Pasta, Reis oder Haferflocken. Anschließend gibt es eine Tour durch die nächtliche Stadt. Die berühmte Jesus-Statue erhebt sich fast unwirklich aus der Dunkelheit, und hoch oben thront der Zuckerhut.

Vier Tage genieße ich die Gastfreundschaft und spiele

zum ersten Mal etwas »Tourist«. Doch dann wird es Zeit, tatsächlich in die Bucht von Rio de Janeiro hineinzupaddeln! Die See hat sich beruhigt, der Start von »meinem« Dumperstrand ist mit gutem Timing möglich und gelingt problemlos. Zwischen der winzigen Ilha de Menina und dem Festland fahre ich in die weite Bucht von Rio ein und sehe voller Staunen das, was ich dann als die »weltberühmten springenden Schildkröten von Rio de Janeiro« verkaufe. Die leider mausetote, aber bestens erhaltene halbmetergroße Kröte, die ich mit etwas Aufwand auf mein Vordeck ziehen kann, ergibt ein super Foto als angeblich aufgesprungener »blinder Passagier«.

Auf Höhe der Ilha de Veada kann ich den Zuckerhut schon von Weitem sehen. Auf der rechten Seite des Flusses paddle ich entlang militärischen Sperrgebiets, das Wasser ist durchsetzt mit toten Fischen. Auf der anderen Seite stehen einige alte Forts, und Schattenspiele gaukeln mir vor, dass mich von den Fenstern und Schießscharten aus Soldaten mit Maschinengewehr ins Visier genommen haben.

Im letzten Tageslicht kommen mir Flavia und zwei Freunde entgegen, gemeinsam paddeln wir zwischen unzähligen Booten und unter ein paar Katamaranen in die Bucht von Rio de Janeiro hinein. Nach und nach verwandelt sich die Metropole in ein glitzerndes Lichtermeer. Und über alles hält Christo seine schützenden Hände ...

Kapitel 16
ENDSPURT!

Von Rio de Janeiro bis Buenos Aires
05.02.–01.05.2014

Zum Abschied aus Rio begleitet mich eine kleine Gruppe von sieben Freunden in fünf Kajaks aus dem Hafen heraus, ich lasse den Zuckerhut, Christo und die weltberühmten, aber heute menschenleeren Strände von Copacabana und Ipanema hinter mir. Nur noch läppische 2500 Kilometer bis Buenos Aires!

Die Inselwelt zwischen Rio und Sao Paulo ist ein Paradies für Seekajakfahrer, und so treffe ich auf der Ilha Grande Christian Fuchs, den wohl erfahrensten Paddler Brasiliens. Er ist selbst weite Teile der brasilianischen Küste abgefahren, und hat mir unendlich viele wertvolle Informationen, Tipps und Kontakte gegeben. Ich bekomme einen schattigen Zeltplatz im Bootshaus des Rangers und erhole mich einen Tag lang mit Schnorcheltouren von der windigen, welligen Anfahrt an der Außenseite der Inseln.

In diesem populären Gebiet ist es schwer, einen Platz zum Zelten zu finden. Die besten Strände sind bebaut und teilweise »privat«. Doch die nächsten Gastgeber warten schon auf mich auf der Ilha Belha, der »schönen Insel«, die ihren Namen absolut zu Recht trägt und eine Menge wohlhabender Bootsbesitzer anzieht. Ich habe in Brasilien noch keinen größeren Jachthafen gesehen! Ich würde gerne mit den Paddelfreunden die Höhlen an der Außenseite der Insel erkunden oder die Sambaschulen bei ihrer Vorbereitung auf den Karneval noch länger beobachten, aber mein Zeitplan schiebt mich voran, immer weiter gen Süden!

Auf dem Weg zur Ilha Dos Gatos habe ich das Gefühl, ich sei in eine Regatta aus Hunderten von Motorbooten und Jet Skis geraten. Man muss ja seine teuren, schwimmenden Untersätze ausführen ... Leider haben viele von denen wohl das gleiche Ziel wie ich: die schönen Strände der kleinen Insel. Ich finde eine halbwegs einsame Stelle für mein Zelt, nachdem eine Gruppe angetrunkener junger Männer den Platz zum Glück räumt. In der Luft liegt der Geruch von Grillfleisch, Bier und verdautem Bier, bis ein kräftiges Gewitter über mein Zelt hereinbricht. Die Jachten flüchten in die nahen geschützten Ankerplätze, und ich freue mich über frische Luft und die Ruhe, die der Regen bringt.

Rund um die Metroploe Sao Paulo sind einsame Strände rar, ich campe schlechten Gewissens versteckt unter Bäumen an einem Militärstrand oder muss mich mit Strandwärtern und Rangern einigen, die auf die »No camping«-Schilder hinweisen. Eine mit zwei Rollen garnierte Landung spült mich bei Gewitter durch die weite Brandungszone an die »Praia Grande«, wo mich mein neuer Gastgeber Leo aufsammeln kann.

In Guarau lege ich wegen Übelkeit und Durchfall noch einmal einen Tag Pause ein. Den nächsten wunderschön einsamen, aber mit grauenhaftem Surf verbarrikadierten Strand kann ich nach einer Kenterung leider nur schwimmend erreichen. Um mich endlich auf 200 Kilometer entspanntes Paddeln in ruhigen Kanälen zwischen Inseln und Festland freuen zu können, schlage ich mich wacker mit einigem Herzklopfen durch das Minenfeld der Brecher an der Mündung vom Mar Pequeno. Die Fischer, die mich in ihrer geschützten Bucht ankommen sehen, zollen mir Respekt, sie würden mit ihren kleinen Motorbooten hier nicht ganz rausfahren!

Die Tour fünf Tage Inland auf dem »Kleinen Meer« und den anliegenden Kanälen ist wie Leben in einer anderen Paddelwelt. Ich kann mich auf spiegelblankem Wasser von der ständigen Bedrohung der Starts und Landungen durch gefährliche Brecherzonen erholen, genieße die Vegetation am Ufer direkt neben mir, verirre mich in Mangrovenkanälen und zelte in kleinen Dörfchen bei freundlichen Menschen. In Maruja kann ich das grauenhafte Röhren der Brandung draußen noch quer über die schmale Landzunge bis zu meinem ruhigen Flusszeltplatz hören. Allerdings muss ich mir eingestehen, dass diese Art von entspanntem Paddeln mir auch allzu schnell langweilig wird! Die Mischung macht's!

Wieder an der offenen Küste, lege ich noch eine Landung in einer konfus-welligen, aber schwach brechenden Kleinflussmündung hin, bevor ich hinter der großen Isla Sao Francisco do Sul Schutz bei meinen Kajakfreunden Nina und Alan finde. Das attraktive, nette Paar bewirtet mich mit köstlichstem, selbst gekochtem Essen! Im Paradies kann es nicht besser sein ...

So langsam wird es auch Zeit, Pläne für meine Ankunft in Buenos Aires zu machen: Spätestens am 1. Mai will ich im Puerto Madero Jachtclub ankommen – dort, wo alles im August 2011 begonnen hat. Es bleibt spannend. Viel zeitlichen Spielraum habe ich nicht. Sollten mich Wind und Wetter von der pünktlichen Ankunft abhalten, müsste ich Teile der restlichen Strecke überspringen. Ich will unbedingt am 9. Mai zurück in Deutschland sein: In Augsburg werden die »World Paddle Awards« verliehen – und ich bin einer der drei Finalisten!

Gut zwei Monate habe ich jetzt noch Zeit. Von Sao Francisco do Sul bis nach Florianópolis brauche ich vier Tage, einmal gerate ich fast in Seenot, als die Leine zu meinem rechten Steuerpedal reißt und ich mein Kajak mit starkem Seitenwind in rauen Wellen kaum noch kontrollieren kann. Nur weg von den Felsen! Mit gewaltiger Anstrengung, endlosen Bogenschlägen und letztendlich einigen Knoten- und Fußtricks kann ich meinen Bug in eine geschützte Bucht dirigieren, wo ich meinen Kopf tief in den Rumpf stecken und die gerissene Leine ersetzen kann. Dieses Steuersystem ist das beste der Welt und das einzige, welches ich auf eine Expedition wie dieser fahren würde. Wenn man aber die Vorzeichen einer durchgescheuerten Leine aus Faulheit nicht merken will und sie nicht rechtzeitig ersetzt, muss man eben die Konsequenzen tragen!

Am Cabo Santa Marta ergebe ich mich dem schlechten Wetter und der liebevollen Fürsorge von Sonia und Jamie, bevor ich mich dem hundertfünfundzwanzig Kilometer langen, endlosen, ungeschützten Strand aussetze. Zwei halbwegs noch gnädige Zwischenstopps durch moderaten Surf stoßen meine Entscheidung trotzdem nicht um: Ich werde anstelle die letzten siebenhundert Kilometer absolut ungeschützter Küste in Brasilien wieder im Inland paddeln, durch eine Kette von Lagunen und Binnenseen, die mit Kanälen miteinander verbunden sind. In Chuy komme ich wieder an die Küste, mein letzter Stopp in Brasilien, dann bräuchte ich für Uruguay noch zwei weitere Wochen. Und dann wäre meine Umrundung Südamerikas komplett!

Leo, mein letzter Paddelkontakt in Brasilien, hilft mir bei der kurzen Portage in die kleinere der beiden Lagunenketten. Hier verbirgt sich eine wunderschöne, stille Welt, wenig Strömung, wenig Wind, dafür endlose Felder von Wasserlinien und Schilf. Hier in diesen friedlichen Lagunen macht es Spaß, dort zu pausieren, wo man gerade Lust hat, an einem mit Schilf überwucherten Bootssteg oder bei einer Stelle mit einer besonders schönen Aussicht auf die Berge. Wir lassen uns viel Zeit!

Der Verbindungskanal zwischen den Lagunen ist wiederum ganz anders: Er erinnert mich schon fast an kleine, ländliche Flüsse in Deutschland, am Ufer stehen Habichte, Störche und Geier und überall fette Milchkühe – fast wie zu Hause – mal abgesehen von dem warmen Wasser, den vereinzelten Palmen, Bananenplantagen und Bergen im Hintergrund. Auf dem zweiten Binnensee, der Laguna dos Quadros, wird der Gegenwind stärker.

Ich weiß nicht, ob Leo sein Haus am anderen Ufer wittert, von unseren Gesprächen beim gemeinsamen Paddeln gelangweilt ist oder wie alle mit mir paddelnden Männer nur mal zeigen wollen, dass sie eigentlich viel schneller paddeln können als mein gemäßigtes Reisetempo nach fast 600 Paddeltagen in Südamerika, auf jeden Fall sehe ich mit meinem achtzig Kilogramm schweren Kajak wieder einmal nur noch die Rücklichter meines gut ausgeruhten Paddelpartners von Weitem. Mit seinem leeren Boot zischt er davon und ist immer ein paar Hundert Meter voraus. Manchmal darf ich ihn einholen, dann wiederholt sich das Spielchen. Männliche Paddelpartner für einige Stunden auf meinen Reisen sind alle gleich! Man kann die Männer zuvor noch gebeten haben, zusammen zu bleiben, da mein Boot schwer beladen ist und ich bereits einige Kilometer mehr auf der Uhr habe – ab einem bestimmten Zeitpunkt werden sie ungeduldig ob der gemächlichen Gangart. Ich schalte ebenfalls in den Wettkampfgang, hole ihn ein und hake mein Boot unbemerkt an sein Heck, dann hat er eben etwas mehr zu ziehen! Am Abend zeigt er mir einen wunderschönen, versteckten Platz zum Campen und paddelt nach dem schönen Tag in den Lagunen fröhlich entspannt – oder müde? – über »seinen« See nach Hause.

Es war die beste Entscheidung, die Küste zu verlassen und sich durch dieses Hunderte von Kilometer lange System aus miteinander verbundenen Lagunen, Kanälen und kleinen Seen zu schlängeln. Nach all dem Kampf gegen die Brandungswellen draußen auf dem Meer fühle ich mich, als käme ich nun in der Chill-out-Lounge langsam von einem Ecstasy-Trip herunter. Oder mehr noch so, als würde ich zurück zu meinen Anfängen gehen: Dieses Paddeln auf ruhigen Gewässern in wunderschöner Landschaft erinnert mich an die Zeit, als ich mit dem Paddeln begonnen habe, damals noch mit meinem kleinen Sohn Helge in der Packluke hinter mir. Einfach die Landschaft erkunden, ohne sportlichen Ehrgeiz.

Reisestile, nicht nur im Seekajakfahren, können sehr verschieden sein. Alleine, mit einem Partner oder in der Gruppe.

Mit »Ziel« und sportlichen Geschwindigkeitsambitionen. Oder mehr mit »Forschungsansatz« und perfekten Dokumentationsabsichten. Oder einfach ins Blaue hinein, als reine Urlaubs-Genusstour. Als Solo-Paddlerin habe ich viele Vor-, aber auch Nachteile. Auch wenn ich gerne alleine bin, habe ich den Eindruck, durch die mangelnde Kommunikation verlerne ich mein vernetztes Denken und vermisse den Input guter Gespräche. Die Eindrücke sind vielleicht nicht so vielfältig wie mit einem Partner, das sportliche Ziel dirigiert alles. Wer weiß, unter welchem Stern meine nächste (Kajak-)Reise stehen wird?

Teilweise sind die Kanäle mit Wasserpflanzen oder Schilf regelrecht zugewachsen, sodass man den Eingang nur schwer findet. Am Ausgang der Kette der kleinen Lagunen erwartet mich wieder Leo, diesmal stolz in seinem selbst gebauten Grönlandkajak.

Er ist mir bei der zweiten kurzen Portage in die beiden größten Binnenseen, die Lagoa dos Patos und die Lagoa Mirim wiederum behilflich und eskortiert mich zusammen mit seiner Partnerin Tiane hinaus auf das windige, offene Gewässer. An der südöstlichen Küste fühle ich mich fast wie auf dem offenen Meer mit Brandungswellen, der starke Gegenwind zwingt mich sogar zu drei Tagen Pause an den wunderbar sandigen Stränden. An schönen Tagen genieße ich die Flora und Fauna, exotisch und heimelig zugleich. Das Wetter ist kühl, Tausende von Enten bevölkern die Lagune, aber auch Schildkröten, Biber und Wasserschweine sind hier heimisch. »Spanisches Moos« hängt in langen Trauben von den Bäumen, ein Wald voller Pinien wird landwirtschaftlich »zur Ader gelassen«, indem man das Harz unter der angeritzten Rinde in einem Plastiksack sammelt. In einer Lagunenbucht sammeln sich leuchtend grüne Algenblättchen, ich paddle wie durch eine dicke Gemüsesuppe. Es gibt hier herrlich wenige Menschen, Farmen oder Boote, und ich genieße wahrlich die Ruhe und Einsamkeit!

In L'Aranjal werde ich beim örtlichen Surf- und Kajakladen untergebracht, und zwei Paddelfreunde in einem doppelsitzigen Kajak begleiten mich für zwei Tage durch den Verbindungskanal zwischen den beiden großen Lagunen. Leider fließt die Strömung voll gegenan, und die »Abkürzung« artet beinah schon in Arbeit aus. Antonio und Guillherme pflegen eine andere Art des Outdoorlebens, ihnen machen die Millionen Moskitos abends im Camp nicht viel aus, sie verteilen ihre Siebensachen fröhlich auf der Wiese rund ums Camp und kochen seelenruhig direkt neben einem frischen Kuhfladen, dafür aber im Windschutz des Zeltes ihr Abendessen. Ich ziehe mich dafür lieber gleich in mein mückenfreies, ordentlich aufgeräumtes, fäkalienfreies und windgeschütztes Zelt zurück ... Nur als ein paar waschecht aussehende Gauchos eine Rinderherde an unseren Zelten vorbeitreiben, zieht es mich nochmals aus meiner schützenden Stoffhütte, und ich zücke die Kamera wie eine waschecht-authentische Touristin.

Die Querung der Lagoa Mirim ist noch mal eine stark windige Angelegenheit, ich kreuze von der nordwestlichen zurück an die südöstliche Seite, aber richtig Schutz finde ich nirgendwo. Ich möchte gar nicht wissen, wie in diesen Windverhältnissen die Küste draußen aussieht!

Guillherme und sein Freund Kenneth wollen mich auf den letzten Kilometern eskortieren und mir auch bei der kurzen Portage nach Chuy behilflich sein. Dummerweise macht Guillherme als erfahrenerer der beiden den Fehler, sich vom Ausgangspunkt in Santa Vitoria de Palmar mit dem Paddelanfänger Kenneth viel zu weit zu entfernen. Nun heißt es, elf Kilometer zurück gegen inzwischen zwanzig Knoten starken Gegenwind zusammen zu paddeln! Ich habe kein Problem damit, beuge mich tief über mein Vordeck und schaufle mich dank guter Technik, Training und Erfahrung Meter für Meter voran. Kenneth gerät nicht nur dank deutlich schlechterem Material schon sehr bald an seine Grenzen. Ich sehe zum Glück den Abschleppgurt um Guillhermes Taille, ich habe nur meine Bugleine. Nun gilt es, diplomatisch zu sein ... Wer lässt sich schon gerne schleppen? Ich schlage einen »Flotten Dreier« vor – mit mir in der Mitte. So bleiben wir alle zusammen und können trotzdem mit vereinten Kräften noch relativ gut Strecke machen!

An nächsten Tag kümmern wir uns um meinen Ausreisestempel. Da ich mich weitaus länger im Land aufgehalten habe, als mein Visum erlaubt, wird eine saftige Nachzahlung fällig. Ich bin mir nicht sicher, ob ich jemals wieder nach Brasilien reisen werde, also entscheide ich mich für die Möglichkeit, erst bei meiner nächsten Einreise in dieses schöne Land zu zahlen. Stolz klebe ich am Strand den letzten Flaggenaufkleber an mein Kajak: Uruguay! Noch knapp drei Wochen, und meine große Reise ist beendet! Der Stempel für mein letztes Land ist einfach: Wir können unbehelligt hin und her fahren, niemand kontrolliert uns.

Das offene Meer begrüßt mich mit dem vertraut-schrecklichen Anblick eines breiten Brandungsgürtels. Ich kann nicht so richtig schlafen mit der Aussicht, mal wieder mit den Brechern zu kämpfen, aber ich will weiter! Mit drei großen Sprüngen über steile Wellenkämme, aber ohne wesentliche Tropfen im Gesicht, schaffe ich es mit Start- und Stopptechnik sowie Zickzack-Paddeln aus der Brandungszone hinaus. Das sollte das letzte Mal sein, die nächsten Landungen in Uruguay sind zum Glück alle irgendwie geschützt! Dachte ich ...

Auf der Isla Rasa am Cabo Polonia schließe ich vorerst den Kreis der Tierwelt: Hier hat sich die nördlichste Seehundkolonie der östlichen Atlantikküste angesiedelt! Wunderbar! Ich bin bald »daheim«! Ausdauernd genieße ich die geräuschvolle Kulisse von Hunderten grunzenden, glänzenden Seehundleibern in der Morgensonne. Leider löst sich meine linke Steuerpedale so langsam in ihre Einzelteile der Laminierung auf, ein »Verband« mit Klebeband heilt die große Wunde. Warum soll es dem Material anders gehen als der Paddlerin selbst?

Kurz vor Punta del Este begegne ich einer Gruppe von sechs Seekajakfahrern aus Argentinien. Sie sind auf einer

Tour nach La Paloma und erfreut, mich ausgerechnet hier zu treffen! Sie haben zwar meine Blogeinträge auf meiner Website verfolgt, waren aber seit mehreren Tagen nicht mehr online. Nach einer netten, kurzen Unterhaltung trennen sich unsere Wege wieder.

Doch nun habe ich Lust auf »qualifizierte« Gesellschaft bekommen, außerdem ist mein Pensum von 50 Kilometern für heute schon erfüllt. Ich paddle ihnen kurz entschlossen hinterher und hole sie ein. Sie halten es für eine großartige Idee, zusammen zu campen, und steuern einen belebten Stadtstrand an, den ich allein nie angefahren hätte. Doch die Jungs haben einen anderen Reisestil als ich. Für sie geht es um das Gruppengefühl und weniger darum, Strecke zu machen und so schnell wie möglich ein bestimmtes Ziel zu erreichen. Die neugierigen Einheimischen am Strand werden einfach in unsere Gruppe integriert.

Ich mache mich nützlich, schneide Gemüse und forme aus Teig ein Brot, das wir über dem offenen Feuer backen. Wir kochen zusammen und essen alle gemeinsam aus einem großen Topf. Einige Flaschen Wein machen die Runde, ich bin so kurz vor meinem Ziel und in dieser angenehmen, sportlichen Gesellschaft gerade in bester Partylaune und spreche den Flaschen kräftig zu. Mein Körper ist das nicht gewohnt, und während einer der Jungs ein paar Melodien aus »Braveheart« auf seiner mitgebrachten Geige spielt, fühle ich mich schon betrunken. Auf meiner Reise und besonders, wenn ich am nächsten Tag paddeln möchte, trinke ich äußerst selten ein Gläschen, aber hier war es der nette gemeinsame Abend wert! Ich tappe schon bald sturzbetrunken, aber so aufrecht wie möglich zu meinem Zelt, nur nicht über die Abspannleinen stolpern! Ich muss mich einfach nur hinlegen und kotze heimlich auf den Sand in meinem Vorzelt. Ich starte am nächsten Morgen mit einiger Mühe als erste, nur nicht kentern …

Der Kreis ist bald geschlossen, ich biege hinter Punta del Este wieder in die große Mündung des Rio de la Plata ein – diesmal auf der nördlichen Seite! Wie zur Bestätigung entdecke ich nach den ersten Seehunden auf der Isla Rasa die ersten zwei Pinguine. Das Wasser ist zwar noch 20 Grad warm, trotzdem sind die beiden die wohl nördlichsten Vertreter ihrer Spezies hier an der Atlantikküste.

Die Ufer Uruguays wirken sauber und aufgeräumt, das Casa del Pueblo bei Punta Ballena ist das beeindruckendste Gebäude, was ich jemals gesehen habe. Insgesamt ist Uruguay eines der reichsten Länder Südamerikas. Ich paddle von Landspitze zu Landspitze, nicht gerade in meiner besten Verfassung nach dieser feuchtfröhlichen, kurzen Nacht.

Die starke Strömung der Flussmündung des Arroyo Pando bringt mich hoffentlich zum allerletzten Mal auf dieser Reise an meine Grenzen. Ich versuche gerade, die Brecher an der Mündung mit einem weiten Bogen zu umgehen, als der Wind aus Südwest über zwanzig Knoten auffrischt und die Sache auch nicht gerade weniger wellig gestaltet. Besser, ich hätte bereits vor der Mündung diesen Tag beendet! Oder ich hätte versuchen sollen, seitlich in die ruhige Flussmündung durch die Brandung durchzubrechen. Hinter der Mündung findet sich auch kein ruhiges Wasser, höchste Zeit, bei diesem Wind Land zu gewinnen! Unruhige Kreuzseen lassen mein Herz schneller pumpen, doch ich schaffe es, aufrecht bei einigen Häusern an Land zu surfen.

Das Wetter ist für die nächsten drei Tage stürmisch vorhergesagt, Peter wartet schon in Montevideo auf mich, und ich habe noch zwei Wochen Zeit bis zu meiner offiziell geplanten Ankunft in Buenos Aires am ersten Mai. Kajakfreunde aus Montevideo versprechen, mich gegen Abend von hier abzuholen, haben aber einige Schwierigkeiten, trotz GPS-Punkt mich in dem Gewirr kleiner unbefestigter Straßen in der Dunkelheit zu finden. Ich habe keinen Telefonempfang in meiner windgeschützten Ecke und muss für eventuelle Nachrichten immer wieder eine hohe, sandsturmgepeitschte Düne erklimmen.

Das Wiedersehen in Montevideo mit Peter ist das erste Highlight am Ende meiner Reise! Er ist extra für die Ankunftsfeier aus Europa nach Buenos Aires herübergekommen und hat sich mit der Fähre für diese drei Tage nach Uruguay übersetzen lassen.

Die Kajakgruppe in Montevideo betreut uns bestens mit Sightseeing und gemeinsamem Essen, feiert mit mir meinen Erfolg und verleiht mir als Belohnung und Andenken eine hübsche Trophäe. Vielen Dank! Aber erst einmal paddle ich, begleitet von zwei Paddelfreunden, »richtig« nach Montevideo hinein, von wo ich bei dem Sturm vor drei Tagen aufgehört habe.

Eine kleine Unaufmerksamkeit bei der angeregten Unterhaltung auf dem Wasser lässt mich seitlich, nur durch eine relativ kleine Welle verursacht, auf meinen Nachbarn draufsurfen und ihn kentern. Für einen Moment sitze ich quer über seinem umgedrehten Boot, der arme Junge setzt vergeblich zu einer Rolle an und geht unvermeidlich schwimmen. Das hätte auch böse enden können! Lass niemals die See aus den Augen, auch nicht beim Plauschen ...

Peter ist mittlerweile mit der Fähre nach Buenos Aires zurückgefahren und bereitet alles für meine Ankunft vor. Ich habe die Wahl, den Rio de la Plata bis zur hinteren Inselgruppen auszufahren und von Insel zu Insel sicher zu queren – oder bei der schließlich engsten Stelle bei der Colonia de Sacrameto fünfzig Kilometer zu queren. Ersteres dauert mindestens vier bis fünf Tage extra, Letzteres ist wegen der vielen Schnellfähren und dem allgemeinen Schiffsverkehr für Paddler verboten.

Es wird langsam Herbst in diesem Teil der Welt auf meinem Weg längs der Uruguayischen Küste des Rio de la Plata. Ich trage wieder meine warmen Klamotten, nachts im Zelt reichen mir mein dünner Schlafsack mit Fleece-Inlett schon nicht mehr aus. Nebelschwaden wabern morgens kaltfeucht über den Fluss. Vier Tage brauche ich bis Colonia, die Küsten erinnern mich wieder an die heimische, liebliche Landschaft, die ich während des Paddelns in den Lagunen im Süden Brasiliens genossen habe.

Aber ich bin zu früh! Ich möchte keine ganze Woche mehr in Uruguay abhängen und auch keinen tagelangen Umweg durch die Inselwelt mehr machen und organisiere eine Art »inoffizielle« Ankunft am Freitag, den 24. April – mit der Querung des großen Rio de la Plata. Fünfzig Kilometer bei ruppigen Wind- und Strömungsverhältnissen sind ein voller, anstrengender Paddeltag. Ich habe schlichtweg keine Lust, danach eine große Empfangsparty mit Dutzenden von Presseleuten zu absolvieren, und möchte meine erfolgreiche Ankunft nach so langer Zeit mit mir alleine auch zuerst (fast) alleine genießen. Ich kündige meine heimliche Ankunft nicht auf meiner Internetseite an, selbst den Bericht stelle ich erst einige Tage später online.

Am ersten Mai ist mein offizieller Empfang geplant, mit Presse, Botschaftern, VIPs und vielen einheimischen Kajakfahrern, organisiert von der argentinischen Marine auf dem historischen Segelschulschiff »Fregata Sarmiento«, eine Art Pendant zu unserer deutschen Gorch Fock. Bis dahin bin ich fit, ausgeschlafen, gut erholt, war beim Friseur und kann problemlos in die vielen Kameras lächeln!

Im Hafen von Colonia soll ich meinen Ausreisestempel für Uruguay bekommen, doch seltsamerweise findet sich weder eine Stelle, an der ich anlegen, noch ein Bürogebäude, in dem ich das erledigen kann. Steile Hafenmauern und fette Fähren versperren mir den Weg. Nun ja, dann erledigt sich das Problem der unangenehmen Fragen nach der Richtung meiner Weiterfahrt eben von alleine, wer braucht denn einen Ausreisestempel? Werden die Argentinier mich zurückschicken? Wohl kaum.

Die letzte Nacht in Uruguay fühle ich mich wie ein Stadtstreicher und campe im Schutz einer kleinen Steilküste im Schilfgürtel direkt unter einer belebten, lauten Straße. Meine allerletzte Camping-Nacht an einem südamerikanischen Strand! Und ich lebe noch! Die stündlichen Schnellfähren rauschen mit lautem Getöse an mir vorüber.

Ich plane, möglichst weit nördlich der Linie der gefährlichen Katamaran-Schnellfähren zu paddeln, bin mir aber nicht so sicher, wie die starke Strömung und der Seitenwind meine Fahrt beeinflussen werden. Am Ende muss ich mir die Hafeneinfahrt mit diesen Jet-Monstern irgendwie teilen. Schon 40 Kilometer vor dem Ziel kann ich die Skyline der Stadt erkennen. Ich navigiere nur noch nach Sicht und checke nur gelegentlich die mögliche Abdrift durch Wind und Strömung. Buenos Aires, du hast mich bald wieder!

Am letzten Tag meiner Abfahrt vor Beginn der gesamten Reise habe ich passenderweise in Hamburg zusammen mit Peter das Musical »Evita« gesehen. Nun schließt sich nach fast vier Jahren der Kreis – »Don't cry for me, Argentina ...« – Argentinien (und die Welt) braucht nicht um mich zu weinen ... Ich bin wieder da!

Das Lied hängt mir die letzten Kilometer auf den Lippen, während ich in den blutroten Sonnenuntergang über Buenos Aires hineinpaddle. Ich singe es mehr oder weniger laut vor mich hin, während ich an meinen Freund Alejandro denke, der mich hier nun leider nicht mehr begrüßen kann. Eine melodramatische Ankunft wie aus dem Bilderbuch. Tief unten im Süden, zur gleichen Zeit, wo ich selbst in der größten Lebensgefahr schwebte, ertrank er beim Paddeln im Sturm. Nach vielen weiteren Situationen wie damals bin ich noch lebendig, heil und gesund! Tränen stehen mir in den Augen, als mich das Lied in die sichere Einfahrt des kleinen Jachthafens trägt.

Mein Partner Peter, meine Schwester Edda, mein treuer Freund Ricardo Kruszewski von SDK-Kajaks und nach Alejandro in Buenos Aires Hauptorganisator sowie zwei weitere Freunde recken sich die Hälse nach mir aus, und ihr leiser Applaus ist mir für heute Anerkennung genug. Ich bin todmüde, emotional ausgelaugt und möchte nur noch ins Bett!

Eine Woche später begleiten mich Dutzende Boote und Jet Skis der argentinischen Marine sowie eine ganze Flotte einheimischer Paddler. Ausgeruht, glücklich strahlend und fröhlich winkend lege ich wie eine Königin zu den schmetternden Klängen des Marineorchesters auf der »Frauenbrücke« die letzten Meter zur Fregata »Sarmiento« zurück. Ich bin zutiefst berührt über den ehrenvollen Empfang auf diesem wundervollen Museumsschiff! Der Botschafter der Europäischen Union, der deutsche Botschafter, Vertreter des Landes und der Stadt Buenos Aires sowie unzählige VIPs, Presseleute und Kamerateams geben mir die Ehre. Später erfahre ich, dass solch ein militärischer Empfang auf diesem Schiff für einen Deutschen zuletzt Reichspräsident Friedrich Ebert zuteilwurde – und das war 1925!

Nach 27.000 Kilometern, 850 Reise- und 605 Paddeltagen habe ich das Unmögliche geschafft – ich bin die erste Person, die jemals versucht hat, Südamerika in einem Kajak zu umrunden. Und ich denke, ich werde für lange Zeit auch die einzige bleiben ...

EPILOG

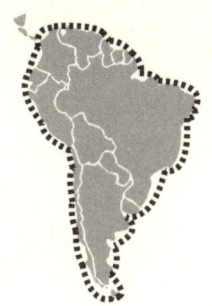

»Well behaved Woman rarely make History …!« Dieser Ausspruch wird historisch entweder Laurel Thatcher Ulrich, Eleanor Roosevelt oder Marilyn Monroe zugeschrieben und klebt als Sticker auf meinem Kajak. Das bin ich – ich lebe nur bedingt innerhalb gesellschaftlicher Normen und Regeln, schwimme gerne gegen den Strom, polarisiere die Menschen und habe keine »Vorbilder« und keinen »Gott« im herkömmlichen Sinne. Meine Eltern haben mich vor einem halben Jahrhundert »Freya« getauft – die nordische Göttin der Liebe. Mein Kajak heißt adäquat – »Goddess of Love to the Seas«.

Waren diese fast vier Jahre die Anstrengung wert? JA. Wollte ich jemals aufgeben? NIE. Schon in den ersten Wochen sah ich meine Ankunftsfeier in lebhaften Bildern vor mir – und so war es. Fokussiert denken, visualisieren – das bin ich. Ich bin ein typischer »Stier«, ein Organisationstalent, sportlich, flexibel, vielseitig und geschickt mit Körper und Händen und wahrlich ausdauernd. Das Selbstbewusstsein, Kraft und die emotionale Kontrolle entwickeln sich mit den Erfolgen. Eine erfolgreiche Mission beginnt im Kopf. Und der ist bei einem Stier ein wahrer Dickschädel!

Das Leben geht weiter nach solch einem Erfolg – quo vadis? Die meistgestellte Frage, was kommt danach? Ich werde noch nicht »in die sportliche Rente« gehen …

BILDNACHWEIS

Alle Fotografien © Freya Hoffmeister außer:

Porträt Freya Hoffmeister in der Umschlaginnenklappe © Michael Neumann, Kanu Magazin

Porträt Freya Hoffmeister im Tafelteil © Marcus Christoph, Argentinisches Tagblatt

Fotografie Freya Hoffmeister mit Alfonso Diez Torres u. Bernhard Graf von Waldersee © Marcos Ferrer, Andar Extremo Magazin

Raus aus der Komfortzone, rein in die wilde Natur

John J. Ratey / Richard Manning
ZIVILISATIONSKRANK
Wie wir unsere
biologische Natur mit dem
modernen Leben versöhnen
Aus dem amerikanischen
Englisch von
Wolfgang Seidel
320 Seiten
ISBN 978-3-431-03957-3

Macht zu viel Wohlstand krank? Hundertausende von Jahren evolutionärer Prägung als Jäger und Sammler haben unseren Körper und Geist nicht für ein Leben in der Komfortzone vorbereitet. Die epidemische Zunahme von Herz-Kreislauferkrankungen, Diabetes und vielen anderen Zivilisationskrankheiten sind Alarmzeichen. Und nicht nur das: *ZIVILISATIONSKRANK* zeigt, dass auch Glück und Wohlbefinden Teil unser evolutionären Bestimmung sind und warum wir die Herausforderungen der Natur brauchen, um gesünder und zufriedener zu sein.

Bastei Lübbe

Tierisch wilde Zeiten im Ameisenbär-Paralleluniversum

Lydia Möcklinghoff
ICH GLAUB, MEIN
PUMA PFEIFT
Als Forscherin im
reichsten Tierparadies
der Welt
368 Seiten
mit zahlreichen
Abbildungen
ISBN 978-3-404-60861-4

Im Spülkasten der Toilette singt ein Frosch sein heiteres Lied und wenn nachts die Wasserbüffel im Vorgarten wühlen, kommt auch schon mal ein Cowboy im Schlafanzug auf die Veranda und schießt in die Luft. Seit neun Jahren lebt Lydia Möcklinghoff auf einer Ranch mitten in Brasiliens Wildnis und betreibt Feldforschung am Ameisenbär. Ob sie sich mit der Machete durchs Gestrüpp schlägt, oder den Abend mit einem leckeren Caipi ausklingen lässt – der ungewöhnliche Alltag der Biologin lässt das Herz eines jeden Abenteurers höher schlagen.

Bastei Lübbe